Future

Future

英格蘭銀行 24小時(18th)

從私人機構到支撐經濟命脈的國家偉大引擎
VIRTUOUS BANKERS

安妮・墨菲 Anne L. Murphy——著

李祐寧——譯

A DAY IN THE LIFE OF
THE EIGHTEENTH-CENTURY BANK OF ENGLAND

本書謹獻給
菲力普・柯特瑞爾（Philip Cottrell），盼能獲其認可。

CONTENTS

	各界讚譽	009
序	從私人機構到國家引擎	015

Chapter 1　打開大門　041
針線街　044
銀行的意義　051
打掃與準備　057
銀行開門　061

Chapter 2　高雅的銀行　071
銀行大廳的審查委員　075
櫃員的工作　081
顧客體驗　087
識別風險與推行改革　099

Chapter 3　創造市場　109
公債市場　113
圓頂大廳中的群眾　121
市場管理　132
員工管理　141

Chapter 4	**管理與疏失**	149
	用餐時光	154
	提早打烊	157
	額外收入	161
	管理疑慮	163
	晉升之路	167
	賞罰制度	178

Chapter 5	**維護公眾信任**	187
	會計部門	192
	工作環境與壓力	199
	失去控制的詐欺犯罪	204

Chapter 6	**捍衛公共信用守護者**	215
	強化銀行防禦工事？	218
	全部鎖起來	224
	銀行的夜間守護者	231
	小心火燭！	237

結語	賢德的銀行家	244

CONTENTS

致謝	*250*
附錄一 英格蘭銀行董事與員工名冊（1783 年 4 月）	*252*
附錄二 審查銀行各部門現行工作模式與運作委員會首度報告	*268*
附錄三 審查銀行各部門現行工作模式與運作委員會二度報告	*273*
附錄四 審查銀行各部門現行工作模式與運作委員會三度報告	*280*
附錄五 審查銀行各部門現行工作模式與運作委員會四度報告	*285*
附錄六 審查銀行各部門現行工作模式與運作委員會五度報告	*294*
附錄七 審查銀行各部門現行工作模式與運作委員會六度報告	*299*
註釋	*303*

各界讚譽

透過細緻的檔案分析與生動的敘事技巧，墨菲生動呈現 18 世紀英格蘭銀行日常運作的樣貌，揭示其在政治與經濟動盪中如何提供對國家至關重要的金融服務，並逐步贏得公眾信任。對經濟史、制度演變，或金融體系中人性面向感興趣的讀者而言，此書堪稱必讀之作。

──李翎帆，國立清華大學經濟學系副教授

信任，是現代央行的基礎，而這本原名為「具有美好品德的銀行家」的書，看似流水帳的敘事，其實一點一滴地刻劃，一家創立於 1694 年的私人銀行如何小心翼翼地維持大眾對他們的信任，最終成為全世界央行的典範之一。

──陳旭昇，中央銀行理事、臺大經濟系特聘教授兼系主任

中央銀行常被視為神祕機構，卻深刻影響每個人。作為現代中央銀行制度的先驅，英格蘭銀行率先制度化如公債與貼現等操作。本書以生動筆觸，帶領讀者走進 18 世紀的針線街上的英格蘭銀行，內容引人入勝。

──廖啟宏，加州大學戴維斯分校經濟系客座教授、

加州州政府研究首席、「一口經濟學」Podcast主持人

這是經濟歷史的典範，精闢、深刻且有趣。
　　　　──費德南・蒙特（Ferdinand Mount），英國作家，
　　　　　　　　　　　　《倫敦書評》（London Review of Books）

本書既引人入勝且生動，能同時吸引學者與大眾的注意力……墨菲詳盡的研究為此一領域的研究設下最高門檻。
　　　　──佩里・高奇（Perry Gauci），牛津大學林肯學院現代史導師，
　　　　　　　　　　　　　　　　《文學評論》（Literary Review）

傑作。
　　　　──傑西・諾曼（Jesse Norman），英國國會議員，
　　　　　　　　　　　　　　　《旁觀者》（The Spectator）

精彩絕倫……墨菲讓金融史的技術細節變得平易近人。
　　　　──馬丁・道頓（Martin Daunton），劍橋大學經濟史名譽教授，
　　　　　　　　　　《BBC歷史雜誌》（BBC History Magazine）

墨菲將枯燥無趣的官方歷史，變得極富魅力且誘人一讀。最重要的是，她的作品強調了在探討經濟史重大議題時，對日常生活的規律與節奏敏銳度之重要性。
　　　　──詹姆士・泰勒（James Taylor），蘭卡斯特大學英國近代史教授，
　　　　　　　　　　　　　　　　《今日歷史》（History Today）

英格蘭銀行的運作模式在這本令人驚喜的新書中，獲得了最詳盡的闡述。
　　——《格蘭特利率觀察家》（Grant's Interest Rate Observer）

墨菲精湛地將這段微觀史置於更宏觀的背景之中，探討銀行對英國政府與經濟史的關係。透過將英格蘭銀行置於倫敦和整個英國的大環境中，墨菲以最生動、耳目一新且立體的筆觸，揭開那不為人知的一面。
　　——周智慧（Zhihui Zou），《世界歷史百科全書》
（World History Encyclopedia）

精彩的研究。墨菲的歷史觀是獨一無二的。
——柯菲·阿傑朋—博阿滕（Kofi Adjepong-Boateng），劍橋大學金融史中心研究員，《金融時報》（Financial Times）

墨菲對針線街老婦人的歷史進行了令人讚嘆的剖析，有力地證明此一時期之所以重要的原因。本書不僅吸引了專家學者的目光，更能吸引到任何對英國金融體制感興趣的人。
　　——馬修·帕特里奇（Matthew Partridge），資深財經記者與作家，《Money Week》

一部聚焦於18世紀末英格蘭銀行運作，非常易讀且由下至上的作品。墨菲透過對倫敦街頭生活的描述，以及銀行職員在倫敦、銀行開放空間與私底下的行為剖析，讓銀行的一天鮮活起來。

──珍・諾戴爾（Jane Knodell），佛蒙特大學經濟學教授，《中央銀行》（Central Banking）

嚴謹的研究與漂亮的架構，《英格蘭銀行24小時》不僅揭開了18世紀英格蘭銀行內部不為人知的活動，更生動地讓此一重大機構鮮活起來。關於銀行的書有百百本：但這本是最棒的。

──大衛・基納斯頓（David Kynaston），《直至最後》（Till Time's Last Sand: A History of the Bank of England 1694–2013）作者

文采斐然，引人入勝。鮮少能讀到一本這般吸引人的歷史性機構作品。墨菲的文筆是如此靈活，讓人幾乎感覺自己真實地在18世紀的銀行走了一遭。

──卡爾・溫納林德（Carl Wennerlind），哥倫比亞大學巴納德學院歷史學教授

安妮・墨菲對文獻的獨特切入，將英格蘭銀行從清潔工到職員再到董事的一切，鉅細靡遺地呈現在讀者眼前。這本精彩絕倫的作品，豐富了我們對18世紀社會與金融歷史的了解。

──凱瑟琳・香克（Catherine Schenk），牛津大學經濟與社會史教授

如今作為穩定與抑制通膨的英格蘭銀行，在1694年成立之初，是幫助國家償還債務的機構。這個運作良好的銀行，最終成為英國崛起的核心助力。安妮・墨菲推開了18世紀日常生活的那一扇窗，尤其聚焦在快速變遷的美國革命時期下。對於某些機構是如

何搖身一變成為國家骨幹感興趣的人，本書絕對必讀。

——保羅・塔克（Paul Tucker），《未經選舉的權力》（Unelected Power）、《全球失調》（Global Discord）作者，英國央行前副行長

這是對18世紀末英格蘭銀行精彩且引人入勝的書寫。本書不僅涉及政治與金融史上的重要辯題，更進一步地加以闡明。

——哈羅德・詹姆士（Harold James），普林斯頓大學歐洲研究講座教授、歷史與國際事務教授

墨菲是研究18世紀倫敦資本市場與機構的權威，她以生動而有趣的方式呈現銀行生活的早期面貌，內容囊括了建築、運作、管理、統治、人物，以及最重要的文化。在此一關鍵時期，英國基礎金融建設將其推上全球影響力及經濟實力霸權。

——威廉・戈茲曼（William Goetzmann），耶魯大學金融與管理學講座教授

感謝亞當・斯密（Adam Smith），讓我們知道英格蘭銀行是18世紀英國的「偉大引擎」。如今，感謝安妮・墨菲，帶我們看見銀行的日常運作，明白此一偉大引擎是如何構成，又為何能一路挺進19世紀。

——賴瑞・尼爾（Larry Neal），伊利諾大學香檳分校經濟學名譽教授

序

從私人機構到國家引擎

在1783年3月14日，英格蘭銀行（Bank of England）的三位董事——薩謬爾・鮑森葵（Samuel Bosanquet）、湯瑪斯・迪（Thomas Dea）和班傑明・溫斯洛普（Benjamin Winthrop），為了「審查」該銀行的整體作業機制，展開了一項行動。而這些被任命為「審查委員」者，將在「各自最為方便的時間召開會議」，以期「共同監督各部門的管理，並在有需要的時候調閱帳簿與文件」。[1] 為了協助他們執行監督的職責，委員們可召喚任何一位職員或銀行內部員工。其他董事不會干預他們的行動，但他們也被要求必須「偶爾」向財務委員會匯報自己的調查結果與建言，後續再向董事會報告。

他們的最終報告超過了8萬字，內容詳細記載了銀行的一切運作與管理事宜，從銀行紙幣發行到公債所有權的管理，以及每天早上打開銀行大門一直到關門並鎖上帳本的最後一刻為止。報告內容同時展現了審查委員對於銀行所具備的價值與賢德深具信心。當他們遞交調查結果給董事會時，主張該機構的存在「不僅對倫敦市的商業促進與發展有著至關重要的影響，且身為公共信

用守護者的我們亦身繫全國命運」。他們認為，銀行就如同「公共信用的宏偉守護者」。[2] 而這樣的存在勢必會「引起所有人的關心與憂慮⋯⋯（對）此一輝煌機構如宗教般的崇敬，並持續不懈地關注其神聖守護者身分」。[3]

人們或許極難想像任何一位 21 世紀的銀行家，可以對自己在公共利益上的貢獻，抱持著如此崇高的自信。如今，大眾對於該職業的想像，更多像是深潛於晦暗的地獄內，而不是高居在信譽的聖殿裡。儘管如此，18 世紀的英格蘭銀行董事們似乎毫不猶豫地深信著，銀行的存在能讓該國的經濟順利運作，且值得贏得全國的尊敬。

本書將會探討這種信念的根基：提供一國所需的各種金融服務，並以此贏得大眾信賴的能力。這是一個從未被講述過的故事，直到今天，約翰・H・克拉彭爵士（Sir John H. Clapham）於 1944 年出版的《英格蘭銀行：歷史》（*The Bank of England: A History*），仍是唯一一部探討該銀行頭 100 年的專著。[4] 其他關於英格蘭銀行的歷史論述，也多半過於陳舊，深度更難以大幅超越克拉彭。[5] 就連近期針對該銀行的作品，如大衛・基納斯頓的精彩之作《直至最後》（*Till Time's Last Sand*），對於 18 世紀的探討也相當可惜地並不深入。[6] 因此本書的目的，就是揭開 18 世紀下的銀行日常。

章節內容囊括了在金融市場的喧囂與混亂中，所進行的平凡無奇貼現票據與記帳業務，更從群眾暴動的威脅到倫敦最美建築之一的美學，以及建築本身與銀行行員每一個公開行為中飽藏的榮譽感。敘事主軸並不是企圖以流水帳形式，草率交代銀行在 18

世紀內遭遇的所有事件，而是聚焦於特定時刻：美國獨立戰爭結束且後果開始發酵的那一年。這樣的選擇，部分是基於可行性的考量。

　　1783 年至 1784 年間的行為審查紀錄，給予我們獨一無二的機會去盡情探究銀行的運作。但這段時光之所以值得關注，還有其他重要原因。1780 年代是見證改革啟動的年代，而公共財政的大規模重組是此階段最早的體現。[7] 在此之前，英格蘭銀行一直被排除在該時代的「經濟重組」討論範疇之外。[8] 然而，後續的發展顯示了銀行願意參與改革，並開始對其具備的公共利益展現高度信心，對銀行的深入探討也有其必要。英格蘭銀行在 18 世紀中對國家與公眾的價值，奠基於其所能提供的服務水準及品質之上。因此，唯有詳盡地認識其服務內容，才能深刻地了解為什麼由股東所擁有、並以股東利益為營運準則的銀行，能被視為「國家的偉大引擎」，以及這個私人機構是如何搖身一變成為讓英國在漫長的 18 世紀中，得以取得經濟與地理性成功的公共信用守護者。[9]

漫長 18 世紀下的銀行

　　在審查委員展開首次調查以前，英格蘭銀行已經成立了將近 90 年。1694 年，在一個借來的場地中，僅有 17 名員工的英格蘭銀行成立了，並在此後的期間裡大幅成長。到了 1783 年，該銀行的建物已經占據了針線街（Threadneedle Street），繁重的業務量更是需要 300 名以上的員工才能完成。[10] 該機構也成為許多倫敦人日常生活的一部分，這裡總是人來人往，嘈雜且忙碌。在鮑森

葵、迪跟溫斯洛普準備展開審查而抵達此處的那個3月清晨，他們必須擠開塞滿整座城市為了生意奔波的老闆、商人與金融家，兩旁是忙著兜售商品的攤販，其中很可能還潛藏著扒手，四處尋找那些漫不經心或光鮮亮麗的好對象。

踏入銀行後，審查委員們發現所有行員不是坐在桌前埋頭苦幹，就是在各個辦公室間奔走，遞送帳本與文件，而顧客正在處理自己的帳戶、兌換紙幣或是兌現票據。他們還會見到仲介與股票經紀人向來自各階層的公共債權人（Public Creditors）買賣政府債券，而同樣一批男男女女，也忙著收取自己的利息。門房在走廊與銀行大廳間來回穿梭，指引顧客前往各辦公室。這是他們的分內工作，但他們仍希望憑藉著腦中的資訊與辛勤，換得一丁點小費。當然，這些情況對委員們來說並不新鮮，但或許就在這個早晨，他們將以截然不同的眼光去審視一切，思忖著關於銀行運作的種種問題。

如同審查委員報告中最後所提出來的看法，無論他們對銀行的運作程序是否還存在部分疑慮，對於銀行之於大眾的重要性，他們是堅定不移地深信著。他們也同時強調了這些行為的賢德，並確信絕大多數的員工勤奮努力，行為光明磊落。他們充分理解英格蘭銀行在國家金融架構下的不可或缺性，他們也承認這樣的重要性是源自於該銀行提供了短期與長期公債的發行及流通，並透過這樣的服務與政府建立起緊密的連結。但獲得這樣的地位並不容易，該銀行在1694年成立之初，只是作為九年戰爭（1689年至1697年）這個迫切財務缺口的暫時解決方案。英格蘭銀行獲得了12年的特許狀，作為回報，它也將自己的全部初始資金120萬

英鎊借給政府。[11]

　　一開始，大家預期這筆債務很快就會清償，接著銀行就可以開始發展以服務人民為主的業務。但在漫長的 18 世紀中反覆爆發的戰爭，讓清償變得毫無可能。相反地，將全部本金借給國家的銀行，透過直接貸款和既有債務再融資的方式，讓本金在頭 100 年間翻倍又翻倍。[12] 而這門生意不容小覷的獲利性，自然意味著會有競爭對手出現。其中土地銀行（Land Bank）始終無法構成大威脅，儘管成立之初看似來勢洶洶；至於南海公司（South Sea Company）則是較大的威脅，直到該公司最終因為自身野心的重量而徹底崩潰。

　　1720 年以後，英格蘭銀行有能力鞏固自身地位，並與政府建立關係，到了 1770 年代，其借給政府的貸款已經超過 1,100 萬英鎊。[13] 銀行同時也掌握了將近 7 成的長期公債，這意味著除了相對少數的資金以外，絕大多數的轉讓與利息支付，都是在銀行內進行。[14] 而這牽涉到了巨額的債務，到了 1763 年，長期債務與短期債務的總金額為 1 億 3,300 萬英鎊，在美國戰爭結束後，此一金額更是驟升到 2 億 4,500 萬英鎊。1819 年，在革命與拿破崙戰爭結束後，債務總額來到了 8 億 4,400 萬鎊。[15] 隨著政府債務持續驚人地成長，公共債權人的數量也跟著水漲船高。到了 18 世紀中葉，公共債權人的數量直逼 6 萬名，而這個數字也在 1815 年的時候，粗略推估成長至 25 萬名。[16]

　　英格蘭銀行為國家所提供的服務，也開始遠超出借貸部分。自銀行成立之初，就因為要援助國家的軍事行動，而提供了海外匯款的服務。英格蘭銀行負責了國庫券的發行，並以此換取財政

部的津貼，這也讓該銀行最終等同於徹底壟斷國家的短期借貸業務。[17] 它同時也為政府各部門提供了儲蓄及借貸服務，且自1780年代開始，多數業務都是以官方的身分進行，更會借款給陸軍、海軍及軍械庫。[18] 除此之外，儘管英格蘭銀行並非唯一可發行紙幣的金融機構，但其發行的紙幣不僅接受度廣，可以拿來支付稅務的事實，也意味著英格蘭銀行獲得了國家最直接的實質認可。[19]

全心全意支持著國家財政的英格蘭銀行，在私人業務方面，卻幾乎沒有認真發展過。在成立初期，英格蘭銀行也曾經短暫地進行了幾次私人借貸，但都是透過「質押」（即以物品作為抵押）或抵押借貸的形式。[20] 不過，這門生意很快就消失了。到了18世紀中期，私人借貸的對象集中在大型的準國家（Quasi-State，譯註：未擁有國家主權的類政府組織）機構身上。東印度公司（East India Company）的貸款額占最大宗，其未償付的債務金額鮮少低於10萬英鎊。[21] 至於南海公司、哈德森灣公司（Hudson's Bay Company）和蘇格蘭皇家銀行（Royal Bank of Scotland），也分別獲得了金額較低但持續性的借貸服務。[22]

銀行的貴金屬業務也同樣受到局限，且得到的回報相較之下更是微薄。儘管如此，在18世紀絕大多數的時間裡，英格蘭銀行的金屬儲備對紙幣發行量的比率還是很充足。克拉彭爵士估計，在1700年代的後期，這項比率多數時候都超過50%，且在大革命與拿破崙戰爭之前，也只有在1763年、1772年至1773年以及1783年的危機時期掉到此一水準之下。[23]

在銀行提供的所有服務之中，貼現業務的成長最為顯著，尤其是在1760年代以後。但是相較於銀行給予國家的服務，這份

業務的利潤倒沒有那麼豐碩。根據克拉彭的推測，在革命戰爭爆發前，貼現業務獲利最高的那一年，共獲得了 16 萬 8,000 英鎊的收益，僅能支付該時期四分之一的利息支出而已。[24] 但到了 18 世紀後期，這項業務卻也讓英格蘭銀行成為掌控倫敦經濟不可或缺的一環。儘管銀行握有的控制權並不明顯，亦無公開聲明，但根據證據顯示，在某些關鍵時刻下，銀行董事們透過銀行的貼現政策，干預信貸市場的管理。因此，如同歷史學家休・鮑溫（Huw Bowen）所指出，該銀行身處「國家信貸結構的核心位置」，並緩解了金融風暴所產生的影響。[25]

英格蘭銀行同時也獲得了來自商界的信賴與信任。舉例來說，銀行的股價在整個 18 世紀裡都高於其票面價值，而絕大多數時候都穩穩落在票面價值之上的事實，已足以證明銀行深受信賴。[26] 此外，該銀行的優良聲譽更是讓倫敦、乃至於整個英國，成為人們眼中經濟穩定，且充滿機會的地方。因此，銀行成為金融家、商人、製造商與零售商進行業務往來、獲得關注並取得認可的地方。這裡既是觀察經濟運作的場域，更是經濟自身的一環。因此，在審查委員展開行動之際，英格蘭銀行正站在大不列顛的金融結構頂端。然而，在這樣的權力之下，自然伴隨著挑戰。

批評與挑戰

儘管審查委員將銀行描述為「公共信用的宏偉守護者」，但並不是所有人都能對該機構的正直篤信不疑。在銀行成立的頭

90 年裡，面臨了來自部分派系的批判。批評者認為，國家如此依賴由銀行募集或管理的資金，不僅不健康，更易導致貪腐。也有人認為（且並非毫空穴來風），英格蘭銀行干涉政治，並對上層政治圈「施以不正當的影響」。[27] 因為壟斷而招致怨恨的情形，也明確點出這個行業有開放競爭的必要性。在絕大多數的 18 世紀裡，這樣的批評就像是一股暗流，對銀行造成了部分壓力。然而，1780 年代早期的氛圍卻日趨躁動。

隨著英國在持續進行的美國獨立戰爭中，僅獲得極少的勝利，再加上幾個新生帝國區域：愛爾蘭、印度和西印度局勢陷入緊張，對金融家的批判聲浪也越來越高。[28] 帝國的分崩離析，也伴隨著母國內部的經濟衰退，為了應付越來越龐大的國債而不斷提高的稅負，導致收入遭到侵蝕，經濟困頓引發了工業動盪，也讓反對政府的議院外反對派（Extra-Parliamentary Opposition）隨之興起。[29] 然而，解決問題的方案卻顯得疲弱不振。

1779 年 8 月，財政部秘書約翰‧羅賓森（John Robinson）寫信給戰爭部長查爾斯‧詹金森（Charles Jenkinson），表示：「倘若整個政府在議院召開會議前鬧翻了，我也不會太驚訝。」羅賓森認為，內閣成員互相憎恨，拿不出任何辦法來解決眼前的危機。「什麼挽救或嘗試都不願意做，不關心國內必要的安排，不關心愛爾蘭，不關心印度，對於外交事務恐怕也不太關心。」[30] 而羅賓森可是支持政府派。

批評者認為對戰爭的不當處理和債台高築的開銷，讓金融家──尤其是負責管理債務發行者；軍事供應商──特別是那些為英國戰爭機器提供軍火與服務者，利用國家的苦難來發財。[31] 多

數批評者皆認為，財務管理似乎是當前問題的核心癥結，因此解決之道就是「經濟重組」——徹底重組英國看似已經腐朽的財政體系。經濟重組的目標，尤其針對了國家財政的更好管理，裁汰冗員，弱化皇室的影響力。儘管銀行並沒有位在這些改革目標的核心，卻也被塑造成利用戰爭危難來大賺戰爭財的邪惡金錢利益代表。[32]1781年，是否該繼續授予英格蘭銀行特許狀的爭議，就很好地展示了批判聲浪是如何轉化成該機構必須面對的實質威脅。

一直到19世紀中期，該銀行只能獲得有限特許狀的事實，也清楚點出理論上只要政府想要，大可以解散銀行並取而代之。但在現實上，權力並不是這樣一面倒，尤其特許狀的更新協商也經常發生在財政危機時期。[33]1781年的情況就是一例，儘管當時特許狀的期限還剩下超過6年。開啟討論議程的是急需額外資金的國家，還是有心利用此一需求的銀行董事們，尚不得而知。[34]但是無論情況為何，續約條款於秘密協商中進行，而這項換來了200萬英鎊貸款、清償期限延長到1812年的政策，更在毫無知會的情況下被送進下議院。議院內、外派系，無不強烈表達反對。

前國會議員大衛‧哈特利（David Hartley）指稱，此事應被視為最基礎的經濟事務，並譴責首相諾斯勳爵（Lord North）應該要花「一或兩個早晨⋯⋯跟初級侍女們一起好好購物，直到他學會最划算的購物方式，也就是貨比三家為止」。[35]哈特利認為特許狀是有價值的，而他認為每年的價值至少該為12萬英鎊。[36]因此，14年的特許狀應該能讓銀行欠下國家168萬英鎊，相較之下，諾斯勳爵卻只要求拿到一筆總金額為200萬英鎊、利息為3%的貸款。[37]倘若能找到與此銀行提供同樣服務的其他供應者，就

序 從私人機構到國家引擎　023

可以把特許狀授予出價最優者，而不是白白贈予英格蘭銀行。羅金漢派（Rockinghamite）的國會議員喬治·薩維爾爵士（Sir George Savile）也贊同此意見。[38] 他憤怒地表示，「人民有塊地要賣」，卻被「賤價拋售」。[39]

諾斯則反駁，他「無法想像一個人在長時間享受到這樣的便利以後，還會否認議會有責任盡一切努力，去鞏固與強化銀行與人民的連結和合作」。諾斯的這段話，也經常被視為議會對銀行的支持。[40] 但是諾斯的態度並不是讚頌銀行此一機構，他之所以出言捍衛，是為了對抗勢力強大、且獲得廣泛支持的反對派。最終，他的論點成功了，特許狀獲得更新。而整整一個世紀間所累積下來的經驗，自然不該被輕易放棄。

此外，反對撤換銀行的最強論點，莫過於國家積欠了英格蘭銀行數百萬英鎊的事實，倘若撤銷授予該機構特許權，國家將陷入無法立刻清償債務的窘境。但我們不該認為只有保留英格蘭銀行或解散銀行此二元對立的選項。有至少超過一種可能的方法，既可約束銀行的權力，同時為國家爭取到更好的協議。而成立另一家可與之抗衡的大眾銀行，就是一個選擇。事實上，這也是最常被提出來的解決方案。[41]

此外，將英格蘭銀行置於議會嚴格的審查之下，或甚至讓其接受某種程度的國家控制（如同東印度公司那樣），也是可行的方法。同為私人機構的東印度公司，自 1760 年代末以來，都會定期接受審查。1773 年，一項監管法案通過，限制了該公司所能發放的利息，約束雇員進行私下交易，並擬定了國家干涉其事務（尤其在管理印度方面）的條款。喬治三世（George III）在談到

該法案時表示,「這為議會可持續審查該公司事務,且必須每年制定一套條款的行為,打下了基礎。」[42] 在經濟改革期間,東印度公司也經歷了更進一步的審查。

1781 年,由亨利・鄧達斯(Henry Dundas)擔任主席的祕密委員會成立。其表面上的目的,是調查與邁索爾王國(Mysore)蘇丹海地爾・阿里(Haider Ali)在卡納蒂克(Carnatic)區域爆發戰爭的原因與結果。[43] 根據該委員會的調查結果,鄧達斯提出了一條聚焦在印度相關事務上的法案,並間接導致了 1784 年東印度公司管理委員會(Board of Control)的成立。[44] 但是,該行動的其中一項主要目的,就是重組倫敦的東印度公司,以防止股東干涉印度事務,同時強化大不列顛政府對於該公司事務的決斷權。[45]

成立控制委員會的舉動,不僅侵犯了東印度公司作為私人機構的權利,更侵犯其股東的利益。當然,這麼做是為了追求更大的利益,但此舉自然引起了其他金融企業的憂慮。毫無疑問地,這開啟了干涉英格蘭銀行事務的先例,再加上該機構與國家的金融穩定性息息相關,因此只要它表現不盡理想,勢必會成為國家出手干預的正當理由。此外,鄧達斯法案出現的時機點,也很關鍵。該法案於 1783 年 2 月中旬遞交進下議院。但由於謝爾本(Earl of Shelburne)政府的垮台(這是初春時還無法預料到的發展),該法案的辯論一直被延後,直到進入下半年。正是在這樣的處境下,1783 年 3 月,英格蘭銀行的董事們採取了關鍵行動。他們自己成立了審查委員會,而該委員會有權「審查並質詢該銀行內部各部門的業務模式與執行方法」。[46]

有極大的可能,銀行的董事們期望透過這樣的行動,扼殺

任何企圖以控制東印度公司的方式來控制銀行的計畫。看起來，他們的舉動是經過深思熟慮。他們似乎複製了諾斯勳爵針對議會質疑國家是如何掌管其經濟時，所提出來的答覆。為了阻止批判派，諾斯勳爵成立了法定委員會以審查公共帳目。該委員會的職責是確認公共財政的真實狀況，找出公共財政管理系統上的缺陷，同時提出解決方案。[47] 該行動中最重要的一點，在於其中三位委員為銀行家：喬治・德拉蒙德（George Drummond）、薩謬爾・比齊克羅夫特（Samuel Beachcroft）和理查・尼夫（Richard Neave）。[48] 比齊克羅夫特和尼夫為英格蘭銀行的董事——比齊克羅夫特在1775年至1777年間擔任銀行行長，尼夫則在1783年4月成為行長。[49] 儘管在監督銀行的兩大組織——董事會和股東委員會的會議紀錄裡，並沒有提到成立審查委員會的確切原因，但是根據任命的時間點，以及比齊克羅夫特與尼夫可能具備的影響力，我們得以推測，該委員會與經濟改革的目標間有著直接關聯。[50]

銀行的經濟改革

審查委員會的運作方式，與公共帳目審計委員會（Commission for Examining Public Accounts）的運作方式非常相近，這顯示出經濟改革模式所立下的先例獲得了延續。銀行的審查委員就跟審計委員會的成員一樣，擁有廣泛的權力，不僅可以進行調查，更可以針對任何不適當的工作模式或貪腐情況，提出必要的改革。此兩組織皆採用了相似的審計模式。他們同樣會依序審查一個又一個部門，並在工作持續進行的狀態下，發布暫時性的調查結果與建

議。[51]

　　這兩個組織的實際議程也存在著相似之處，雙方都將焦點放在工作體制的效率、工作性質本身，以及任職者的工作表現及薪酬（包括遣散費與津貼）適當性上。在此方面，政府委員必須面對的問題，自然與銀行審查委員不太一樣。前者必須處理一個深陷於傳統之中，且存在太多尸位素餐者的久遠歷史體制。而銀行審查委員面對的，是一個在整體上符合其機構目的、但在審查發生之前，已經因為經年累月的發展而逐漸失去協調性的體制。這樣的結果，塑造出一個過分依賴捷徑的體制，以及無法應付更高強度工作量的散漫態度。除此之外，銀行的審查委員並沒有發現明顯的冗員。銀行內的每個職位都有其相對應的職責，也有其相對應的負責者。但在另一方面，如同我們即將看到的，卻也存在著許多不良的工作模式及大量安全隱患。

　　政府委員與銀行審查委員間最顯著的差異，在於後者為內部任命。銀行完全不需要承受來自外部的干預，而這毫無疑問是經過深思熟慮後所採取的舉動。這顯示了該銀行與東印度公司完全不同，可以也願意管理自己的事務。然而，我們也不該因此認定這樣的審查毫無意義。負責檢驗公共帳目的政府委員們，毫無疑問地對於當前的改革抱持支持立場。因此，尼夫和比齊克羅夫特在成立審查委員會此一行動中所扮演的顯著角色，讓我們可以合理推測，他們同樣依循了此一模式，任命對銀行改革抱持贊同立場的人，來擔任審查委員。[52]

　　鮑森葵、溫斯洛普和迪是任期相對較短的銀行董事。鮑森葵在 12 年前（1771 年），首度被選為銀行董事。[53] 迪則是在 1775

年，溫斯洛普則要等到 1782 年。[54] 鮑森葵跟溫斯洛普都是商人，也同樣都擔任過該銀行的行長，因此能力自然是毫無問題；關於迪的經歷則不甚清楚。如同所有的董事那樣，這三位委員都曾經是銀行的機構與雇員委員會（Committee for House and Servants）成員。顧名思義，該委員會的職責是維護銀行的資產與支出、人事及員工紀律等多個面向。每 3 個月就會召開會議的機構與雇員委員會，其提出來的報告通常比較制式化，像是批准授權書、簽署給予商家和供應商的款項，以及那些為因應改變而必須執行的決定。雖然銀行會因此得到關於員工行為舉止的報告，但是很少會出現直接的抱怨，且各部門的主管通常只會記錄員工的出缺勤。[55] 儘管如此，鮑森葵、迪和溫斯洛普作為這個委員會的一分子，意味著他們對於銀行的日常作業流程、員工作業方式的管理條文，勢必相當熟悉，也了解這些規範很有可能如何遭到違反的事例。

審查委員花了一年多的時間進行審查。他們的工作從 1783 年 7 月底開始，在同年 9 月 24 日，因為「某些委員必須出城」而終止，但在此之外，並沒有太多的休息時間。他們在任期內交出了中期報告，並在 1784 年 3 月提出最終報告，但其後的數個月裡，仍繼續處理著未完事務。[56] 他們的行動全都由秘書阿斯萊特先生（Mr Aslett）記錄下來，此人在任務結束後，也因為「極為勤勉地執行自己的職責並給予我們協助」，[57] 而獲得審查委員的一致讚揚。

透過報告的一字一句，我們得以推敲審查的過程。工作期間，審查委員採取員工觀察與進行訪談及質詢的綜合性程序。而委員安排好的行程，也會在事前通知該單位，好讓資深員工有時

間準備自己的質詢。[58] 觀察行為則發生在銀行的營業時間,因此所有員工及正在銀行內辦事且觀察敏銳的客戶們,都能清楚感受到審查的進行。[59] 除此之外,沒有跡象指出審查曾以任何形式被公開。

看起來,審查委員的行為並沒有過分騷擾或強迫員工。事實上,他們也數次針對提出的改革方案,與員工展開討論。此舉展現了他們對於經驗的尊重,並充分明白與那些在崗位上已經工作多年的職員相比,審查委員自身對於可能被採納的實際行動與程序改革的了解,並不一定比較深。但是,儘管偶爾出現的諮詢過程,展現出雙方的合作態度,我們也不能因此低估審查過程可能帶來的負面影響。對公共財政與公務員的批判氛圍,自然逃不過那些經常出入咖啡館族群的視線。同樣地,被監督與質詢的過程,也很有可能引起不安。部分銀行職員因為審查而感到畏懼,但如我們即將看到的,也有部分行員利用審查來提升自己的利益或進行秋後算帳。

審查委員會的任命,最主要的目的或許是為了證明銀行的價值與賢德,而這項企圖也會在本書稍後的各個章節中逐一闡述。但對歷史學家而言,審查委員會的報告不僅讓我們得以檢驗經濟改革運動後的實際成果,更提供了銀行各項業務的分析資料,以及在為民眾及國家提供服務方面,銀行行員的詳細工作內容。當然,我們不能照單全收審查委員報告內容的所有細節。毫無疑問地,在審查委員拜訪某些特定部門時,會更看重是否有確實遵守銀行既存規範。[60] 除此之外,長達一年的審查過程,也讓高層與低層職員對於審查委員在訪視及面談中的期待,擁有一定了解,

因此勢必會在審查委員來訪之前,進行適度的調整。

儘管如此,透過審查委員在調查中所展現出來的謹慎,以及針對特定員工進行的系統性交叉質詢,我們可以明白在絕大多數的情況下,調查委員確實觀察到銀行內部運作的真實狀況。此外,亦有許多既存資料可佐證紀錄中的資訊。許多被保存下來的規範條例,讓後世能充分了解特定辦公室的運作方法。銀行行長的工作日誌及多位負責管理銀行的董事備忘錄、董事會和股東會的紀錄,也獲得保留。透過豐富的文獻,我們得以重建銀行職員的職業生涯、薪酬、狀態與升遷等。最有意思的是,其中一位審查委員薩謬爾・鮑森葵留下了一本筆記,裡面記載了他在進行審查時,對於員工及其工作狀態的思考。本書後續的章節,將根據這些筆記,重建 18 世紀後期的銀行日常與運作。

史學背景

本書依循著銀行的一天而展開,在黎明中開啟大門,再接著觀察此後的 24 個小時。這並不是一部小說。如同約翰・布魯爾(John Brewer)在《權力的支柱》(*Sinews of Power*)書中對消費稅的探討,故事中的「英雄」——就此處來說,就是那些確保銀行能順利運作的人們。[61] 對他們而言,多數時候,每一天彷彿都一樣。要在處理龐雜事務之餘,贏得公眾的信賴,銀行需要的是一套能在約定時間內完成特定任務的嚴謹制度。本書也將探討,銀行體制看似具備的可靠性及規律性,如何讓其成為公共信用體制下不可或缺的一環,更讓一國的財務狀況獲得更高的信賴。

後續章節將探討到英國的主要金融機構是如何運作,但探討內容並不僅限於 18 世紀的貨幣管理。在 1780 年代,銀行的業務量與員工數量都已經成長了相當驚人的幅度。銀行職員數量超過 300 名,且需要大量的臨時雇員、門房與警衛,來支援銀行的運作。白領員工的數量,是東印度公司的 2 倍,更是大型保險公司如皇家交易所(Royal Exchange)和太陽保險(Sun Assurance)所雇用員工數量的 10 倍,以及海洋軍事部(Admiralty)和財政部員工數量的 5 倍。[62] 英格蘭銀行的職員,每個月必須經手上萬名顧客和上萬筆交易。他們因為自身具備的專業能力而受雇,也必須發展出一套專業的技巧。基於工作內容的性質與規模,他們更必須與同事合作無間,讓事情在時限內完成。這份工作很少會出現能讓人喘口氣的時間,更幾乎沒有犯錯的餘裕。

事實上,銀行的運作就像是工業化進程——複雜;需要特殊設備、空間與技巧;受時間限制;講求專業化與協作。這裡也是 18 世紀中,勞動管理方面較為成熟的場域之一。早在薩謬爾・葛雷格(Samuel Greg)開始以計時制來管理柯里河畔紡織廠(Quarry Bank Mill)之前,英格蘭銀行就已經依照嚴謹的標準時間來規範機構的運作,保留出缺勤紀錄,並透過制定條文來規範工作時間和模式。因此,透過對銀行工作內容的探討,我們得以理解 18 世紀的雇主可以募集到的人力資源數量與價值。以潛在工業勞動力為焦點的經濟史學家喬爾・莫基爾(Joel Mokyr)認為,18 世紀的英國存在著「一群遠比其他地方數量更為龐大,且效率更高的有能力、有技術者」,而正是這股力量,讓英國具備了成為「世界工廠」的實力。[63]

至於採取更為務實觀點的史家羅伯特・艾倫（Robert Allen），也沒有忽視「人力資源」此一稟賦，但進一步強調創新背後的動機，正是基於人力成本過於高昂。[64] 這兩派論點的爭議之處，我們毋需深入探討。就本書主旨來看，我們側重的焦點在於紀錄中對於服務部分的忽視。[65] 然而，銀行業務的規模勢必需要發展出「工業化」的組織，此外，儘管不需要太多機械化，實務操作方面卻需要極高的創新能力，且造成的影響也相當深遠。倘若真如經濟學家摩根・凱利（Morgan Kelly）等人所言，英國經濟發展的其一關鍵就是勞動力的品質與生產力，那麼在這場辯論中忽視白領工作者的辛勞，自然會讓人難以接受。[66] 要想了解人力資源對於「早熟的阿爾比恩」（Precocious Albion，編按：阿爾比恩是英國的古稱）的貢獻，探索 18 世紀文職工作者的重要舞台，絕對能讓我們收穫更豐。

　　英格蘭銀行組織化能力的最大受益者，就是國家。本書的其中一個目標，就是鼓勵學者在探討英國如何於漫長的 18 世紀間，躍身為泱泱大國的一員時，將銀行放在討論的核心。如此一來，其重大貢獻將會是對「可信賴承諾」（Credible Commoitment）的延伸探討。如同經濟學家道格拉斯・諾斯（Douglass North）和貝瑞・溫加斯特（Barry Weingast）所闡述的那樣，可信賴承諾將光榮革命（Glorious Revolution）所帶來的政治改變，與英國政府募集資金的能力，直接連結在一起。[67]

　　諾斯和溫加斯特認為，儘管 17 世紀的斯圖亞特王朝（Stuart）君主並不可信、也因此受到約束，但光榮革命將借款的決策權交到了議會手中。議會有權否決政府借款，也有權針對已通過的開

支進行審計。[68] 就諾斯與溫加斯特來看,代議政府的基本制度就是在遵守受法院所保護的財產權此一前提之下,創造「多重否決點」(Multiple Veto Points)。此舉能讓政府做出可信賴承諾,長期恪守自己的財政諾言。[69]

諾斯和溫加斯特的論述,受到許多學者的進一步討論與延伸。[70] 有明確的證據指出,可信賴承諾一直到 18 世紀下半葉才出現,且在此期間,財產權依舊沒能獲得保障。[71] 顯然,東印度公司的命運就是最好的例子。然而,上從貴族,下至奴僕,全國人民卻是心甘情願地把錢借給國家,而此一歷經 30 餘年爭辯的議題,其謎底卻依舊撲朔迷離。在本書稍後的章節裡,我將主張這個答案在極大程度上,可以透過了解英格蘭銀行的運作來解釋。銀行透過其行政程序和對這些程序的主動審查,鞏固了貸方的權利。審查行動就是此種承諾的有力象徵。該機構本身也是一種強制執行機制,在董事們的運作下,確保政府信守承諾,從而讓公共債權人為了捍衛自己的權利,可以展開串聯與行動。除此之外,銀行建物及職員在記錄國家債務所有權方面,所展現出來的透明與坦然,就如同可信賴承諾的實體化身。

英格蘭銀行官僚體制的可視性,讓本書與約翰·布魯爾的研究有了最直接的聯繫。布魯爾所謂的「財政―軍事國家」(Fiscal-Military State),是一個能透過中央官僚體制的運作,確保大量稅收與借款,從而實現軍事行動的國家。布魯爾提出的官僚程序範例,就是消費稅的徵收。他之所以選擇消費稅為例,理由相當清楚。於 18 世紀間欠下巨額債務的英國,就是利用稅金來支付因債務所衍生出來的利息。這樣的連結相當符合邏輯:承諾與支付能

力有關,而有效率的課稅是建立支付能力的核心基石。但是,布魯爾研究的成果,也導致許多學者專注於稅收及其相關的官僚基礎,至於國家是如何借款、向誰借款的問題,卻受到忽視。[72] 儘管稅收確實至關重要,但是借款才能即時提供緊急時期(如戰爭等情況下)所需要的資金。稅收在極大程度上,屬於可強制執行的行為;但借貸則必須出於你情我願。要想了解18世紀的英國是如何取得地緣性的成功,深入了解支持借貸的官僚程序就相當必要。

布魯爾也提出了一項主張:「財政—軍事國家」得以「製造出與其全部人口及自然資源不成比例的軍事力量」。[73] 近期的學術研究,則修正了此一結論。[74] 隨著人們對於英國社會權力廣泛分散、且國防持續耗弱的事實有了更好的認識,布魯爾的強大極權國家這個主張,也受到了調整。[75] 具體來看,歷史學者康威(Conway)採納了國家運作效率更好這個觀點,但主張這是私人利益與當地政府兩方共生的成果。國家的集中權力與其他實體一同合作,而這樣的合作關係,是「英國最終得以成功動員如此大量人力、物力與財力的關鍵」。[76]

在海事歷史學者羅傑・奈特(Roger Knight)和馬汀・威爾寇克斯(Martin Wilcox)針對海軍糧食供給服務的研究中,可以找到針對這種合作關係的詳盡描述。奈特和威爾寇克斯以「承包商國家」(Contractor State)這一概念,置換「財政—軍事國家」概念,將注意力轉移到「英國運用課徵而得稅金及貸款」的方式上。[77] 概略來說,承包商國家這個概念是指將財政力量轉化成軍事力量的過程,但就其核心意義而言,這描述的是一個「利用獨立於政

府之外的機構來獲取商品及服務,以完善政府運作」的體制。[78] 儘管不曾被以這樣的角度來審視,但我個人主張,英格蘭銀行事實上是英國此一國家所依賴過最成功、且最長壽的承包商。

本質上,自英格蘭銀行於 1694 年成立一直到 1946 年收歸國有期間,該銀行以私人機構的形式存活下來,所有權屬於股東,管理權則掌握在由股東所選出來的董事們手裡。它的身分之所以為承包商,是因為國家會付錢請銀行幫其管理債務;之所以被稱為承包商,是因為該銀行董事們的集體意識明白、且能代替國家向市場進行協商,以獲得國家無法輕易直接觸及到的資金;它之所以為承包商,是因為其獲利的方式就是作為大眾與國家的橋梁,將資金投注到英國戰爭機器的運作之上,同時固定支付利息給國債的債權人;它之所以為承包商,因為它展現了國家機器鮮少能展現出來的效率。

因此,依此為核心所展開來的討論,將能理解銀行與英國政府的連結,但這樣的理解並不是以銀行與政治高層的關係為主,而是從銀行在 18 世紀戰爭頻仍的漫長時期下,作為服務提供者的角度來切入。討論將涉及到該組織的官僚與組織效率評估,以及代表國家所經手的資金價值。此處,討論的範疇不能限縮在銀行所提供服務的費用上,其中還包括了銀行提供最終形成公共信用的無形儲蓄金。同樣地,銀行並不單純只是國家與公共債權人的中間者,更是國家與資金市場的接口。[79] 如同歷史學家歐布萊恩(Patrick K. O'Brien)所主張的,就 18 世紀戰爭時期下所發行的債務總量來看,此一功能絕對不容小覷。從債務的發行到公共債權人承接此債務,主要依賴的就是貸款承包商的操作,而英格蘭銀

行也確實擔起了這份責任。[80]

最後,將銀行視為國家重要承包商的視角,能讓我們進一步探討布魯爾理論的核心平台:國家行政的效率。但布魯爾視大不列顛為國家效能(State Effectiveness)典範的主張,遭到推崇傑拉德・艾爾默(Gerald E. Aylmer)更為務實觀點(英國政府為效能與無能的「超凡綜合體」)的學者們反對。[81] 後續內容將展示銀行的系統存在著無數缺陷,多數缺陷源自於人為失誤,但也有一些肇因於熟悉銀行系統缺陷而有心加以利用的不誠實員工。然而,銀行確實完成了任務,且完全能勝任這份工作。最終,無論人們如何批評銀行,確實無人能反駁諾斯勳爵對於銀行「謹慎管理」的讚美。[82] 因此,該機構及其職員的事蹟,是官僚程序如何在漫長的 18 世紀間,成就了英國地緣性成功的有力新證據。

∽ 本書大綱

在接下來的章節中,我將重現銀行的一天。銀行的大門在每日清晨緩緩敞開,有許多步驟必須在客戶湧入以前進行,包括打掃室內、點燈、替時鐘上緊發條與點火。多數提早抵達銀行的職員們,亦有許多準備工作必須完成。其中包括了清點保險箱與金庫,以及替在外奔波的銀行辦事員準備好要用的帳目及文件。第一章將討論到這些例行公事,以及其在維持秩序上的重要性。同時透過探索銀行員工抵達工作場域時的所見所感,來了解銀行在倫敦金融市的地位。因此,讀者將讀到針線街的詳細發展,目睹銀行對於其自身空間的積極維護,以及對於該如何創造兼具安

全、透明與賢德理想標準的關注。

　　第二章則關注每日早晨在銀行內發生的主要事務，也就是倫敦支付系統的管理。本章的主角為出納部，也是銀行兩大重要部門之一。內容將概述此部門涵蓋的所有辦公室，工作內容方面的管理實例，及其面臨的風險與回報。出納部透過發行紙幣和貼現票據的業務，將銀行深植在影響更深遠的經濟體制之內。因此，第二章將探討到銀行作為一個機構的發展性角色，以及其在規範英國經濟這項責任上的接受與抵觸。

　　隨著時間逼近中午時分，政府債務在經紀人交易所（Brokers' Exchange）內也終於開盤，銀行的運作隨之改變，開始充斥著公開喊價市場所帶來的喧囂與混亂，而掮客、經紀人及個體戶試著確認交易狀態及收取利息的行為，讓本就混亂的場面變得更為慌亂。第三章將透過市場的混亂，來刻畫公共財政運作的概貌。其展示了銀行在維護公共信用程序上的不可或缺性，並將其視為國家財政上可信賴承諾的主要體現。這部分需涉及到管理與演示。本章將論述被視為安全且有序公共信用締造者的銀行，其為公眾所提供的行政服務，是如何同等重要。此外，內容也將同時呈現負責轉帳業務的辦事員，是如何經常性地違反銀行規範，有時是出於助人的目的而扮演掮客或經紀人，有時則成為其他投資者的妨礙。

　　午間過後，則是其中一段被審查委員視為最容易出問題的時段。最主要的原因在於多數高階職員會在接近 3 點的時候，離開銀行，有些人是因為還有第二份工作，有些人則是利用資深的身分，為自己換取額外的「閒暇」時光。審查委員認為這是「極為

異常」的舉動,也絕對不該是肩負責任者該有的行為。[83]第四章將會探索銀行的日常工作是如何與整座城市緊密相依,以及人們又為何願意讓銀行由一些資歷最淺的辦事員來負責。接著,將進一步研究銀行的層級,認識負責人、高階職員,了解他們是如何爭取到當前的職位,以及董事會的成員又是如何與銀行各部門的負責人及監督者互動。本章更將解釋銀行是用什麼樣的「賞罰機制」,來確保員工在那些普遍無人監督的情況下也能秉持著清廉的原則。

英格蘭銀行基本上是採用輪班制,第一階段的工作發生在清晨,以開始營業前的準備工作為主;第二階段則圍繞在民眾可以進入銀行辦事的期間,這段期間往往也會衍生出極為繁重的文書工作。因此,在傍晚一直到晚上的最後一個階段,就需要許多員工來進行帳目與帳戶的維護作業。第五章將詳盡呈現會計部的工作,追蹤簿記程序,以及確保國家債務所有權及銀行股票帳戶及紀錄能正確進行的制衡機制。內容將仔細探討,這種將巨額資金交由最低階員工來負責的制度所面臨的風險。此外,也會討論到這個機制的失效,讓部分員工得以利用自己對銀行程序的了解監守自盜的例子。

夜深時分,是銀行最容易遭到入侵,或被暴行及火災威脅的時刻。正因如此,針對這些危險的應對措施也極為縝密和具體。最後一章將追蹤銀行鎖上大門、將威脅阻擋在門外的所有程序。內容提到銀行保全方法失靈的情況,包括鑰匙數量激增、保險箱與金庫數量嚴重不足,以及銀行大門在入夜後依舊敞開,導致人們能在不被警衛察覺到的情況下潛入等情況。但是,這一章也將

展現銀行在防禦上所採取的創新與行動力，利用政治力量排除周遭的實體威脅，自主出資研發防火系統，並在 1780 年的戈登暴動（Gordon Riots）期間，獲得夜間軍事守備的優勢（儘管此舉違背倫敦市特權，但對國內與國外的公司股東及債權人來說，卻受益良多）。

Chapter 1

打開大門

英格蘭銀行的工作很早就開始了。夏日的 6 點或冬日的 7 點，住在位於銀行內部宿舍的大門門房主任威廉・沃特金斯（William Watkins），就會拿著那串平時掛在自己廚房牆壁上的鑰匙，開啟並固定好銀行大門，然後迎接新的一天。[1] 在固定好大門後，沃特金斯通常會看到兩類職員正在外頭等著進來：銀行外部出納員（Out-Tellers）及門房。前者的工作是到客戶家中或工作場合，進行帳單期限的協商。外部出納員早早地收好票據並準備出發，以便在中午之前完成分內的工作。門房的工作則讓他們必須提早到達，以便打掃並整理好自己所負責的辦公室。

這些員工必須在清晨 5 點至 6 點間起床，接著或許還要走上漫長的一段路才能抵達工作地點。職員可能是在一間附有家具的雅房中醒來，這樣的房間每周租金約為 2 先令 6 便士，而他們在銀行工作一年的底薪則是 50 英鎊。[2] 儘管如同之後我們即將看到的，長期在銀行工作能獲得晉升的機會及明顯拔高的薪資；但對於剛入職的新人來說，他們的生活實在沒什麼餘裕。1767 年，一本主張提高職員薪資的宣傳手冊，清楚地交代了他們的生活處境。手冊作者讓我們認識了此種附家具雅房的狀況，裡面有：

頂棚半罩式床架，附有棕色麻毛混織家具，一張床和墊子，半羊毛半羽毛填充。綠色釉彩夜壺、一張小壁板書桌、兩張老舊的藤椅、用漆著紅色與黑色松木框框成的 4×6 英寸鏡子、紅色麻毛混織窗簾、老舊的鐵火爐、撥火棒、鏟灰器、火鉗和爐圍、一個鑲著黃銅的鑄鐵燭台、錫製的滅燭器、一夸脫的水瓶、一品脫的錫壺、一小瓶的醋和用一個白瓷杯裝著的鹽。還有兩幅大型彩

色木刻版畫，以未上釉的松木裱裝著。[3]

　　無法在房間內準備食物的環境，讓他們只能在去上班的路途中吃頓早餐。城市裡有各式各樣的街頭小吃，但絕大多數人還是會選擇一杯茶與麵包。當班傑明‧富蘭克林（Benjamin Franklin）於1720年代以出版商的身分生活在倫敦時，曾表示有些人會「在吃早餐前先喝一品脫的啤酒，接著再用一品脫的啤酒配著麵包與起司，當作早餐」。而他自己較為節制的早餐內容則是「一碗溫熱的粥，裡面是一小塊奶油和烤過的麵包跟肉豆蔻」。[4]

　　在銀行外頭等著開門的那群人，在清晨的景致下顯得格外引人注目。大街上幾乎空蕩蕩。拜訪倫敦的德國人克里斯蒂安‧戈德（Christian Goede）發現，早上8點之前街道上幾乎沒有什麼人。直到8點過後，街道上才開始擠滿了工作中與經營各種生意的人群。「城市裡的商店開門了⋯⋯出租馬車開始嘩嘩作響」，到了9點，城市中的街道已「擠得水洩不通」。[5] 倫敦是座總是滿溢著人群與喧鬧的城市，「市政新聞的播報聲、遊說、爭論與對話聲。家門口的閒言碎語混合了喧囂的笑鬧聲與市集上的討價還價聲」。[6] 城市的運轉很匆忙，人們也很匆忙。在1762年抵達倫敦的詹姆士‧包斯威爾（James Boswell）注意到，「噪音、群眾、目不暇給的商店與標示⋯⋯匆忙又引人注目」。[7] 而他覺得這是一種「令人舒適的混亂」。[8]

　　本章將探究身處在此一熙熙攘攘城市街道上的銀行，作為商業與公共借貸者的獨特地位，以及它是如何與整座城市的日常生活交織在一起。內容將介紹那些每天都必須早起工作的人，追蹤

Chapter 1 打開大門　　043

他們在辦公時間開始之前的日常軌跡。在銀行於早上 9 點開門營業後，銀行及其周圍的環境就必須淨空。火爐必須點好讓室內變得溫暖；帳本、現金與票據也必須從夜間保管的地方取出；而那些因為職務所需、每天早晨都得在城市各處奔波的員工們，所需要的票據、文件與用品也必須趕快備妥。

針線街

門房與職員們站在針線街的大門前，等著進入銀行，倘若他們抬起頭，就會看到一幢令人嘆為觀止的建築，座落在寬廣的大街上。就跟所有在現代大城市裡工作的人一樣，他們經常會發現周圍環境出現變化，建築工地更是頻繁地出現在身旁。1783 年，倫敦橋供水公司（London Bridge Water Works）在針線街鋪設新的管線。[9] 因此，銀行職員必須小心自己所踩踏的地面。無論是在施工期間與施工結束後，管線的暴露或以劣質材料回填的人行道，都讓行走變得危機重重。[10] 緊挨著銀行的聖克里斯多福・勒・史達克斯（St. Christopher le Stocks）教堂，在 1781 年至 1784 年間被拆除，並於原址上重新建造建物，以應付銀行越來越龐大的業務量。[11] 這些工程不過是近期眾多工程中的其中幾項。銀行所在的區域，

「曾經遍布著小酒館與貧民窟，充斥著低矮的出租公寓和簡陋的商店」，但在數年間已經獲得系統性地剷除。[12] 拆除與重建的工程，根本性地改變了針線街的整體氛圍，除了讓銀行日漸龐大的業務獲得充足的空間外，也同時滿足了銀行董事們基於安全與利益考量，而希望改變環境的目的。

為了更深入了解城市居民及訪客對於銀行建築的觀感,我們必須從更漫長的時間軸來審視其發展。[13]1734 年,銀行搬到了針線街。在此之前,英格蘭銀行的落腳處在葛羅瑟斯大廳(Grocers' Hall)內一處租來的空間中,極不起眼地位在銜接著家禽街的葛羅瑟斯巷(Grocers' Alley)內。[14] 聳立在針線街上的新銀行,就位在皇家交易所的對面,鄰近交易巷(Exchange Alley),也是倫敦股票市場絕大多數活動發生之處。搬家的行動也讓銀行離 18 世紀另外兩間大型金融公司──東印度大樓(East India House)與南海大樓(South Sea House)更近。無論是在過去或現在,針線街一直是一條比鄰著倫敦各大重要街道的道路,像是因為重要商業及購物區而聞名的奇普賽街(Cheapside)與康希爾(Cornhill);因市集而聞名的利德賀街(Leadenhall Street);還有過去金融家們集中的老猶太街(Old Jewry)和倫巴底街(Lombard Street)。

對英格蘭銀行而言,遷址到針線街確實具有重大意義,但這件事的過程並不容易。早在銀行做出搬家的決定以前,這塊地就已經握在其手裡長達 10 年。1724 年,銀行以 1 萬 5,000 英鎊的代價買下這塊地,但這塊地的主要用途為住宅用地,因此在其後的數年間,董事們陸續買下了各住戶的租賃權。最初的計畫是趁著銀行承租的葛羅瑟斯大廳租位在 1734 年到期之前,興建好專門的場所。[15] 進行某種形式上改變的必要性,相當顯而易見。葛羅瑟斯大廳內的空間已經應付不了銀行日漸龐大的業務,加上進入建築物的道路相當不便,場所的安全性也令人擔憂。然而,董事會對於搬遷一事卻意見分歧,在決議是否搬離葛羅瑟斯大廳時,4 位最資深的董事──吉爾伯特・西斯寇特爵士(Sir Gilbert

Heathcote)、約翰‧亨格（John Hangar）、威廉‧喬利夫（William Joliffe）和湯瑪斯‧庫克（Thomas Cooke），持反對意見。[16] 建築學家艾布拉姆森（Daniel Abramson）認為，這些堅決反對者全都是銀行最艱難時期的見證者。

西斯寇特是創始董事之一，於 1694 年上任，他親眼見證了英格蘭銀行的建立過程，是如何經歷了那些認為公共銀行只會淪為政治家或獨裁君主玩物的鬥爭。他也見過 1690 年代發生在土地銀行身上的挑戰、1710 年新托利黨（Tory）政府對金融體系表面上的抵制，以及 1711 年至 1720 年間南海公司所帶來的重大威脅。[17] 西斯寇特此派人物，或許對於大張旗鼓地炫耀銀行在經濟及政治體制內所握有的地位，持較為保留的態度，並認為葛羅瑟斯大廳的位置能賦予銀行低調行事的優點。此外，西斯寇特及反對意見的支持者，都是精明的商人，他們可能對美學沒有太大興趣，並可能認為投資永久性建築是對資本的浪費。[18] 但這些舊人都活在過去的戰鬥裡。

新英格蘭銀行的建築，標誌著該機構命運的重大轉變。1720 年晚期，南海泡沫幻滅且南海公司也跟著徹底受到摒棄後，銀行與國家的關係變得更為「順利且輕鬆」，該機構也開始被視為託管國家財政的可靠之手。[19] 它在票據貼現，以及為倫敦商界與貿易界提供銀行業務的角色（將在下一章裡討論到），也讓它成為經濟管理的一環。銀行取得永久居地、實體上的擴張及重新坐落在倫敦商業街區核心地段的醒目位置，都是變遷過程的一部分。那棟建築等同於表述了銀行在國家經濟及財政管理上所處的核心地位。

而銀行新建築設計權的激烈爭奪程度,則是衡量銀行地位改變的另一項指標。設計圖分別來自倫敦市的測量員約翰‧崔西(John Tracy);業餘建築師、商人及東印度大樓的設計師西奧多‧雅各布森(Theodore Jacobsen);知名的鄉村別墅設計師羅傑‧莫里斯(Roger Morris);銀行的首席會計師澤拉博伯‧克勞奇(Zerubbabel Crouch)也交出了一份設計圖。[20] 但是,為監督新建築施工過程而組織起來的建築委員會,最終還是以實務性而非名聲來作為評判考量。

在最終的競選作品裡,他們選中了來自亨利‧瓊恩斯(Henry Joynes)和喬治‧桑普森(George Sampson)的作品,這兩位都曾經擔任過政府的工程監督。瓊恩斯當時為西敏寺下水道委員會的測量員。桑普森則曾經擔任倫敦塔(Tower of London)和薩默塞特府(Somerset House)的工程監督。因此,他們不僅具備了出色的設計能力,更具備進行大型公共工程的經驗。桑普森和瓊恩斯的設計相當接近,大家對於哪一項作品應該勝出,也無法取得定論。兩項作品同樣出現許多值得讚揚之處,但也包含了不少被反對的地方。

最終,決策權被轉交到銀行董事會上,該董事會成員包括了銀行行長、副行長以及 24 名遴選出來的董事。他們看上了喬治‧桑普森的設計。儘管他們或許是被桑普森的人脈所說服,但桑普森的設計與瓊恩斯相比,也確實更為務實,其中包括了三個獨立出入口、寬敞的庭院和更為置中且易於出入的支付大廳。[21] 不過,或許是出於對此一知名建物在品味及精緻度上能同樣顧慮到的期望,董事會另外聘請了西奧多‧雅各布森,擔任建築委員會

的顧問。[22]

　　在桑普森設計的英格蘭銀行終於落成後,該建築卻已經跟不上銀行不斷擴大的規模,因此早從 1737 年開始,董事會就不得不另外租用額外的辦公室。[23] 此外,隨著經濟成長及英國國債的迅速擴張,銀行的生意也同樣持續成長。1734 年,英國總國債金額(包括長期與短期)來到了 4,910 萬英鎊;在七年戰爭於 1763 年畫下句點後,債務總額增加到 1 億 3,260 萬英鎊;美國獨立戰爭之後,更是上升到 2 億 3,180 萬英鎊。[24] 而這些債務絕大多數都是由銀行替國家處理,因此員工數量也必須跟著增加,從 1734 年的 96 名,一直成長到當審查委員於 1783 年展開工作時的 300 多名。[25] 為了因應銀行不斷擴大的業務量,在 1764 年至 1766 年間,通過了三項英國國會法案,准許銀行董事在針線街上購置更多資產。

　　在擴張計畫中,銀行董事不僅希望能拓寬辦公的空間,更希望能移除緊緊圍繞在銀行周圍的小巷子與庭院,以降低火災的風險。[26] 這個計畫持續進行著,但危機仍舊沒能消除。1760 年代,此一議題再次被討論,評估結果認為針線街附近的道路依然過於狹窄,且銀行與其他房屋的距離也仍舊太近,倘若火災發生,可能會導致「建築、文件與資產……面臨毀損的風險,從而讓公眾蒙受無法挽回的損失」。[27]

　　還有另一項原因,讓銀行周圍空間有限的議題受到關注。在 18 世紀,倫敦市的規模出現了顯著地成長,交通量與流動人口數量也跟著暴增。對於包含銀行與皇家交易所的針線街區域,此一問題尤其嚴重。在該地區進行攬客的出租馬車、私人租貸馬車的數量,多到經常被人投訴到康希爾的市民議會上(該會議是由當

選的男性戶主參與，旨在聽取民眾的陳情，並處置違法者）。[28] 難以紓解的交通造成的問題並不僅僅是惱人而已。馬車並不是容易操控的車子，它們無法掉頭，迴轉半徑也很大，且馬匹更無法總是在命令的地方停下來。[29] 這讓在附近行走的人們面臨了極大的危險，倫敦街道上就經常發生因交通事故而死亡的案件。[30]

基於這些考量以及對額外空間的需求，18 世紀中期開始，銀行的面積擴大了超過一英畝，周圍道路也進行了顯著地拓寬。這場整頓作業，並不是由英格蘭銀行獨立進行，倫敦素來以擁擠的街道小巷及差勁的建築品質而為人所詬病。1760 年，倫敦市法團（City Corporation）的市政道路委員會展開了大幅更新計畫，清除老廢舊區域和道路拓寬。[31] 但是，城市改變的腳步很慢，與此同時，銀行董事需要的是快速的變革。

他們的行動是將部分原先居住在此地的居民，包括一名水管工、鑽石切割工匠、女教師和醫生趕出了此區。同時，也移除了幾間小酒館與咖啡館。[32] 而後者的拆除，也導致商人、生意人、仲介與經紀人的非正式會面空間跟著消失。[33] 取而代之的，是嶄新的辦公街區，也就是銀行建築。在這些街區裡，搬來了銀行家詹姆斯（James）與福代斯（Alexander Fordyce）、金塊交易商索羅門·達·科斯塔（Solomon Da Costa）、一間樂透公司、太陽火災保險公司（Sun Fire Insurance Office），還有幾家咖啡館。這些空間不僅展現了銀行對於其周圍環境變化的顯著控制力，更展示了其業務的多元化。打造銀行大樓的支出約莫為 1 萬 8,500 英鎊，而這些空間最終收得的租金每年約莫落在 2,000 英鎊。[34]

在此期間，銀行建築工程由工程師羅伯特·泰勒（Robert

Chapter 1 打開大門

Taylor）所監督。泰勒是倫敦一位知名建築商的兒子。他早期從事雕刻事業，在為銀行工作時，他的作品包括了放在支付大廳入口處的不列顛尼亞女神雕像。1750 年代，他乘著倫敦建築的熱潮，轉行朝建築業發展，且很快發現市場上對於此一行業的需求量極大。[35] 自 1764 年開始，他一直為銀行工作，並負責銀行擴張的一切事務。在他的指導下，桑普森原有建築的兩側，增設了側翼，並加蓋了一棟四層樓高的防火檔案庫，其主要功用為存放銀行不斷增加的文件。泰勒也新蓋了一間宏偉的會議廳，其面積為先前的 3 倍，還有一間帶有廁所的會客室、委員會議室、書寫室、銀行秘書的私人辦公室和一間咖啡室。

這些新空間就位在聖克里斯多福‧勒‧史達克斯教堂後院的後方，並在極大程度上與銀行的日常業務區隔開來，但能透過銀行大廳及宏偉的大堂進入，以招待需與銀行董事進行接洽的訪客。[36] 然而，此時期下銀行最重要的增建部分，莫過於圓頂大廳（Rotunda）或經紀人交易所，以及四間新的轉讓辦公室。圓頂大廳是一個有著半圓形屋頂的圓形空間，高度與直徑約莫 62 英尺（約 19 公尺），每天都擠滿了爭奪著空間，想要獲得最佳條件的投資者、掮客、股票經紀人等「吵鬧的群眾」。[37] 正是這樣一個空間，讓政府債務的二級市場進入到銀行的工作場域。如同我們即將討論到的，這也讓掮客、經紀人及公共債權人獲得了許多優勢。但是此一市場的存在，也削弱了銀行作為公共信用守護者的身價，並因此為銀行帶來了挑戰。而我們或許可以推測，面對此一挑戰，銀行試著透過建築風格，向大眾傳遞正直的訊息。

銀行的意義

確實,由桑普森及後繼者泰勒所創造出來的空間,向國家與大眾傳遞了一則相當強烈的訊息。下頁圖 1-1 描繪了 19 世紀早期的銀行,兩側有著相似的建築體,但在 1780 年代,以波特蘭石打造出來的帕拉第奧式(Palladian)建築正面,與周圍高而狹窄的磚塊、木頭及灰泥建築,形成了鮮明的對比。[38] 因此,銀行就像是鶴立雞群,極易引起注意。旅遊指南與旅行回憶錄都曾提及這一點。[39] 托馬斯・莫爾頓(Thomas Malton)認為該建築的設計「相當不錯,每個部分都很簡潔且大膽」。[40]「有品味的外國人」克隆尼先生(M. de Colonne)則認為,「這是繼聖保羅大教堂(St. Paul)之後,倫敦最棒的建築」。[41]

根據約翰・菲爾丁爵士(Sir John Fielding)在《倫敦市與西敏寺簡介》(*Brief Description of the Cities of London and Westminster*)中的描述,英格蘭銀行建築的外觀超越了東印度大樓與南海大樓。前者被描述為規模過小,因而「沒有什麼值得讚揚或貶抑之處」,後者則被形容成「大而無趣」。相較之下,英格蘭銀行的建築則是一個長約 80 英尺的「愛奧尼柱式(Ionic Order)『高貴建築』,構築在粗石砌成的地基上,且獲得建築師的高度評價」。[42]

┃ 圖 1.1 ┃《英格蘭銀行一景》(1816),丹尼爾‧哈維爾(Daniel Havell),版畫師,來自湯瑪斯‧哈斯莫‧薛菲爾德(Thomas Hosmer Shepherd)的畫作。資料來源:阿姆斯特丹國家博物館(Rijksmuseum),CCO。

　　建築物留給這些評論員的印象,實際上是刻意為之。在南海泡沫事件後開始動工的大規模建築工程,也是重建財政信心過程的一部分。而採取這項策略的不僅有英格蘭銀行,更包括了東印度公司與南海公司。[43] 就銀行的情況來看,建築工程能締造外部印象,借用克萊爾‧沃克特(Clare Walcot)的描述,傳達了一種「適合於城市街景及機構自我定位的優雅公共印象」。[44] 毫無疑問地,知識分子接收到了這樣的訊息。當代的評論員確實將建築——尤其是帕拉第奧式建築與商業誠信連結在一起。沃克特

指出，根據當時代的建築理論，建築物的外觀等同於一個人的外表，具備「展示其個性的可能」。[45] 因此，在羅傑・諾斯（Roger North）17 世紀晚期的建築論文裡，他提出了這樣的觀點：「我可以透過一個人的房子，來解釋他的個性。無論他的個性是吝嗇或揮霍，是深思熟慮或膚淺，考慮的事情是大或小，是高或低，他的房子都會沾染上他的色彩，其思維的正確性或不完美也將埋藏其中。」[46]

建築師約翰・格溫（John Gwynn）也同樣主張，宏偉的公共建築具備了「政治及道德優勢」，並呼籲他的夥伴們「運用自身財富來推動極富創造力的工程，從而實現莊嚴與優雅的進步」。[47] 同樣地，在建築理論中，公共建築的品質也與一國的國力及財力有關。因此，羅伯特・莫里斯（Robert Morris）在《捍衛古代建築之論文》（*An Essay in Defense of Ancient Architecture*）裡主張，「一個國家或王國權力的衰敗，取決於公共建築的衰敗」。[48] 相對地，一個興盛的國家，亦會透過公共建築來展示與宣揚自身。

當銀行職員與訪客穿過大門並行經庭院時，將能清楚感受到銀行與國家的結合。這裡是通往支付大廳的入口，亦即一般銀行業務進行的地方。在建築門廊頂端的三角楣飾上，人們可以看到羅伯特・泰勒的不列顛尼亞女神雕像，從她的豐饒之角裡倒出貿易的果實，手上持著象徵國防力量的矛與盾。[49] 自銀行成立之初，就採用了不列顛尼亞女神作為象徵。1694 年 7 月 30 日，當時銀行才剛成立幾天，董事會的紀錄就記載了董事們決定銀行的公章上，應該刻著「不列顛尼亞女神坐著鎮守銀行財富」。[50] 如同我們即將討論到的，她不僅出現在銀行建築的外部，更出現在

銀行內部許多物件上,包括用於記錄公債所有權及轉讓條目的帳本。踏出銀行,不列顛尼亞女神的標示也頻繁出現,無論是銀行信件的信箋印刷樣式,以及銀行紙幣上清晰可見的圖案等。

　　與18世紀另外一位主流女性寓言角色——信用女神(Lady Credit)進行對比,不列顛尼亞女神作為最能代表銀行象徵的重要性顯得更加鮮明。不列顛尼亞女神一直是最好的典範,總是完美地無可挑剔。相反地,信用女神卻經常飄忽不定:前一秒她還是你的盟友,後一秒,她可能就背叛了你。借款者總被警告:「對她一定要非常溫柔,倘若你讓她不堪負荷,她就會變成沉默寡言的情婦——在你毫無防備之時溜走,而你亦從那一刻起,開始掉入萬劫不復的深淵。」[51] 英國作家約瑟夫・愛迪森(Joseph Addison)也描述了「(信貸)體質上的變化無常」,以及其經常「在失去嬌豔可人的色彩後……枯竭成了無生氣的骷髏」。[52] 文學家謝爾曼(Sandra Sherman)也揭示了在投機市場衰退後,信用女神立刻就被描繪成水性楊花的女子。[53] 而此種變化無常的特質,不僅適用在想像的信用女神身上,也適用在1720年泡沫幻滅的南海公司身上。因此,一位評論員憤怒地說道:

　　某些股票的主要負責人大可以將他們親愛的情婦,打扮得花枝招展,讓其再次重回大眾的視野;但那些曾因他們的陰謀而深受其害者,只會以戒備的眼神凝視。曾經欺騙過男人的尤物,從今往後也只能淪為娼婦。[54]

　　此外,也有人描述南海公司「讓成千上萬人為她痴迷……而

她的貪欲卻沒有止境,日日追逐著新的愛人」。[55] 但不列顛尼亞女神,並沒有落入信用女神與南海女神那樣的處境。銀行也同樣如此。在詹姆斯・米爾納(James Milner)的《關於南海公司及銀行的三封信》(Three Letters, Relating to the South Sea Company and the Bank)作品中,全部以陰性詞彙來指代那些資本雄厚的金融公司,並針對1720年代的投機熱潮,進行詳盡的分析。在最後一封信裡,英格蘭銀行的經營者被評論為「一群鄙視利用可恥手段來炒股者」。[56] 在南海泡沫事件後,「淪為娼婦的信用女神」成為頻繁出現的一種形象,與此同時,銀行的不列顛尼亞卻逐漸成為地位不容動搖的「針線街老婦人」。

因此,在不列顛尼亞女神的形象之下,銀行的行為與公共信用的誠信緊密交織,相輔相成,並成為絕大多數客戶對於銀行的印象。除此之外,不列顛尼亞在18世紀間變得無所不在,反覆成為新教徒國家的表徵,並與君主制產生連結。[57] 她也經常被用於描述國家的狀態。而這種發展有時也讓不列顛尼亞變得有些脆弱,尤其在18世紀下半葉失去美國此一殖民地的威脅變得更加強烈時。但在銀行的描述裡,她就是力量與穩定的化身。憑藉著好戰的形象,以及與貿易、產業及利益的緊密關係,不列顛尼亞就是銀行用於表述自身目標與國家發展一致的清晰象徵。事實上,艾布拉姆森認為銀行使用不列顛尼亞作為標誌的舉動,「或許可以被解讀為暗示英格蘭銀行自身的存在,就是國家的保護者與供應者」。[58]

英格蘭銀行外觀給予大眾的,則是另一套訊息。儘管採用的是時尚而古典的設計,但建築本身確實是一種宏偉、對某些人來

說甚至會心生畏懼的存在。基於安全需求的考量，銀行面對馬路的一樓並沒有任何一扇對外窗。因此，路人接觸到的是一堵優雅卻全然留白的牆面。歷史學家伊恩‧布萊克（Iain Black）認為這些無窗的牆壁展現了「排他性」，如同銀行對於自身特權及壟斷地位的積極守護。[59] 無獨有偶地，艾布拉姆森也認為銀行建築本身及其結構，是人們傳統權利與自由受到侵蝕的強烈表徵。這裡既封閉且隱祕，亦是蠶食底層都市人民生活的經濟力量與政治力量之體現。[60]

如同我們所看到的，某些當代者主張，銀行是貪腐且危險財政體制的一部分。此外，董事們的舉止也凸顯了保密與排他的意味。他們對於銀行周圍環境的控制，是如此咄咄逼人且毫不留情。部分倫敦人因為沒有相關事務需處理，或受到刻意的排擠，而失去了靠近那一帶的資格。事實上，銀行門房也接獲指示，在營業期間監督所有進入銀行者，以確保所有不受歡迎者被排除在銀行空間之外。[61] 但是此一排他性舉動不應該被簡化成對民眾權利的侵害，對銀行的客戶及公債所有權人來說，這些都是建立銀行信譽及安全的重要措施。具體來說，這些舉動強化了銀行建築欲向其使用者傳遞的訊息：放在這裡的本金都將會安全無恙。

我們該如何解讀銀行的實質性存在，是一個很好的問題，在後續章節中也會繼續討論。我們將看到建築物的內部與外部是如何展現出所謂的企業德行、安全性與誠信，同時強調銀行與國家的連結，及其對國家與政府的助益。[62] 我們還會看到，銀行職員與客戶也有能力透過自身的行為，為銀行的賢德之名錦上添花；但也同樣具備能力損害這份名譽。接下來的內容，將凸顯銀行大

廳那文雅的空間，與銀行圓頂大廳及轉讓辦公室裡的混亂，是如何形成鮮明的對比。

儘管毫無疑問地，對許多人來說，在銀行內部提供空間給股票經紀人及掮客進行作業，確實能帶來許多方便，但這也對公共信用守護者的身分，造成了一定負擔。二級市場確實具備支援國家的能力，但同時也有能力損害國家募集資金的努力。此外，這也成為那些視高階金融為投機、或甚至不正直行為代名詞者的攻擊目標。而銀行內負責轉讓業務的職員，由於能直接接觸到市場，因此發現自己能輕易地兼職經紀人與掮客，從服務公共債權人的角色轉變為利用債權人。失序與不正直的情況，發生的頻率比銀行董事們願意承認的還要高。

打掃與準備

對於銀行外觀的討論，並不僅止於建築。營業前的例行工作包括了公共空間、內部空間及門前街道的打掃。天亮之前，部分負責夜間留守的警衛會卸下守備的職責，或從數小時的睡眠中醒過來，展開打掃的工作，補充煤炭、點起爐火，好讓銀行職員能一進門就開始工作。[63] 特定辦公室的清潔工作會交由門房來進行，而他們也必須對自己負責的區域擔起直接責任。

到了 18 世紀晚期，銀行的規模已經變得相當可觀，清掃工作也變得相當龐雜、完成時間卻極為有限的艱巨任務。守衛的目標是快一點完成任務，畢竟許多人在白天都還有另一份工作，有些人是東印度公司的工人，必須在 8 點開工之前，盡快趕到工廠。[64]

除了打掃之外，門房還有其他工作，而所有事情都必須在 9 點客戶開始進門前完成。銀行的管家負責監督所有日常打掃工作，這也是銀行內唯一被記錄下來的女性雇員。一般而言，大門門房主任的妻子會成為管家，而自 1771 年銀行出現了新的股票辦公室以後，這份工作崗位的年薪就是 50 英鎊。[65]

在審查工作展開之際，銀行的管家是珍・沃特金斯（Jane Watkins）。她的具體工作事項並未出現在銀行紀錄中，但有鑑於守衛和門房負責了絕大多數的粗活，因此管家的角色或許就跟一般人家的情況一樣，只負責監督。在巴克夫人（Mrs Barker）於 1711 年出版的《完美女傭指南》（The Complete Servant Maid）中，認為管家應該是清晨第一位起床的人，且主人的所有物品皆需擺放整齊，因為「屋裡的一切事物都應在她的看照之下」。她必須謹慎地「為整個家庭準備好必備之物」，並負責指導房間、地毯、家具、爐子與壁爐的打掃。[66]

有鑑於銀行還包含了公共空間、用於私人會議的招待室以及董事們的辦公空間，因此我們沒有理由排除沃特金斯夫人必須像在私人家庭裡那樣，負責所有華美家具及裝飾物品的整潔。此外，她也很有可能需要負責許多銀行的準備工作，除了那些由機構與雇員委員會（Committee for House and Servants）進行大規模購買、用於取暖和照亮辦公室的煤炭及蠟燭以外。沃特金斯夫人必須和那些並非直接聽命於自己的清潔人員交涉，還要負責管理面積既廣且複雜、每日還會吸引上千名群眾擠進來的公共空間，因此這份工作著實不怎麼讓人羨慕。

門房和守衛負責的清潔工作相當繁重，且很可能極為累人。

石頭地板必須灑掃；木頭地板則需要額外的維護，經常需要清洗並用砂紙來拋光；家具需要擦拭並打蠟。此外，家具和織品也需要適時進行維護與修補；[67] 時鐘需要上發條；所有辦公室都要點上蠟燭，除了行長與董事們經常出入的地方以外，大部分地方應該都是使用牛油蠟燭。牛油蠟燭氣味難聞，燃燒的效果也不好，更需要維護以防止燃燒不均。[68] 辦公室是透過大而開放的爐子及火來取暖，但這樣的設備在冬天往往不夠暖，夏天卻又太熱。[69] 壁爐和爐子的清潔，以及更換新煤炭是相當粗重的工作。在18世紀，煤炭是倫敦取暖最主要的方式。根據觀察，這樣的取暖方式並不總是能提供足夠的熱度，卻會製造濃濃的黑煙和「腐蝕性蒸氣」[70]。

門房另一件不怎麼令人喜悅的晨間工作，還包括了清除銀行內的垃圾。這些垃圾可能包括了吃剩的廚餘，銀行各大壁爐裡的煤渣與煤灰，以及銀行各種行為所製造出來的垃圾，包括廢棄或毀損的物品。[71] 在葛羅瑟斯大廳時期，前院有一個堆肥區，所有的垃圾都集中到此處。[72] 那裡散發著惡臭，尤其是在夏日的時候，雨水還會將此處變成汙穢的沼澤。到了18世紀晚期，垃圾的處理變得更有效率，有所謂的車伕、清潔工和煙囪清潔工，他們會處理累積下來的廢棄物，這也包括了化糞池的垃圾。根據法律規定，這項作業必須在夜間進行。這份工作既討厭，還很費工。夜裡的守衛必須將累積下來的排泄物挖出來，用桶子搬運到自己的推車上。[73] 但這份工作非常必要，因為18世紀的倫敦污水處理系統尚無處理固體排泄物的能力。

儘管在設計圖上並不明顯，但銀行內部肯定要為客戶、員

Chapter 1 打開大門　　*059*

工及住在裡面的職員提供廁所。廁所很有可能位在建築物或房子的外頭，通常會出現在後院。它們很有可能就位在化糞池上方，通常僅是在糞坑或糞桶上設置一個挖了洞的木板。有些會在上面加上一塊板子，不用的時候就可以蓋起來。[74] 而上文描述到的一切，全都會散發極其難聞的氣味。化糞池故意設計不防水，好讓液體的部分能流走，而留下來的固體排泄物則等待夜間守衛來搬運。[75] 儘管沒有證據可以證明，但銀行內部極可能設有抽水馬桶。在1780年代，多數時髦的聯排別墅都至少會設有一個抽水馬桶，因此，董事們及銀行尊貴的客戶們自然會預期銀行內有此一便利的設施。[76] 當時的抽水馬桶通常是一個可以透過水箱、有時則是水管，來進行沖水的便器。[77] 與戶外的廁所相比，儘管抽水馬桶的通風較差，卻比較不臭。

　　銀行圍牆內的庭院及建築外部道路的清掃，也屬於門房清晨工作的一部分。對建築物外觀的講究，也反映出英國鄉村與城市街景的變化。建築史學家克魯克香克（Cruikshank）和波頓（Burton）注意到在喬治時代（Georgian）下，倫敦的街道出現了驚人的轉變，並將原因歸功於兩項極具前瞻性的英國國會法令：1736年的《倫敦市照明法案》（City of London Lighting Act），和1762年的《西敏寺修路法案》（Westminster Paving Act）。[78] 後者從個別屋主或產權所有人手中拿走了人行道的維護責任，並將其轉移到享有課稅權的當地主管機關手中。[79] 該法案詳細規定了石頭的路緣、高起的人行道和邊緣排水孔，從而提升了安全性。而這些改變也簡化了街道的清掃，讓清道夫跟道路清潔工能更輕鬆地移除垃圾，並在夏天的時候，透過鑽了孔的水桶灑水，從而清洗街

道。[80] 儘管清潔工會清除主要道路上的垃圾,但居民們必須負責自家門前階梯與道路的整潔。對銀行的門房來說,這也意味著要打掃庭院以及 18 世紀後期面積變得相當驚人的人行道。

但是,負擔起這些責任的銀行,為整座城市的發展貢獻了一己之力,讓倫敦在 18 世紀下半葉成為一個更乾淨、更適宜居住的地方。此外,銀行也為街道上的喧囂——終日擠滿了推車、馬車及行人並因此累積下許多髒污的忙碌針線街,擔負起清潔的責任。周圍環境的整頓,有助於讓銀行那些優雅且通常富裕的主顧們,與街道上的喧騰保持一定距離。但我們也可以說,此舉的意義絕不僅限於維護秩序。人文地理學家邁爾斯‧奧伯恩(Miles Ogborn)認為倫敦街道的改善,也是為了實踐「為商業及文化國度製造一個適宜的都市環境」的企圖。[81] 從這個角度來看,再尋常不過的例行打掃工作,與銀行建築所傳遞出來的誠信、安全及文雅有著最直接的關聯。

銀行開門

銀行也試著為內部那緊湊而忙亂的事務,增添秩序與方向。在審查行動展開之際,我們可以發現白天的安全管理很早就要開始,因為在銀行敞開大門後,幾乎任何人都可以自由進出此地,這包括了銀行前門,以及通往貴金屬辦公室的車道大門。如同審查委員的紀錄,「當大門於早晨開啟後,任何人皆可自由進出銀行,前往想去之處,除非其有問題或門房見到此人並詢問其目的,否則人們的行為幾乎不受限制」。[82] 負責此類任務的門房共

有兩種：第一種是大門口的門房，人數為2；另一種則是銀行建築內的內部門房，共有5名。此外，還有一位守門人馬塞爾斯‧阿爾寇科（Matthias Alcock），和一位送信員薩謬爾‧庫柏（Samuel Cooper）。[83] 守門人和大門門房通常會在銀行的外圍執勤，並由總會計師直接管理。內部門房則在數個辦公室內工作，並由總出納長直接管理。

審查委員以對待銀行所有職務的態度，同樣審視了門房的工作內容，並如同我們之後即將看到的，基於安全方面考量，他們找到一些待改善的流程。在經過調查後，委員認為與其一大早就開鎖並讓大門敞開，較好的做法是維持大門緊閉，直到8點半再由一位門房去開鎖，讓需要進入的職員進入即可。審查委員也特別指出派一位門房時刻守在針線街大門旁的重要性，「在維持秩序、監督出入者、指引特定辦公室的方位，能起到絕佳的效果」。[84] 審查委員也同時要求大門的門房在任何時候都應穿著得體，「身著長袍與攜帶手杖」，此外，有鑒於沃特金斯先生不能總是守在門口，因此需要再增派一名副手。[85]

此處，審查委員評論裡對「大眾」（Public）一詞暗藏的憂慮之意，值得我們深究。1780年代早期對於金融體制的批判越演越烈，因此不難預料當時的緊繃氛圍，這也是審查委員之所以針對銀行為大眾提供的服務進行審查的其中一個原因。在審查期間，他們留意到經常被提出來的抱怨，並針對能否流暢地進出銀行、獲得服務，還有這些服務的即時性等，進行便民性的考核。

早上9點之前，門房就會在銀行周圍展開一日的工作。除了前門的一位門房外，圓頂大廳還有兩位門房。他們的職責是「管

理巴塞洛謬巷（Bartholomew Lane）的大門，確保前往股票辦公室的道路順暢，並引導需要幫助的民眾」。[86] 這或許是門房所有職責中最艱巨的一種。圓頂大廳屬於開放式的公共空間，除了會吸引到那些來此地辦事的民眾，更會同時引來那些企圖向民眾兜售商品的街道小販。因此，門房的職責就是「防堵那些企圖進來推銷或展示商品以進行交易的人；遏阻圓頂大廳內每日可能發生的不法行為，並盡可能確保一切行為的平和」。[87] 在銀行的營業時間——上午9點到下午3點為止，貴金屬辦公室也需要門房，而門房通常還需要協助金庫及保險箱事務。他們的角色是「協助大廳進行秤錢的事務，並將票據放進袋子，還有將屬於大廳部門的帳簿推車從保險庫推出來或推進去」。[88] 大廳的門房也需要負責一般事務，並替顧客及訪客指引方向，確保一切整齊有序，「每一本帳簿都在該有的位置上，辦公室內更不得出現任何一本不屬於此處的帳簿」。[89]

在門房忙著打掃並為一天的事務進行準備時，外部出納員也同時在領取放著紙幣與票據的包裹，準備出發前往城市各處。他們是一天之中最早展開工作的行員。在審查委員會的備忘錄中，他們的角色是如此被記錄下來：「到指定的地址，從對方手中收取匯票及手寫票據上的款項。」[90] 這種後來被稱之為銀行信使（Bank Messenger）的外部出納員，責任非常重大，不僅需要具備一定程度的誠信，還需承擔極大風險——攜帶巨額票據在城市四處奔走。關於這份工作的描述相當少，而這份工作也在1980年代後期，因為電子轉帳的普及而逐漸消失。然而在20世紀末以前，銀行信使總是穿梭在各大城市的街道上，他們的活動是金融日常

Chapter 1 打開大門　　*063*

節奏的一部分,更是維持支付系統順暢的潤滑劑。[91]

從星期一至星期六,銀行每天至少需動用 10 至 14 位的外部出納員,且根據審查委員的報告,這些人必須負責整座城市內 10 至 12 條的「步行路線」。[92] 總出納長亞伯拉罕‧紐蘭德(Abraham Newland)對審查委員表示,外部出納員的數量「並不固定」。[93] 關於這點沒有進一步的說明,但根據 1783 年的員工名單,可發現外部出納員只有 12 位。因此,極有可能在出現額外需求時,其他職員會被徵召去執行任務。

在銀行裡,外部收款的程序總在前一天就開始進行,票據辦公室的職員會將隔天到期的票據整理出來。接著,一位職員會將這些票據根據「路線」進行分類,再收進保險櫃,好度過一夜。[94] 隔天早晨,這名職員必須早早抵達辦公室,將保管票據的包裹交到外部出納員手中。當外部出納員領取並簽收包裹後,他就有責任將與票據面額等值的金錢帶回銀行。[95] 事實上,透過銀行的紀錄我們可以清楚見到,銀行將責任從機構轉嫁到個人身上,而向審查委員提供證詞的職員也表示,外部出納員的首要任務就是「比較自己收到的票據與帳簿上的票據清單是否一致,否則後果自負」。[96]

儘管我們無法重建這些外部出納員的「路線」,但他們通常會被指派在數個小時內完成任務,亦即早上 9 點前從銀行出發,並預計在中午過後返回銀行。儘管如此,他們絕大多數的時間都花在等客戶想辦法籌錢。可接受的付款方式有「現金、銀行紙幣、銀行憑證或銀行匯票」,而付款人理應注意付款期限,因此絕大多數人都會事先準備好。外部出納員也可以接受其他家銀行

的匯票,但在此種情況下,他們就必須在返回銀行進行結算前先取得這些錢。[97] 因此,他們就必須多停靠一站。

在安全方面,外部出納員必須非常小心。一旦離開了銀行,他們就失去了銀行的庇護,暴露在攻擊與偷竊的危險之中。作為預防措施,他們被指示一收到銀行匯票,就必須立刻將其註銷,除了那些年限超過一年因而還無法兌換的匯票。[98] 外部出納員同時還必須將每一張銀行憑證上的銀行行員名字去除,用自己的名字取代(這是基於審計追蹤目的),並在「停止支付票據」清單上確認票據,在筆記本上將收到票據的全部細節、從誰那裡收到,全都記錄下來。然而,審查委員也被告知,「業務的多樣性經常導致最後的步驟無法有效被執行」。[99]

外部出納員除了對於常見的匯兌形式必須很熟悉外,更要具備辨別假鈔的能力,而這絕非易事。銀行行長薩謬爾·比齊克羅夫特的日誌就記錄下了「外部出納員帕克因一時疏忽,沒能多加留意某張銀行紙幣為偽造,並告訴威肯登斯(Wickendens)的職員此紙幣為真」,而被訓斥了一番。[100] 帕克或許不該因為這件事而被責備,部分贗品實在過於逼真,再加上18世紀流通的紙幣相當多種,這也意味著匯兌有太多細節需要學習。[101]

外部出納員所接受的訓練內容並無詳細記載,但根據審查委員的紀錄,一名資深外部出納員湯瑪斯·富吉恩(Thomas Fugion)因為指導其他職員,而獲得一筆報酬。[102] 富吉恩也同樣在接受審查時,表示他認為自己的職責是「監督年輕外部出納員⋯⋯確保其行為正確,並在收到任何對其不利的消息時,知會邱奇先生(Mr Church,票據辦公室主任)」。[103] 毫無疑問地,個人須承擔

Chapter 1 打開大門　　*065*

的潛在損失責任，讓外部出納員必須時刻警惕。每一位銀行行員都必須要有一位獨立保證人提供個人擔保，以因應損失發生的情況。[104] 輕微過失或因為疏忽而導致銀行蒙受較小的財務損失時，會透過止付該名行員薪水的方式，來彌補銀行的損失。

此外，銀行還有兩項作業程序需要職員很早就來領取文件及相關設備，以即時出發前往其他地點：紙幣的印刷和維護銀行與財政部的關係。關於前者，由於銀行紙幣是在外部場所——柯爾先生（Mr Cole）家中印製，因此運送紙材與印版的過程皆不在銀行的控制範圍內。此一安排不僅說明了銀行需要控制的流程複雜程度，更透露出空間不足的問題，讓銀行在某些事務的安排上受到限制。這也是另一項審查委員認為基於安全及完善性，必須徹底改變的流程。報告中，他們嚴肅批評異地印製的行為，並承認紙材及印版一旦離開了銀行的管轄，就幾乎是時刻處在危險之中。[105] 儘管如此，這並不是一件能輕易解決的問題，因此一直到1791年，印製的流程才終於改在銀行內部進行。[106]

1783年，負責監督印刷過程的巴爾博先生（Mr Barber）每天很早就會抵達銀行，從銀行的保險庫裡取出當天需進行印刷的模板，帶去柯爾先生的家。而印刷需要的紙材則由總出納長副手湯普森先生（Mr Thompson）另行運送。這件事必須在每個月的月初進行，而需要提供多少數量的紙材以及印製多少面額的紙幣，則由湯普森先生來決定。[107] 兩個人在離開銀行後，必須走上超過1英里的路，且途中甚至會經過惡名昭彰的危險地帶——菲爾德巷（Field Lane）。[108] 儘管如此，他們似乎就在沒有任何額外監督或護送的情況下，於每個工作日重複這樣的流程。負責印製的柯爾先

生一共雇用了3名員工,而印刷工作就在其屋內的一個房間進行。巴爾博先生接下來的任務,就是監督印刷過程,並確保直到印刷工作完成以前(通常為下午3點左右),都不能讓印版離開自己的視線。完成後,巴爾博先生必須將印版送回銀行。

至於財政部方面的工作,也沒有額外的安全性措施。每天都會有3名銀行職員前往財政部,「支付或收取因應政府支出而需發行或帶過去的資金」。[109] 本書的其中一個目的,就是挖掘銀行與國家、民眾在日常事務層面上的動態脈絡,而不僅僅是銀行與政治高層或巨額貸款的關係。因此,財政部的工作自然是我們想要了解的其中一部分。

銀行透過最平凡的方式,展示了作為國家財務管理者,其本質上就是提供國家出納方面的服務,並確保其支付能力,好讓國家大事得以順利運作。儘管這項工作相當平凡,但涉及到的金額卻異常龐大。前往財政部的3名銀行職員必須每天很早抵達銀行,以提領金額落在「50英鎊至10萬英鎊」間的票據,或價值落在50萬英鎊至200萬英鎊間的國庫券,還有相較之下、較微不足道的1,000至2,000英鎊現金。[110] 在職員進行簽收後,票據、債券和現金就會被放入一個帶著鎖頭的小型錢箱,然後穿越街道送抵財政部。[111] 一旦抵達財政部,銀行行員就會和政府指派的員工,共同進行稅收業務,以及支付承包商與供應商所需款項。

隨著這些職員離開銀行,其他員工也陸續抵達各自的辦公室。上班必須準時,遲到會被登記。擔任主要守門人的馬塞爾斯·阿爾寇科向審查委員表示,他有一本「出缺勤記錄簿」,他總是以每10分鐘為單位畫一條線,記錄下每天早上9點之後遲到

的員工。[112] 阿爾寇科也會記錄下因生病或任何原因而無法上班的員工，但這些資訊只能依靠員工自己提供。[113]9 點之前抵達的員工，其第一個任務就是找到相關鑰匙。有些鑰匙會被放在口袋內並帶回家，其餘的則會存放在銀行內。保險箱的鑰匙僅有一把，必須到總會計師的住處領取，「後者會將鑰匙交給隔天最早抵達銀行的行員，並由此人將票據運送到票據辦公室」。[114] 為了替銀行大廳及其他須接待客戶部門做好接待客戶的準備，職員跟門房必須從存放帳冊及票據的地方，將這些文件領出來。此外，他們還可能需要領取必要備品以及「紙張、筆、墨水、捆繩、小冊子、蠟和蠟封片」。[115] 負責發放這些物資的職員，會在本子上簽下（只能使用鋼筆）領取這些備品的職員名字。[116] 放在大廳中供客戶使用的鋼筆及墨水也同樣會加以補充。

在支付大廳工作的內部出納員，則必須「於每天早晨向金庫提領預計當日可能會被領取的銀行紙幣，而這些紙幣通常會在前一天晚上就連同裝著它的布袋，一起存放在保險庫內」。[117] 基於其業務性質，以及必須在早上 9 點做好迎接客戶準備的關係，負責監督的坎佩先生（Mr Campe），通常會在早上 8 點半抵達辦公室，[118] 坎佩先生可能是每天早晨最早出現在銀行的高階職員。會計簿和帳本會從夜間存放的保險庫及櫥櫃內取出；裝有貼現票據的箱子會解鎖，以供 9 點使用。[119] 而在轉讓辦公室，由於帳本實在過於龐大且笨重，因此會由警衛在交班之前從保險庫取出，並在早上 6 點至 7 點間，運送到所屬辦公室內。[120]

為防範火災發生，會針對當日進行的股票與債務交易製作一份夜間複本，並於晚間送出銀行，存放在銀行董事愛德華・佩恩

（Edward Payne）的家中。而門房的工作就是負責取回這些帳本，並將其送至相關辦公室。[121] 記錄銀行業務的主要帳本也會從夜間存放的保險庫取出。警衛會取出會計總帳、財務帳和財政部帳簿（記錄國庫券交付情況的帳本），然後直接放到會計辦公室裡，但要等到副總會計師愛德華先生抵達辦公室後，這些帳簿才有人監管。[122]

愛德華抵達辦公室的時間並沒有留下紀錄，但有鑒於他是資深員工，因此通常不會在9點之前抵達辦公室，而要等到9點之後。替銀行做好營業準備者，絕大多數都是低階員工。這些程序發生的節奏與內容對員工來說簡直再熟悉不過，完全不需要經過大腦思考。在審查展開之前，這些例行公事的風險、安全隱患、帳簿就這樣放在無人監管的辦公室內度過絕大多數晨間時光，以及缺乏高層督導的問題，顯然從未受到正視。不過審查人員很快就找出哪些程序需要被改進，並且正如我們將在稍後章節看到的，高階員工需要承擔哪些責任的問題，也屢次被拿出來討論。[123]

※ ※ ※

到了早上9點，銀行及其周圍開始熱絡起來。整個倫敦開始擠滿了必須外出辦事的人潮，而銀行就位處倫敦商業區的核心地帶。來到銀行內部，各辦公室內的員工已經就位，準備迎接一天的任務，客戶則陸續湧進銀行大廳。清晨的例行公事，完備了銀行的日常及實務層面的準備。透過這些過程，我們明白銀行在開

始營業之前，有多少事務需要準備。而這些例行公事也為有序且禮貌的商業交易奠定了基礎。下一章將展示賢德的銀行行為，如何和銀行業務的日常運作同等重要。

Chapter 2

高雅的銀行

許多倫敦商人、金融家與企業家，他們的一天總是很早就展開。而一天之中最為忙碌的時刻，往往落在上午，需要在「巡視城市內的主要站點」前，「檢查帳本，再向職員、記帳員等下達指令」。[1] 商人尤其忙碌，必須在皇家交易所開張前完成大量的當日業務，也因此往往要到中午過後，才有時間用餐。[2] 當然，每個人的習慣都不相同，但要獲得專業地位，往往需要「一定程度的公開例行公事」。[3] 因此，透過面對面互動來交換並搜集情報的實際行動，加上執行業務所需要的能見度與社交行為，造就了金融圈最日常且普遍的一天。

對許多人來說，早晨的例行公事包括了拜訪「處理所有金錢事務、紙幣、票據與匯票等」的英格蘭銀行，也因為這裡成為評估整體經濟氛圍的其中一個據點。[4] 訪客可以通過針線街的大門進入銀行，在穿過庭院並經過不列顛尼亞的雕像後，他們會發現自己置身在菲爾丁於 1776 年所描述的那座大廳裡——長 79 英尺，寬 40 英尺，有著 8 英尺高的護牆板，以及精美浮雕的穹頂。[5] 這個空間的設計理念，就是營造優雅的氛圍，讓訪客留下深刻的印象。銀行外觀象徵著銀行與國家關係的符號，在此處也得到了呼應。走廊遠處的盡頭，擺放著亨利·奇爾（Henry Cheere）雕塑的威廉三世（William III）如同羅馬皇帝般的姿態，雕像底座上刻寫著：

為重建法律之效力，
司法之權威，
議會之尊嚴，

為全體臣民之宗教與自由
並保障後代之福祉，
由顯赫的漢諾威家族
入主大英帝國；
獻給最優秀君王，威廉三世，
銀行的皇家創始者。[6]

大廳裡擺放著櫃員與出納員的桌子，以及通往其他各處辦公室的指標。這些辦公室再加上銀行大廳，構成了銀行的出納部。很快地，這裡擠滿了人。對於過去從未踏入銀行辦事的人來說，這是一個嘈雜且令人頭暈目眩的地方，但對於經常來此辦事的人而言，擁擠的人潮有時也會讓人對事情進展的速度感到挫折。偏偏倫敦市民被所有人公認，「普遍缺乏注意力與耐心」。[7]

銀行大廳及鄰近辦公室內所進行的業務——發行紙幣、接受存款與付款、各式種類的貸款申辦，對英國的經濟來說至關重要。到了18世紀晚期，銀行儼然成為貨幣體系的中流砥柱，協助降低交易成本，提高商品與服務進行交換的可能，並簡化國家的稅收程序。[8]銀行掌握了該國絕大部分的黃金儲備，其發行的紙幣流通範圍極廣，更在倫敦市場與商業體制占主導地位，也是英國最主要的票據貼現機構。[9]在英格蘭銀行的壟斷下，其他的倫敦銀行不僅規模小、業務受限，且同樣依賴著英格蘭銀行的紙幣，並在該銀行設立帳戶，以進行餘額結算。至於數量在1780年代有所增長、權力卻沒有跟著擴大的鄉村銀行，並未在英格蘭銀行存放預備金，但仍舊依賴倫敦貨幣市場，尤其在信貸短缺的時刻。[10]

出納部門的工作同時牽涉到私人與公共貨幣市場。英格蘭銀行的紙幣並不僅僅是交易的媒介，學者認為，我們應視英格蘭銀行紙幣為一種「由機構代表政府所發行」的公共信用，而政府接受此紙幣作為稅金支付方式，並以此支付供應商的款項，等同於為銀行的紙幣背書。[11] 除此之外，銀行除了擁有如東印度公司等大量企業及機構所開設的帳戶，亦同時為國家掌管部分的支付系統。其中包括了政府貸款與彩券、海軍票據，並負責管理存放在衡平法院（Court of Chancery，依據正義和公平原則而不是嚴格法律原則行駛管轄權的法院）的資產。[12] 政府部門、其他公共機構及稅務機關也在銀行開立帳戶。[13] 因此，我們必須體認到貨幣管理及銀行紙幣可信度的維護，是英國財政改革的一部分。[14]

本章的主旨在於了解為了服務整個倫敦商業區塊，銀行大廳及其鄰近辦公室在早晨最忙碌時刻下的日常景致。審查委員投入了數個月的時間，進行出納部門的調查，調查結果與報告字數更直逼 4 萬字。因此，我們只能從中擷取部分內容。我們將首先透過審查委員的視角，去審視出納員的整體工作狀態，再接著進一步關注本票與票據的貼現過程。這些過程闡述了銀行職員的工作性質，以及他們與整體經濟的連結。接著，討論將轉移到銀行的使用者體驗上。我們可以看到銀行大廳就像是一個優雅的社交場合，儘管有時會因為業務壓力或受禮物及小費所吸引的職員而出現些許改變。最後，本章將探討審查委員基於銀行紙幣發行一事，所提出的重大風險，並概述為解決這些風險應採取的步驟。[15]

銀行大廳的審查委員

1783年3月，審查委員展開了調查工作，針對負責銀行大廳及鄰近辦公室工作內容的總出納長亞伯拉罕‧紐蘭德，進行了面談。紐蘭德是南華克（Southwark）磨坊工匠及麵包店主之子，1748年他18歲時，進入銀行工作。[16] 1782年1月，他被任命為總出納長，因此在他被召喚到委員面前解釋整個部門的運作方式時，他已經擔任此職位超過一年。出納部共有122名員工，也是銀行兩大部門中規模較小的一方。會計部是銀行內最大部門，根據1783年3月遞交給董事會的員工名單，其員工共計195名。[17] 稍後章節將會另外討論會計部。

儘管紐蘭德管理的部門規模較小，但身為總出納長，他或許是銀行所有職員中，最重要的一位，因為他的職責與政府及公共事務直接相關。然而，他卻似乎沒有得到太多關注。事實上，在他於1807年過世後不久，一位傳記家發現紐蘭德「離群索居的習慣」，導致他沒有留下太多有趣事蹟可寫。[18] 相反地，他的人生被描述為「恆久的耐心與不懈的毅力」，但或許正因如此，才讓他成為員工典範，更是得以經手數百萬英鎊的可靠人物。[19]

在紐蘭德接受面談時，他的第一個舉動就是將自己負責掌管的辦公室名單，遞交給審查委員。該名單內容如下：

1. 接受並支付現金的內部出納員。
2. 到指定地點從對方手中收取用於兌換現金的匯票或手寫票據的外部出納員。

3. 取款辦公室內的職員，負責維護銀行現金存款戶的帳目。
4. 票據辦公室內的職員，負責維護那些將票據存在銀行帳戶內，等到期日來臨再進行兌換並轉存進銀行戶頭的存款戶。以及負責每天從外部出納員手中點收票據兌換現金金額的點收者（Clearer）。
5. 負責現金簿的職員，需記錄因發行或支付而進入或離開銀行的銀行票據與銀行郵寄單（Bank Post Bill）。
6. 貼現辦公室的職員。
7. 貴金屬辦公室的職員。
8. 負責收取因貸款所取得的公共資金之職員。
9. 代表銀行前往國王陛下暨財政部處理收取款項事宜的職員。
10. 金庫中財物的安危亦由出納員來監督。
11. 負責為銀行股票及該行所負責之國債所有權人發放利息的職員。
12. 確認上述事務或在憑證辦公室工作的職員。
13. 代表衡平法院起訴人進行支付或收取金錢的職員。
14. 負責總現金簿的職員。[20]

透過紐蘭德的名單，我們能清楚觀察到出納部的規模與複雜性，以及銀行經手的匯兌事務多樣性。但其部門的功能，可以簡單概括為（a.）接收各種類型的貨幣，包括貴金屬；（b.）各種類型貨幣的發行；（c.）信貸的延伸業務；（d.）我們現在所謂的經常帳之管理；（e.）建立與上述事務相關的紀錄；以及（f.）

管理各種形式的貨幣及存放安全。

在後續的面談中,審查委員也獲得了上述所有辦公室的日常活動紀錄,這些紀錄最初是交到紐蘭德或各辦公室負責人的手中,然後再由其他員工進行彙整。審查委員不僅透過這些資料了解到工作背後的流程,更採納公共帳目審計委員會的調查方法,檢驗流程的效率,找出安全方面的疑慮,以及可能發生貪腐的機會或情況。作為回饋,審查委員也提出了改善組織及工作模式的建議,而如同我們即將看到的,這些建議也帶來了顯著改變,尤其在紙幣發行管理方面。他們也同時試著了解每份工作的本質,以及職員為完成特定任務所必須承擔的責任。與公共帳目審計委員會的結論相反,銀行的審查委員不認為銀行存在顯而易見的冗員。紐蘭德及資深員工們,並未針對自己所管理的人員提出嚴重投訴。

事實上,取款辦公室的負責人克里福德先生(Mr Clifford)甚至對審查委員表示,「他所管理的職員們都是非常守紀律且能力充分者,這對處理重大事務的他們來說,確實相當有必要」。[21] 而相較之下,審查委員在這些人的行為方面,也確實沒有發現太多不妥之處,儘管薩謬爾・鮑森葵在審查期間所留下來的筆記本裡寫著,「整個大廳需要更高程度的服從」。[22] 因此,概括而論,銀行出納部的責任分配確實相當符合約翰・布魯爾的論述——在精確定義的職務分割下,興起了一群知識淵博且有效率的管理階級。[23] 稍後我們也將看到會計部的情況,與出納部相當不同。

審查委員也透過多種方式,驗證出納部的工作狀況,包括親自觀察執勤中的員工,以及對資深及資淺員工的審核。舉例來

說，紐蘭德首先介紹了內部出納員的工作。他解釋此一職位所扮演的角色，再詳述他們負責收取的各種類型貨幣，以及授權支付的款項。然後，進一步描述內部出納員所使用的會計方法，以及受其掌管的財務在每日營業時間結束後，又該如何保管與存放。[24] 兩周後，當銀行大廳的資深出納員坎佩先生以及支付辦公室的資深出納員史密斯先生（Mr Smith），在接受委員面談時，內部出納員的工作又再次被提出來審視。[25] 坎佩和史密斯分別被要求確認之前的證詞是否正確，並提供工作時間及受其管理員工在行為方面的更多細節。透過這樣的方法，審查委員重建了每個辦公室的工作樣貌。

審查備忘錄中關於出納員的詳細紀錄，反映出審查委員的優先考慮事項。從他們接收到的工作概述中，可得知銀行大廳內共有 10 名內部出納員，憑證辦公室則另外安排 6 至 9 名員工。[26] 他們的職責就是發行準備好的紙幣及用於支付的銀行票據、兌換其他機構所發行的票據，以及銀行大廳或鄰近辦公室職員準備好的各式憑證。[27] 他們每天都會核發一定金額的現金，而他們必須為這筆錢簽名並承擔責任。[28] 出納員同時也有義務將票據兌換成現款，並收取外部出納員透過徒步所收取到的款項（包括想將錢存入自己帳戶或衡平法院帳戶的民眾）。[29] 因此，出納員會與出納部的其他同事及使用銀行大廳的絕大多數客戶互動。

審查委員對於效率及安全性也很關注。所以，他們確信出納員的角色，是將支付的授權與支付本身區隔開來的重要存在。此類行為的區隔也是英格蘭銀行用於建立制衡機制，以找出錯誤並預防挪用公款情況發生的典型方法（儘管並不總是有效）。然

而，此舉並沒有免除員工因為犯錯而需承擔的個人責任。在與銀行大廳交易相關的 21 條悠久規範中，有 5 條特別提到了行員有避免錯誤發生的個人責任。[30] 更有部分內容提到，對於具有犯罪意圖客戶的預防，部分責任歸屬於出納員。因此，他們手邊都要有一張屬於自己的遺失與被竊銀行票據清單，更必須根據貼在現金辦公室內主要副本的清單每日進行更新。[31]

儘管如此，有鑑於銀行業務本身的性質，並不是所有的風險都可以被消除。而企圖省事的行員，也讓風險變得更高。例如，貪圖方便的出納員，有時會忽視所有現金皆必須上鎖的指示。坎佩先生表示，他「偶爾會發現行員就這樣把一袋錢只是用腳踩著、直接擺放在地上，而他會告知他們此舉並不恰當，並要求對方將錢上鎖」。[32] 此外，在這樣一個人們總是匆匆忙忙，錢又有各種形式的情況下，錯誤更是防不勝防。取款辦公室的克里福德先生提到，在行員極為匆忙的情況下，收到的款項很有可能會因此標記錯名字，「或在登錄到點收簿（Clearer's Book）時登記錯誤，只要任何一種情況發生，錯誤都會因此進入到所有帳本，且在存款戶本人將存款簿拿到銀行進行更新前，這些錯誤都不會被發現」。[33] 審查委員試著透過額外的步驟來消除這樣的錯誤。[34]

儘管提出這些陳述的職員們，只是基於自身經驗或辦公室的狀況，但他們的陳述也同時透露了各個辦公室及事務間的緊密關聯。憑證辦公室的狀況就是最好的例子。該辦公室負責保管基於支付政府及銀行股票利息所授權發行的全部憑證紀錄。[35] 為了得知哪些憑證已經支付，辦公室的行員必須每天和三個部門進行確認：負責處理外部出納員所收到憑證的點收者、支付辦公室的

Chapter 2 高雅的銀行　　079

內部出納員,還有取款辦公室的內部出納員。[36] 已支付的憑證帳戶會被整理出來,好讓櫃員能登記總額,方便總結餘的計算。此外,每種政府公債所須支付的日、月、年利息金額,也必須整理出來,交給總出納長,用於更新政府在銀行開設的帳戶明細。[37] 最後,已支付憑證必須註銷,「打孔、登記和歸檔」,然後保留到隔日,等待會計部門下的支票辦公室職員前來收走,好將這些金額輸入到個別戶頭中。[38]

透過這些描述,我們可以感受到銀行是一個極為忙碌的地方,充滿了各式各樣的行為與互動。許多互動行為屬於固定發生,並因此建立起不同辦公室內的職員關係,以及職員與民眾的關係。銀行行員不僅忙碌,更必須在高壓的狀態下工作。在多次訪談內容中,都提到了工作量的龐雜。舉例來說,有人提到在美國獨立戰爭期間所發行的 4% 年金,導致銀行行員必須在一天之內開設 1 萬 9,500 個新帳戶。[39] 1783 年 1 月 5 日核發了超過 6 萬 5,000 張的股利憑證,1783 年 4 月,則核發了將近 5 萬 9,000 張。[40] 負責保管 K 現金簿的職員——亦即記錄財政部、其他公共機構和部分銀行家等大量票據清單,預估他們一個月就要整理約莫 2 萬張的票據。[41] 埃薩克・皮洛(Isaac Pilleau)先生推測在 1782 年間,總共兌換了 13 萬 7,000 張匯票。

為了完成如此龐大的業務量,銀行大廳及周圍辦公室的每一位職員、櫃員與出納員,皆必須發揮自身的專業能力。他們被分配到的任務通常都很平凡且重複性很高,但講求絕對的精確、迅速與專注。這些工作通常需要依賴雙手來完成,直到打字機與電子記帳機分別於 19 世紀末與 20 世紀初問世,或者該說是直到電

腦終於出現以前,銀行的工作絕大多數都無法用科技來取代,或甚至只能帶來些許程度的幫助。

櫃員的工作

由於櫃員的工作經常牽涉到股票管理或票據的發行與兌換,因而就目前來看,其工作在極大程度上,與國家事務有著直接且顯著的關聯,但是到了18世紀末,銀行與整體經濟有了更廣泛的連結(儘管或許並非出於自願)。本票與匯票的貼現業務,尤其清楚地點出此種連結。簡單來說,這些工具是「對既存債務的書面確認」,代表一方承諾願意支付另一方的具體命令(通常在未來的特定時間點)。[42] 其中,兼具靈活性與安全性的匯票,憑藉著自身的優點,在18世紀末成為英國國內與國際商業貿易的主流支付方式。有些匯票是見票即付,但那些承諾於未來支付的匯票,可以透過適當的仲介進行「打折」。意思就是,第三方機構(就此處來看就是銀行)會根據匯票的面額,以折扣價進行放款。等匯票到期後,支付全額即可將匯票贖回。銀行放款所使用的貼現率,與匯票償還面額間的差異,就成為銀行的獲利。如下頁圖2.1所顯示,這是一項有利可圖的業務,也是讓大眾頻繁出入銀行的常見原因。[43]

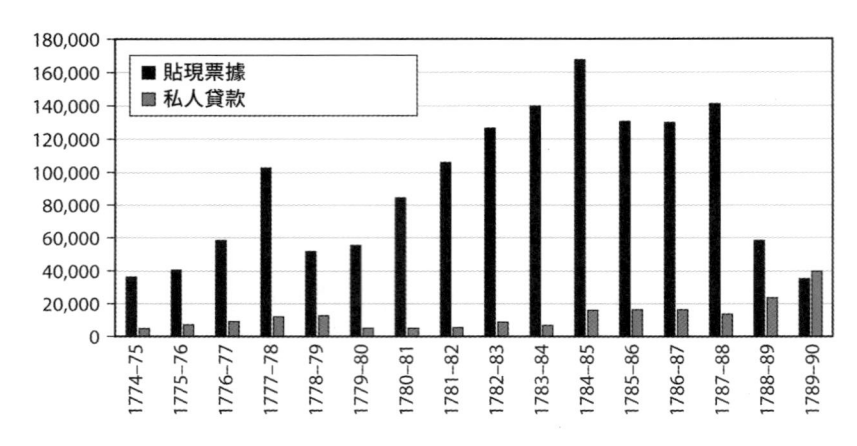

| 圖 2.1 | 銀行在貼現與私人信貸業務方面的收入。
資料來源：克拉彭，《英格蘭銀行》，1:302。
註：計算年度始於 8 月 31 日至翌年 8 月 31 日。

　　銀行也會透過貼現程序來發放貸款。[44] 因此，向銀行借款者會簽下期限通常為 3 個月的匯票，然後收到貸款票據。就跟普通票據一樣，他們會拿到貼現後的款項，並承諾在到期日當天以全額進行贖回。[45] 在 18 世紀後期，這些業務在銀行內相當常見，卻不太重要。因為該機構的主要貸款業務仍舊以國家為主，私人市場為輔。[46]

　　自 18 世紀末期起，英格蘭銀行成為英國國內最主要的貼現商，外界也因為這項業務，益發期待銀行能在英國經濟中擔起監督的職責。儘管銀行並不經常使用此一能力，但倫敦商業實體大規模向銀行借貸的事實，也讓銀行具備了在關鍵時間點下，能透過延長或撤回信貸的舉動以舒緩金融危機的能力。這是當時的國家並不具備的能力，這也賦予英格蘭銀行權力，得以成為最後貸

款者——亦即可以、也願意為無法取得其他信貸資源的金融實體提供貸款的機構。關於英格蘭銀行是從何時開始扮演此一角色，學界方面尚有爭議。[47] 經濟學家麥可・洛佛（Michael Lovell）認為，早從1760年代開始，英格蘭銀行就開始扮演著最後貸款者的角色。他發現，在1763年因荷蘭德諾夫維爾（De Neufville）銀行崩潰而引發的金融危機中，英格蘭銀行的行為確實發揮了此一效果。[48]

同樣地，正如金融史學家柯斯梅塔托斯（Paul Kosmetatos）所指出的，在深入研究1772年的銀行危機後，可以發現英格蘭銀行確實做出相似的行徑。他也表示這並非單一事件，因為銀行貼現活動的高峰，往往呼應著金融與政治危機時期。[49] 這或許意味著銀行董事願意接受扮演穩定經濟的角色，儘管他們無法保證在任何時刻下都能這麼做。除此之外，毫無疑問地，銀行董事並不覺得銀行有義務向所有人提供貸款。如同克拉彭所指出的，「基於特定原因，銀行並不願意與特定機構往來」。[50] 儘管尚不清楚哪些機構或個人被排除在這些舉動之外，但基納斯頓認為該銀行在「頭兩個半世紀裡、或甚至是更長遠的時間裡」，一直盛行著反猶太主義的文化。[51]

匯票透過各種管道進入銀行手中，包括希望將單張或數張票據兌現的個人，或者是事業剛起步的票據經紀人。[52] 在審查備忘錄中，特別提到了地方收款者、與地方銀行進行接洽的仲介，以及從海關大樓（Custom House）送來的票據。[53] 對於想要辦理貼現業務者而言，貼現辦公室將是他們的第一站。除了出示該張票據外，他們也被要求出示一份手寫的出示項目清單，負責收取清

單的職員,其首先要做的第一件事就是確認清單上的票據。在完成這個步驟後,就必須決定是否要貼現這些票據。這項任務並不是由職員來進行,他們必須得到由銀行董事所組成的待命委員會(Committee in Waiting)批准。該委員會的成員是由董事們輪流擔任,以監督銀行的日常事務。[54]

關於該委員會是如何做出決策,並沒有留下紀錄,畢竟審查委員對於其他董事的工作內容並不關心。儘管如此,我們可以對決策制定的方式,進行一些假設。在貼現的決策上,個人關係與人脈扮演了極重要的角色。根據銀行的政策,尋求貼現者必須是倫敦市的居民,且必須獲得董事的推薦。[55] 此外,貼現者必須擁有該銀行的戶頭,而某些客戶可提領或貼現的額度有限。[56] 此外,票據或匯票則預期由本人或「已知的隨從」送至銀行,此處同樣需依賴人際關係。[57]

然而,在業務越擴越廣、且觸及到的個人數量越來越多的情況下,要想了解任何一位客戶的當前處境並做出適當的決策,就意味著必須根據當前的支付能力與過往的信用紀錄來進行分析。而銀行的紀錄,就成為分析的根據。值得注意的是,取款帳戶的維護方式,也正好便於進行信用確認。如同現代的經常帳戶,客戶可以進行存款,將錢存放在戶頭中,並從戶頭提領,有時甚至允許透支(Over-Draw)。每個帳戶在進行四筆交易後就會結算一次,以確保每個戶頭的狀態。[58] 提款帳戶包括了已貼現的票據及匯票,還有「點收現金簿上的票據金額」,亦即當天到期且此刻正在外部出納員手中的票據。[59] 因此,帳戶展示了最即時的支付能力。此外,還能觀察到過去的信用紀錄。這些紀錄不僅有助於

檢查交易歷史，還有一本「黑名單」，詳細記錄被拒絕票據的內容。[60]

本票的貼現過程也很類似，唯一不同之處在於銀行一周只會買進一次，而且必須通過兩階段的批准：首先要在星期三的時候經待命委員會審核，再於隔天通過董事會審核。呈現給董事會的本票，會經過貼現辦公室一名資深員工的彙整。他有義務將待命委員會核准及「尚有疑慮」的本票彙整成清單，再根據票據帳查明每一個戶頭所持有及使用的票據總額。這份清單會再接著送到會計辦公室，好根據每一個人的帳單進行同樣的審核過程。此外，還會進一步針對每位客戶，製作下周即將到期的票據清單。[61] 在董事會做出決定後，這些表單會被留存下來，其目的就跟製作被拒絕票據「黑名單」的理由一樣。[62] 儘管如此，這個過程中唯一無法得知的，是待命委員會是根據何種資訊來進行第一階段的審批。部分貼現申請能在進行帳戶審核前就獲得批准，似乎意味著對某些借款者的個人了解（或許是透過經常性的交易和即時還款的紀錄），或許就能作為充分的依據。

在做出貼現的決定後，繁複的紀錄更新過程就開始了，這些流程包括了登錄客戶的負債，並製作交易步驟的未來時程表。而這些流程同樣適用在其他業務的流程闡述上，並再次展現銀行不同部門間的緊密互動。因此，獲得批准的票據會交到低階職員手中，製作支付的授權憑證。該名資淺員工的責任就是記錄「每張票據的詳細內容及到期日；這個時候，他必須計算總金額與期限，並確認票據上是否確實蓋章」。[63] 憑證接著會轉交到另一名職員手中，負責計算貼現金額並寫在憑證上。與此同時，辦公室

Chapter 2 高雅的銀行　　085

內的兩名資深職員,其中一位會拿走票據,將細節輸入到「作廢簿」裡,替票據寫上編號,並進行獨立的貼現計算。然後,低階職員則會「找來這張憑證的持有者,和其確認貼現的金額,在對方同意後進行簽字」。[64] 憑證於是接著進入到取款辦公室,這筆金額也會同時輸進該名客戶的帳上,之後客戶就可以在需要的時候提領。[65]

而這些事務的本質,也導致了對效率的講求。舉例來說,作廢簿的登錄工作會被拆成兩份,好讓資深職員可以同時進行自己的工作。此外,儘管為了管理並計算票據的貼現率,要進行許多步驟,但這些步驟也確實費時費力。因此,一旦票據被登錄到作廢簿上,這些票據就會立刻交到 3 名新進職員手上,進行獨立的登記步驟,以利於後續的確認並根據到期日排序。[66] 在經過這些程序後,票據會經過再次驗算,然後交到票據辦公室的另外一位職員手中。到了票據辦公室,這些票據會被收進特殊的抽屜內,而這些抽屜的設計是根據票據的到期日進行分類保管。[67] 由於相較之下,很少人會在到期日之前就提前還款,因此這種保管系統就顯得相當符合效率。在票據辦公室任職長達 17 年的資深員工霍蘭德先生(Mr Holland)估計這樣的情況每周可能會出現 2 到 3 次。[68] 在票據到期日來臨時,這些票據就會交到外部出納員手中,進行之前所提到的程序。

貼現辦公室職員們周而復始的工作內容,體現了 18 世紀信貸體制下,決策制定的複雜要素。其展示了銀行對於支付能力及過往還款紀錄等歷史數據的顯著依賴。這證實了克雷格‧莫爾德魯(Craig Muldrew)的假設,亦即企業是如何處理大量「相對陌生人」

的業務。[69] 他認為對這些企業來說,「理性地評估一間公司的未來獲利性及實體或貨幣的資本累積」,就與判斷一名借款者的品格一樣重要。[70]

儘管如此,雖然與其他放款者相比,英格蘭銀行進行的業務規模相當龐大,卻沒有任何證據顯示其決策制定的過程有何不同。亞力山卓・薛帕德(Alexandra Shepard)和唐尼・保羅(Tawny Paul)教授皆指出,私人借貸者對於借款人的實際財力與現存義務通常有著一定程度的了解。[71] 此外,儘管銀行依賴著與個人財力有關的紀錄,但這並不意味著它就不重視優良的品格、外表、聲譽等涉及信譽的社會決定因素。[72] 我們知道程序中也有捷徑,而這恰恰點出了在銀行擁有人脈的重要性依舊不減。因此,在18世紀末時,類似英格蘭銀行的機構,並未徹底排除信貸市場中的個人化。即便此時的程序結合了歷史紀錄與資產及行為的量化分析,卻不代表其做法與早期有了顛覆性的轉變。

顧客體驗

使用銀行服務的客戶,會注意到銀行一周營業6天,從星期一到星期六,開門時間為早上9點到下午5點,部分辦公室會在3點前後結束服務。大眾對於銀行所提供服務的期待,也顯然超越對其他公司企業常有的期待。18世紀下半葉,銀行每年約莫會有50個國定假日,在這些日子裡,銀行大廳及與公眾事務最相關的辦公室內,會留下骨幹員工來支援。[73] 有三幅大致同時期的圖像,可以幫助我們了解拜訪銀行出納部的客戶體驗:《英格蘭銀

行使用手冊》(*The Bank of England's Vade Mecum*，1782 年) 中的大廳平面圖、同一本出版物中的相鄰辦公室平面圖，還有湯瑪斯・羅蘭森(Thomas Rowlandson) 1808 年的作品《英格蘭銀行的宏偉大廳》(*Great Hall of the Bank of England*)。

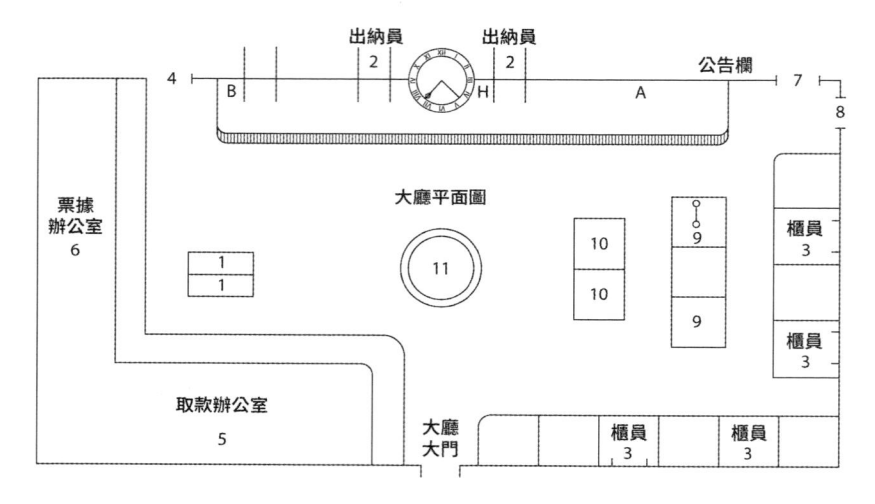

‖ 圖 2.2 ‖ 大廳平面圖。
資料來源：修改自銀行紳士，《英格蘭銀行使用手冊》，未分頁，BEA, M5/616. © Bank of England.
平面圖重點：1、客戶寫字桌；2、出納員；3、櫃員；4、通往會計辦公室與其他辦公室的通道；5、取款辦公室；6、票據辦公室；7、通往貴金屬辦公室的通道；8、金庫的入口；9、秤錢重量的秤；10、清點和檢驗錢的桌子；11、火爐；A、核發紙幣的行員；B 和 H 負責將大額紙幣兌換成小鈔。

透過這些作品，我們可以發現民眾能在大廳裡看到櫃員與內部出納員的辦公座位。而這些人的身分可以透過辦公桌旁、高掛

在牆上的標示來確認。在大廳中,也為那些需要在票據上簽下名字與地址,或將準備好的現金進行秤重、清點與確認的客戶們,準備了可以使用的桌子(在圖 2.2 中,標示著 1、9 及 10 的位置)。在圖 2.3 裡,我們可以找到秤的頂部。在圖 2.3 中同樣可以見到大廳的中央,有一座巨大且裝飾華美的火爐。在大廳周圍,有通往票據辦公室及取款辦公室的通道,前者在圖 2.2 的平面圖中,以 6 來標示,後者則標示為 5。根據圖 2.2,標示 7 是通往貴金屬辦公室的門,而在圖 2.3 裡,可以看到一名推著推車的門房,正朝那個方向走去。

‖ 圖 2.3 ‖ 湯瑪斯・羅蘭森,《英格蘭銀行的宏偉大廳》(1808)。
資料來源:大都會藝術博物館(Metropolitan Museum of Art),伊萊莎・惠特爾西(Elisha Whittelsey)收藏,伊萊莎・惠特爾西基金會,1959,CC0。

Chapter 2 高雅的銀行　089

倘若客戶從圖 2.2 中標示著 4 的門離開大廳，他們會發現自己身處在一條通往多個銀行常客會去辦事的辦公室路徑上。圖 2.4 標示了前往會計辦公室（A）、貼現辦公室（K）、衡平法院辦公室（I），還有負責處理國債相關事務的出納員辦公室（B）入口。該空間內還有通往董事辦公室（C、D 和 G）及咖啡室（E）的走廊。咖啡室的資料並沒有留存下來，但這個空間極有可能開放給員工及客戶，也極有可能是用於商談業務的地方。在 L 的位置上，有一條通往銀行票據、財政部辦公室及秘書辦公室的樓梯，而 M 的位置，則是通往總會計師辦公室的私人入口。

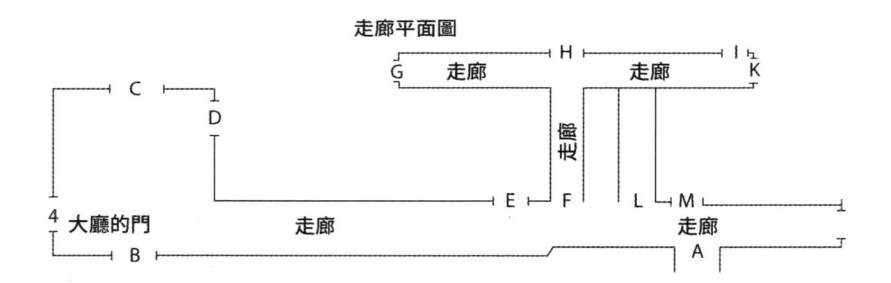

| 圖 2.4 | 走廊平面圖
資料來源：修改自銀行紳士，《英格蘭銀行使用手冊》，未分頁，BEA, M5/616. © Bank of England.
平面圖重點：A、會計辦公室；B、出納員辦公室；C、董事辦公室；D、另一扇通往董事辦公室的門；E、咖啡室；F、通向後廊的走廊；G、通往董事辦公室的私人進出門；H、一扇假門；I、衡平法院辦公室；K、貼現辦公室；L、通往銀行票據、財政部與秘書辦公室的樓梯；M、通往總會計師辦公室的私人進出門。

銀行大廳與周圍辦公室的位置都是經過精心安排，每張桌子都能滿足特定類型的業務。儘管每個櫃台都明確畫分，標示清晰，且桌子與門口上的指標也清楚指引著方向，但對於第一次踏入銀行的辦事者而言，卻還是很難弄清楚自己到底該怎麼做。他們或許會跟隨其他客戶的腳步，期待著能因此解開關於銀行的神祕謎團。他們也有可能會向其中一名門房或職員尋求協助，但這不僅會帶來延誤與不便，還要用一筆小費來換取想要的資訊。其他人則可能選擇拿起一份於 1782 年製作的《英格蘭銀行使用手冊》，該手冊的目的就是讓大眾了解，「如何輕鬆、安全且迅速地辦理業務，同時預防每天經常遇到的諸多不便」。[74]

　　這份手冊不僅附上了一份銀行平面圖，作者更同時提供找到各辦公室的方法，以及該如何辨別位置（除了利用指示牌以外）。手冊建議讀者善用「大窗戶」、威廉三世的雕像或時鐘，來確認自己的位置。[75]關於如何展開業務，也有精確的解說。舉例來說，想要將匯票兌換成現金的民眾，會被告知首先請確保自己在「票據正面頂端的兩條虛線間」，寫下自己的名字與地址。[76]接著，票據就可以「穿過小欄杆」，遞到櫃員手中，如圖 2.3 左側清楚描繪。櫃員會在票據上簽名，意味著核准支付，接著客戶必須將這張票據拿到威廉三世雕像下方的辦事處，交給內部出納員以收取款項。[77]

　　關於 18 世紀的公共空間，留下了豐富的文獻，其中強調了使用者在感官與觸覺方面的體驗。[78]金融歷史學家對於此類體驗較不關注，我也不打算美化金融交易所帶來的愉悅感能等同於購物或到遊樂場遊玩的程度。即便如此，拜訪銀行確實是一趟感官體

驗之旅。文獻上指出，銀行的空間相當宏偉，在視覺上更是充滿震撼。有時，這裡非常吵，訪客可能會意識到在這裡能聽到多種語言。參與者的多樣性更讓此處成為聞名遐邇的商業辦事點。[79]

在忙碌的時刻，尤其是早晨，銀行大廳與辦公室擠滿了人，混雜的人群製造出混雜的氣味。詹姆士・艾岱爾（James Adair）於1790年寫下，擁擠的公共大廳散發著「融混著火、油燈與香水的異味」，讓人萌生「作嘔的感受」。[80] 客戶、職員與門房的氣味摻和在一起，而詩人托比亞斯・斯莫利特（Tobias Smollett）對於巴斯集會廳（Bath Assembly Rooms）的描述，或許能讓我們稍微理解這種混雜的氣味，「從噴著香水的身體到腐爛的牙齦、潰爛的肺、酸臭的脹氣、腋下的汗臭、腳底的異味、化膿與組織液」。[81]

在這樣的處境下，等待辦事的民眾或許會因此產生不耐的情緒。備忘錄中也多次提到，必須加快服務民眾的速度。因此，在銀行紙幣的兌換上，審查委員也表示：「現階段，許多人不願意在銀行花時間等自己的票據被兌換並重新換發，因此轉而到其他能更快完成這些程序的銀行那裡辦事。」[82] 聚集在銀行裡的洶湧人潮，也很有可能引發焦慮。小偷本能地發現銀行及其周圍是行竊的最佳環境，導致顧客與員工面臨更多風險，讓銀行必須積極、且有時還必須要有點創意地出手干預。

舉例來說，1765年，銀行職員約翰・哈札德（John Hazard）就舉發理查・龐德（Richard Bond，化名為克拉克〔Clark〕）及約翰・史密斯（John Smith）兩人為扒手。哈札德明顯留意到，克拉克在銀行庭院及弧形瓷器走廊（Bow-China Passage）間遊蕩了好幾周。由於知道他根本沒有事情要辦，加上該區域內「多人通報物品遭

失」，哈札德開始懷疑克拉克就是扒手。[83] 因此，哈札德試圖透過陷阱，誘捕克拉克。他在法庭上陳述自己的做法：

> 我走出去，然後在庭院中拿出自己的小皮包，故意讓他看見，然後再一次收起來；接著我離開銀行，他跟著我一路走到城堡巷（Castle-alley）；那個時候沒有任何人在他身邊；我在買樂透的窗口前停下，就在城堡巷裡，他走過來停在我身邊，就在我保管皮夾的那一側；接著，我穿過小巷走到康希爾，然後在肯特實先生（Mr Kentish）的玩具店前停下；他又走過來，站在我身邊；我接著轉進教宗頭像巷（Pope's-head-alley），在薛菲爾德先生（Mr Shepherd）的玩具店停下來；他同樣跟著我到這裡；接著我近距離走過他身邊，站著取水；然後我又繼續走，走到了倫巴底街，進了銀行家布雷非・艾夫（Breffey Ive）的店裡；他跟著我到店門口，待在那裡，觀察我在裡面做什麼。[84]

最終，這場誘捕行動失敗了，部分原因或許在於哈札德口袋裡放的小皮包實在太鼓了，導致錢包很難偷出來。於是下一次，憑藉比較薄的錢包，哈札德終於取得重大成功。這一次，克拉克還多了一名同夥（史密斯），利用同夥來吸引哈札德的注意力，再藉機把財物從他口袋裡偷走。由於還有另外一位銀行員工監視著哈札德四周，因此兩名扒手的行為立刻就被發現。[85] 如同職員們，許多客戶也非常警惕扒手的出沒。他們會提防陌生人，對於發生在銀行的一切遭遇都很小心，警惕著任何可能擾亂其注意力或近距離的肢體接觸，也會用手緊緊按住錢包或皮夾。

在銀行大廳內辦事的觸覺體驗，則比較不具威脅性。具體來說，準備好的紙幣與票據，需要進行檢驗以確保其價值和真偽。銀行大廳內有著相當顯眼的桌子與秤，可用於秤銅板的重量和確認票據的所有細節。這些行為必須結合視覺與觸覺，使用者不僅想確認實打實銅板與真鈔的外觀，更想知道其摸起來的質地。[86] 檢驗的過程對於絕大多數的銀行客戶來說，已經習慣成自然。由於硬幣是使用貴金屬來鑄造，很容易遭遇磨損、缺損與偽造，因此有必要時刻保持警惕。由於受損的硬幣很難被其他人接受，因此接收者很可能會蒙受損失。銀行紙幣則同樣有偽造的風險。此外，對於顧客與銀行行員來說，使用觸覺與近距離檢驗紙幣及硬幣，是相當平常的舉動。無法保持警惕的職員將蒙受極大的風險。例如，行長薩謬爾・比齊克羅夫特的日誌中，就記錄下他「在傑森先生（Mr Jewson）、紐蘭德先生及格林威先生（Mr Greenway）面前斥責法多先生（Mr Fidoe），因為他收取了價值低於 5 先令 6 便士的基尼（Guinea），還有受損的基尼」。[87] 與此同時，另外 3 名行員則因為接受缺損且重量不足的硬幣而被斥責。他們被告知，在以後的日子裡，「他們必須對銀行做出貢獻，倘若再出差錯，就會遭到解雇」。[88]

儘管銀行大廳的氛圍有時很匆忙、嘈雜且讓人焦慮，但至少對某些人來說，毫無疑問地，在這裡辦事是一場優雅的體驗。根據上文的描述，我們可以得知銀行董事們為了富裕及深具影響力的客戶們，營造了優雅的商業交易美學。我們應該將英格蘭銀行視為一個受監管的空間，一個儘管確實能包容各類人，但對於那些顯然在銀行無事可辦者，只能被排除在外的場域（當然，必須

在銀行守門人與門房足夠警覺的前提下）。保羅・蘭福德（Paul Langford）認為這樣的空間對於中產階級的舉止來說，具有「拋光效果」，更展示了「為有產階級提供服務的行業，在本質上易受快速改變的潮流與價值觀所影響」，會吸收優雅的行為讓自己融入，以消弭不同階級間的個人差異。[89]

審查委員特別留心這點，因而對大眾服務的提供抱持一定期待。銀行行員與其他同事、客戶間的互動都會受到審查。因此，坎佩先生被認為「能力充分且聰明」；他的同儕史密斯先生也同樣能力出眾，儘管他「不太喜歡在坎佩底下做事」。[90]而並非所有的行員表現都能符合期待，利息辦公室的布里奇斯先生（Mr Bridges）就被描述為「喋喋不休的傢伙」，因此「不適合放在更顯眼的位置上」；[91]加德納先生（Mr Gardner）則顯然是一位「能力不佳、頑固且對舊有模式抱持偏見的人」，儘管他已經在銀行工作了約莫 39 年左右。[92]

此外，銀行也做了一些努力，好讓客戶與銀行的互動更為輕鬆。舉例來說，審查委員就指出需要增加額外的大門門房，「好為大眾提供更細緻的服務……因為這部分的缺失經常遭到抱怨」。[93]銀行行員在與審查委員進行面談時，也經常對大眾的需求展現出十足的關心。可以大幅提升客戶辦事速度與便利性的意見，亦經常被提出來，有時也會獲得採納。

若說銀行作為一個優雅環境的事實，確實形塑了部分行員的舉止，那麼其也很有可能同樣形塑了部分客戶的行為。在描述購物的行為上，歷史學家海倫・貝瑞（Helen Berry）特別提出了「應對上的不成文社交禮儀」，指引人們做出合乎禮貌的行為，並對

儀態、手勢、用語、禮貌交流的必要關注，以及「客戶與店主間儀式化的行為」。[94] 在詳細描述銀行空間規畫的《銀行使用手冊》中，為了讓金錢管理事務增添秩序，也推薦客戶採取某些行為模式。同樣地，《銀行使用手冊》這本出版品的存在，也點出了銀行身處在優雅商業環境的事實。

由於這本小冊子「提供人們從事特定職業或取得、強化特定社交個人特質方面所需事物」，因而被經濟學家勞倫斯・克萊因（Lawrence Klein）視為「極其實用指南」。[95]《銀行使用手冊》既是地理方位的辨別指南，更針對完成交易的正確規矩及秩序提供幫助，以及基於個人業務辦理的順暢，所需使用到的詞彙解釋。為了滿足這些需求，作者不僅引導客戶如何辦理業務，更讓客戶擁有在這個複雜且深具商業重要性的空間中，也能悠然自得的資訊。

對於違反銀行行為準則的人，則必須付出極大的代價。行長薩謬爾・比齊克羅夫特對於言行舉止的監督，並不只是單單針對自家員工，在其日誌中也記錄下了由於「史密斯、懷特與格雷公司」（Smith, Wright & Gray）的史密斯先生（Mr Smith），「送來了劣質的銀，並對銀行員工造成妨礙」，而遭到斥責。史密斯也公開「承諾未來會改變他們的辦事方法，並改進自己的行為」。[96]銀行行長對於金融城事務的制裁能力，可套用在兩個層面上：第一個層面就是拒絕讓對方取得重要資源與清算服務；第二個則是動搖對方的聲譽。透過稍早的內容，我們知道儘管在進行信用檢查時會確認銀行紀錄，但對於個人的認識、個人品行與行為的觀察，仍是信譽的關鍵指標。除此之外，金融城的金融與商業緊密

交織在一起,因此失去其中一方的信譽,很有可能導致另一方的行動受限。這些潛在的威脅或許也是鞏固文明行為的強而有力因素。

儘管如此,銀行職員與客戶的行為全都符合公認禮儀規範的理想,有時仍會受到挑戰。在擁擠且匆忙的情境下,禮貌空間內的有序社交互動,或許也不得不讓步。[97] 除此之外,銀行行員與客戶間的互動,也顯然並不符合海倫・貝瑞所謂「對人的禮貌」[98] 這項考量。要想在銀行大廳以及我們稍後可以看到的其他銀行辦公室內獲得最佳服務,依賴的還是送禮與小費制度。因此,如同 18 世紀下的其他場域,貪腐的污點威脅著理想中的禮儀。[99] 對於直接接觸到民眾的銀行大廳及鄰近辦公室職員來說,這也是其特有的問題。

貼現辦公室主任羅傑斯先生（Mr Rogers）向審查委員表示,儘管從來沒有人這樣要求,但客戶會在聖誕節的時候,「送來價值 3、400 英鎊的紅包,在一年之中的其他時候,金額則通常不超過 200 英鎊」。羅傑斯先生會收下所有的錢,然後根據辦公室內每位職員的服務時間進行分配。[100] 取款辦公室的克里福德先生也提到了相似的送禮情況,並如同貴金屬辦公室的艾瑟里奇先生（Mr Etheridge）那樣,由資深員工來監督禮金的分配。[101] 企業客戶也會送禮給銀行員工。例如,蘇格蘭銀行每年會包 60 英鎊的紅包,在總出納長拿走 20 基尼以後,剩餘的金額會全數分給取款辦公室、票據辦公室與總出納長辦公室的職員。[102] 管理 G 現金簿的柯林斯先生（Mr Collins）就表示,衡平法院的仲介史蒂爾斯先生（Mr Steers）,會給管理該現金簿的 3 名職員各 1 基尼的紅包。[103]

羅傑斯的主張「沒有任何人要求」相當有意思，而審查委員對於客戶送什麼樣的禮或包多少金額給員工，投入了持續且詳盡的檢驗，這或許暗示了審查委員對於這種行為本質抱持質疑。因為擔心懂得送禮的客戶可以得到有利的待遇，加深了這種憂慮。在審查委員所收到的某個特定事例中，提到了某筆 5,500 英鎊的提款遭到拒絕，因為這麼做會讓該戶頭透支，並短缺 38 英鎊。[104] 但在此種情況下，允許支付是典型常見的應對方式，因而像此個案中的拒絕支付，反而是一種錯誤。此外，審查委員也仔細質詢過該名行員，這位客戶是否有送銀行聖誕禮物。當他們發現答案為否時，儘管審查委員並未直接指控，但情況相當清楚，可以合理懷疑該名客戶因為不懂得討好職員，因此得到較差的對待。[105]

　　審查委員顯然沒有進一步追蹤此個案，但在審查過程中，他們一直密切關注送禮機制對職員行為的影響。儘管頌揚著銀行的美德，但審查委員對於此一議題的反應，並不總是基於預防、或至少能被視為預防貪污的發生。事實上，他們發現送禮的行為已經在銀行這個行業中根深柢固，導致他們在「透過開除參與這項行為的資深員工以徹底根除（或規範）此風氣，或要求低階職員應平均分配禮金」此兩個選擇間，左右為難。[106] 在考量到委員們的職權及其與經濟改革的關聯後，他們的舉動或許有些奇怪。儘管如此，他們的態度等同於承認送禮的做法在 18 世紀的商業環境下是可接受的行為，因而該舉動的本質及意義存在著「真正的道德模糊性」。[107] 此外，由於低階職員剛入職時，薪資通常很微薄，因此這也代表了認同禮金是提高職員收入所不可或缺之存在的態度。毫無疑問地，比起讓員工因為想要提高收入而冒險盜用

公款,適度地接受禮物與小費絕對是較好的辦法。

識別風險與推行改革

審查委員有充分的理由擔心貪污發生。在審查展開的前一年,銀行職員查爾斯・克勒特巴克(Charles Clutterbuck)的罪行被揭穿,凸顯了出納部的弱點。克勒特巴克有賭博的習慣,並因此在單雙(EO)賭桌上輸掉大筆金錢。[108] 為了讓自己能繼續賭下去,他長期利用自己在銀行中能經手現金簿的職務之便,偽造了價值高達 5,930 英鎊的票據。他兌現了一些票據,並交到其他人手中。[109] 這是一起相當轟動的案件,出現在各大報紙上,並因為當時倫敦正深陷賭博(尤其是賭單雙)的道德恐慌之中而受到高度關注。[110] 克勒特巴克在罪行被拆穿後,潛逃至法國。然而,自由的日子並沒有持續太久。法國當局拒絕將他驅逐出境,而是選擇起訴他,於是就在 1785 年 9 月,他被判處終身監禁於法國國王的戰艦上。[111]

在《銀行使用手冊》中,有許多內容是關於票據的處理,這也顯示了最需要幫助的往往就是進行此類業務的客戶。作者不僅描述了如何將票據兌換成現鈔的過程,更解釋了該如何取得新票據、如何將大面額的票據兌換成小面額票據、如何進行部分票據、部分現鈔的兌換,以及如何停止支付。[112] 接著,作者還進一步討論到銀行郵寄單的管理(亦即見票七天即付的本票),以及提領現金。[113] 由於在 1797 年以前,英格蘭銀行只發行面額 10 英鎊及以上的紙幣,因此在審查進行期間,該銀行的紙幣在市面上

並不多見。儘管如此，還是會時常因此遇到中產階級或社經地位較高的客戶。

此外，根據 1708 年《英格蘭銀行法》（*Bank of England Act*）所賦予銀行與國家間的特殊關係，英格蘭銀行的紙幣在貨幣市場上具有「獨特的地位」。[114] 該法案主要限制了 6 人以上的股份公司發行「具備即時價值或與銀行所發行貨幣呈競爭關係之紙幣」。[115] 此一法案讓銀行紙幣獲得主導地位，並在幾項因素的強化下，地位更為穩固。首先，1708 年法案限制了准許發行的紙幣數量。儘管銀行經常違反此一規定，但其確實受限於股東的個人義務及所發行紙幣必須全數能兌現的保證。[116] 第二項，根據 1696 年通過的議會法案（Act of Parliament），偽造英格蘭銀行紙幣的行為屬於重罪，將被處以死刑。如同卡爾・溫納林德（Carl Wennerlind）所言，這讓銀行與國家聯手，共同防範銀行紙幣遭受損害。[117] 最後，或許也是最為重要的一項，就是國家以實際行動來直接支持銀行所發行的紙幣，不僅通過發行該行的紙幣來支付其債務，更接受以該紙幣來繳納稅金。[118]

儘管如此，英格蘭銀行紙幣享有的地位並非輕鬆得來。由於該紙幣尚未獲得法定貨幣的地位，因此倘若失去公共信譽，就有可能危及其價值。[119] 審查委員明白這點，也承認發行紙幣對其「兩項主要且首要任務——銀行的安全及公眾的便利」，具有核心影響性。[120] 然而，其調查結果卻揭露了「銀行紙幣從開始製作到最終核發的整個流程」，簡直可謂問題重重。[121] 此外，類似克勒特巴克這樣的犯罪行為「每天都有可能發生」的潛在威脅，[122] 更讓委員萬分憂慮。

審查委員首先批評了全程皆不在銀行內進行的紙張加工及印刷過程。紙張的加工作業在波多先生（Mr Portal）的工廠內進行，該工廠位於漢普郡（Hampshire）的惠特徹奇（Whitchurch），而紙幣的印刷則如同我們所知，在柯爾先生位於哈頓花園（Hatton Garden）附近、科比街（Kirby Street）上的家裡進行。對審查委員來說，後者的環境尤其存在重大的安全疑慮。他們這樣表示：

根據「巴爾博先生」所描述的業務進行方式，我們認為空白紙幣勢必會面臨極大的風險，但若不是透過他所提供的資訊，我們自然會大力譴責將印版帶出銀行的做法，尤其在空白紙幣的印刷改在銀行內部進行並非毫無可能的前提下。對於紙材和印版從離開銀行直至返回期間可能遭遇的危險，亦無庸贅言，因此我們認為，在銀行內部印刷紙幣將能消除一切風險。[123]

儘管如此，在空間有限的情況下，此一問題沒能獲得解決。最終，一直到1791年，銀行建築師約翰・索恩（John Soane）才接受指令設計了一棟房子，將印版的雕刻與紙幣印刷轉移到銀行內部，審查委員的建議終於獲得實現。[124]

而銀行的業務進行中也發現了更多問題。[125] 在審查進行期間，印刷後的紙幣上頭並沒有發行號碼、日期、收款人或出納員的簽名。這些細節全都要再經由銀行內負責掌管6本現金簿（分別為A、B、C、H、K和O）的其中一名職員手動填寫。負責管理A現金簿的職員，需將所有與銀行其他辦公室發行之貨幣票據相關的紙幣，進行發行與登錄。負責B現金簿的職員，則必須將

大額紙幣拆解成較小的面額。負責 C 現金簿的職員，必須處理取款辦公室的工作，因此坐在該辦公室附近。負責 H 現金簿的職員則必須支援管理 B 現金簿的同事，尤其是在一天之中較忙碌的時刻。A、B 和 H 現金簿職員的座位，就在銀行大廳的時鐘下方。[126] O 現金簿則存放在衡平辦公室內，該名職員的任務就是記錄該辦公室內所有被提領的紙幣。K 現金簿則用於紙幣的大量發行，尤其是「為了支付辦公室的紐蘭德先生；為了財政部的考博先生（Mr Cowper）；為了公家機關；或者是需要長期清單的銀行家」。[127] 負責掌管 K 現金簿的職員總是極為忙碌，在審查期間更是經常處於人手不足的狀態，由 4 名員工來負責 6 名員工的工作。[128]

處理 K 現金簿還有一個額外的困難之處，在於該名職員身邊並沒有出納員，因此在紙幣核發出去後，還必須拿到大廳以獲取簽名。有些時候，這些紙幣會交給一名員工來處理，但有些時候則會由紙幣所有人自己動手，這也讓紙幣在發行與簽署之間多了被竄改的機會。[129] 整個流程中的另一個風險，則在於負責簽署的出納員並不會檢查紙幣。如同博爾特先生（Mr Boult）所描述的，「每一張從現金簿發出或送到出納員那裡準備簽署的紙幣，出納員都會簽字，儘管除了看到在紙幣上簽名的新進員工名字以外，他什麼文件都沒有；對於此紙幣造成的影響他毫不知情，更不會記錄這些紙幣」。[130] 在留意到這個過程所需耗費的時間很長後，其中一位出納員蘭德先生（Mr Lander）表示自己「只要不被打擾，可以在 20 分鐘內簽署 100 張紙幣」。[131] 亦即約莫每 12 秒完成一張紙幣，蘭德的評估也證實了這個流程幾乎沒有什麼餘裕，能讓職員進行詳細的檢查。

缺乏審查的情況讓詐欺行為有機可趁,而這些事件在一天之中的特定時間點下,發生得最為頻繁。在員工的用餐時間裡——舉例來說,下午 1 點到 3 點之間,通常只會留一名行員來管理現金簿,因此制衡的機制通常會被省略。在國定假日、銀行只剩關鍵員工留守時,同樣的情況也會發生。此外,直到第二天會計辦公室針對現金簿進行查核前,負責掌管現金簿的職員行為也不會遭遇任何實質性審查。[132] 但是,由於掌管現金簿的職員經常資歷短於出納員,因此根據審查委員的觀察,這也導致主要責任的歸屬沒能如一般情況那樣,落在資深員工的身上:

　　毫無疑問地,這份信賴(且極為重大的責任)本該置於出納員身上,那些憑藉自身年齡、工作經驗及其他情況,使其能名正言順擔任此一職位者;然在現行辦法中,所有的信賴被轉託在初階職員的正直與謹慎之上,他們身上背負的並不僅僅是一筆金額,而是近乎可以發行任意額度的權力。[133]

　　儘管如此,審查委員也誠摯地表示自己並不想將「所有的疏失怪在出納員身上」,他們知道根據當前工作的安排,出納員除了「依賴新進員工的正直與精確」外,實在毫無選擇。[134]

　　審查委員也同時發現,在紙幣發行的過程中,各階段的紙幣保管也存在一定風險。行員可以隨意地從倉庫中取出空白紙幣,且不需要接受獨立的審核。[135] 在紙幣被取出來以後,就會待在現金簿職員辦公桌上的箱子或抽屜裡,並根據空白紙幣的價值做區隔。這樣的情況存在「極高危險,許多與發行銀行紙幣無關

的人員,能透過闖入自己無權進入的地方,來觸及這些紙幣:櫃員與職員經常對此提出抗議,卻無從制止」。[136] 儘管審查委員並未指名,但這裡描述的可能是更重要的客戶及其他銀行員工。同樣地,從庫房提取與返還成捆紙幣的過程,也沒有經過充分的檢查。審查委員發現,在這樣的情況下,因為程序關係,銀行「都無法確認(紙幣的任何短缺)究竟是一開始在包裹外簽名的櫃員失職;還是負責運送到庫房的人出錯;抑或是此期間發生了竊盜行為」。[137] 此外,有鑒於待存放紙幣的總金額經常落在「10萬至30萬英鎊」之間,審查委員也認為這樣的金額已經大到「無論如何都不能交由一人來負責,除非此人會在每天晚上親自進行清點」。[138]

為了消滅出現第二個克勒特巴克的風險,審查委員擬定了一套計畫遞交給財務委員會,建議發行預製紙幣,而不是根據需求來填寫空白紙幣。利息辦公室及財政部所使用的就是預製紙幣,因此這樣的改革早有先例。審查委員建議創造常態性的存放庫,用於存放以兩位出納主任名義所發出的紙幣。此舉能大幅簡化現金簿的作業流程,降低存放空白紙幣以及在銀行大廳填寫紙幣的風險。負責將紙幣交到民眾手中的職員,其數量也可因此減少到「僅需3名能力、行為及判斷力均通過檢驗且獲得認可的銀行行員……並根據其肩負的信任與必須密切留意的程度,給予相應的額外薪水。此外,任命3名下級員工擔任其助理」。[139] 而存放的票據總額為「50萬英鎊,因為根據兩位資深櫃員的經驗,我們能確信紙幣的需求量絕不可能超過此數字」[140] 審查委員認為財務委員無需擔心存放的紙幣金額變多會衍生出額外的風險,因為只要

嚴格監督有權限能接觸到此金庫的人,就能消除此一風險。[141]

審查委員對於發行銀行紙幣的嶄新系統,也投注了同等關注。他們特別提到應該創造一個新的辦公空間來容納負責支付的員工,一個「只有單一出入口且適度封閉」的空間。[142] 為了確保銀行大廳的紙幣能獲得更高的保護,他們提議製造特殊的抽屜,使用時可以鎖在職員辦公桌上,夜間時又可以完整拆下以存放進庫房。[143] 他們同時也限制了紙幣存放室的進出權限,並制定了更有效的制衡辦法,以確立擁有權限者的責任。[144]

同樣地,審查委員也已事先針對該計畫進行廣泛的諮詢,對於銀行職員的知識與經驗,以及作為被審查對象的表現,展現出一定的信賴。事實上,他們也在報告中針對此事項表示:「若非我們的意見獲得了紐蘭德先生、湯普森先生及多位櫃員的支持,我們將無法自信地針對此一沿用多年的模式,[145] 貿然提出改革建議。」他們也指出這樣的計畫還有一項優點:「民眾的需求在此方案下亦能獲得滿足,且無需如當前那般經歷多層耽擱,因而我們認為就提高銀行紙幣流通量來論,此舉不容忽視。」[146] 審查委員對於銀行紙幣流通性的關注相當有意思,儘管其出發點並不是基於整體經濟的考量,而是對銀行自身地位的關注。

審查委員對銀行紙幣生產及發行程序的關注,也反應出審查的部分核心目標:扼殺貪污與犯罪行為的可能,確保公開程序的完善度,從而確保銀行為大眾提供的服務不受質疑。審查委員的決議將銀行的安全性與公眾服務放到了第一位。在解決銀行紙幣發行的問題上,他們的作為展示了身為審查委員的勤奮與敏銳,但也同時反映出一個問題:為什麼在審查展開之前,這樣的程序

沒能受到質疑與修正？考量到審查展開的一年前才爆發了克勒特巴克的案件，此一問題也顯得相當關鍵。答案尚不清楚，但困難之處很有可能在於，可推動改革的高層人士並不認為自己有權在所身處的領域內進行改革，加上銀行的業務在18世紀下半葉開始激增，導致缺乏時間與機會來審視作業流程。

❋❋❋

　　出納部的工作，占據了銀行營業日的早晨。出納員提供了一系列對於倫敦甚至是對於國家而言，都極為重要的服務。事實上，本章已經展示了管理國家資金的業務，以及初步的支援經濟責任，在多大程度上被委託給英格蘭銀行。這項工作在組織層面上相當複雜。多數職員必須負責一系列獨立的任務，因此許多任務如票據的發行或貼現等，就必須要一定數量的個體共同協作才能完成。許多職員面臨極大的壓力，且許多人要承擔很大的責任。他們經常握有創造大額票據的能力。多數人都對得起自己獲得的信賴，但也有人會如查爾斯‧克勒特巴克那樣，輕易利用銀行複雜而分散的流程來行詐欺之舉。審查的其中一項重大成果，就是推動了提高安全性的改革，並減少職員濫權的可能。

　　審查也做出了一些改變，而這些改變也顯示了給予大眾的服務，在極大程度上引導著銀行的作業方向。事實上，出納員的工作之中，絕大多數都與公眾信貸有關。無論是標示清楚的指標、門房或是《銀行使用手冊》的指導，民眾在銀行大廳內的體驗，就像是一場商業社交的盛宴。此種文質彬彬的禮貌，不僅用在對

大眾的服務之上,更同時強化了銀行與國家、商界及經濟成長上的關係。儘管如此,關係始於互動,因而人際交流仍舊重要。無論是那位或許因為不懂得送聖誕禮物導致需求被駁回的客戶,或者是因為認識待命委員而不需要受如此嚴格審查的客戶,在在顯示了人際關係造成的落差。

CHAPTER 3

創造市場

上午11點左右,「一大群股票經紀人、掮客及需要辦理資金相關業務的群眾」湧入銀行。[1] 他們擠在圓頂大廳內,忙著交易政府債券及銀行股份,並與交易對象會面,按照規定為自己的交易進行登記,而這一切的事務全都必須由本人或法定代理人親自進行。辦完事情後(自然要等到下午1點交易櫃台全都關閉後),經紀人與掮客開始湧向其他仍在忙碌運轉著的市場——東印度及南海大樓、交易巷、附近各大咖啡館及新成立的證券交易所。[2] 當他們全都塞在銀行裡的時候,大廳裡充斥著各種噪音及干擾,轉讓辦公室的行員更因為他們的存在,忙得不可開交。

留下唯一一本深刻描寫18世紀金融市場書籍的湯瑪斯・莫蒂墨(Thomas Mortimer),提到那些踏入圓頂大廳的人們,「其感官將為狂亂的喧囂與失序的躁動而飽受震撼」。[3] 銀行自身也記錄下了群眾、刺耳的噪音,以及甚至可能存在的危險。審查委員得知近期發生一起小偷搶走一名女性30基尼的事件。[4] 3%永續債券辦公室的維克里先生(Mr Vickery),建議增派幾名門房到此,「留心那些四處閒晃之輩」。[5]

儘管人們在圓頂大廳及其鄰近辦公室因為股票投機而賺大錢的機率,就跟被扒手摸走錢包的機率一樣高,但這裡確實為一個充滿刺激與趣味之處。事實上,倘若借用研究休閒場域的歷史學家之語,這裡就是一處「社交戲院」(Social Theatre),一個得以觀看掮客、經紀人、投機者及投資者「詮釋」自身角色的場所。[6] 如同在圖3.1湯瑪斯・羅蘭森1792年作品中能欣賞到的,圓頂大廳就如同拉內拉赫花園(Ranelagh Gardens)、沃克斯後花園(Vauxhall Gardens)音樂廳或牛津街萬神殿(Oxford Street Pantheon)

圓頂宴會廳那般的商業娛樂場所，是一個完美的舞台。[7]因此，這裡絕非尋常市場。

| 圖 3.1 | 湯瑪斯・羅蘭森，《銀行》(The Bank)（倫敦，1792）
資料來源：紐約大都會藝術博物館，伊萊莎・惠特爾西收藏，伊萊莎・惠特爾西基金會，1959，CC0。

　　由於此處為一圓形空間，因此參與者能隨心所欲地占用各處角落，而不是像普通長方形的市場空間那般，只能在固定的地方活動。此處還能「將專業經紀人與掮客的能見度最大化，增進彼此交流的機會」。[8]如同周圍金融與商業建築群那般，變身成熱門觀光景點的銀行，其作為觀察與活動場所的地位也因此得到鞏固。觀光客可以到此體驗倫敦知名地標的氛圍，同時欣賞金融市

場的運作。在19世紀早期一本旅遊手冊中就曾經提到，前往銀行的訪客可以看到「一群利欲薰心的錢商齊聚一堂，以各種形式展現對利益的貪念，淪為旁觀者眼中的一齣鬧劇」。[9]

在這場「演出」之中，牽涉到的並不只有公共信用的管理，還包括銀行作為國家及其債權人間的牽線者。事實上，如同娜塔麗‧洛斯伯格博士（Natalie Roxburgh）那份以公共信用為題且極具說服力的作品所言，銀行和其長期作為公債管理者的身分，構成了公共債權人與國家間約定俗成「契約」的一部分。[10] 這是一份暗示著「經濟互惠」的合約，透過這份合約，國家將得以維護履行債務的承諾。[11] 英格蘭銀行在信用方面的表現，讓公共債權人能放心地將存款交到其手中，儘管人們懷疑這種劇場對於維護信心是否具有實質意義且必須存在。

其中，諾斯和溫加斯特的論點有力地闡述了民眾對於公債的高接受度，以及指定稅收基金在創造「可信賴承諾」（Credible Commitment）上的重要性，還有深植在18世紀國家底下的產權觀念。[12] 這是一種誤導，在更加仔細地詳讀相關文獻後，可發現在整個18世紀中，國家的信用持續受到挑戰。在接連出現的衝突裡，國債的本質與國家面臨破產威脅的可能性更屢次被提出來辯論。[13] 即便到了18世紀末，應該拿來清償債務的稅金基金，也經常沒能全款繳付。在美國獨立戰爭期間，用於償還債務的指定稅收基金更是累積拖欠了200萬英鎊以上。因為預期稅金收益而發行的國庫券，未償付金額為450萬英鎊，儘管稅收預算中僅有250萬英鎊可用於償還；而且眾所周知，這些基金、土地及麥芽稅（釀酒稅），經常入不敷出。[14] 此外，儘管有時候是出於善意，

但財產權也確實遭遇了各種形式的侵犯。

1749 年,亨利‧佩勒姆(Henry Pelham)將未清償國債進行轉換,從而製造出 3% 永續債券的舉動就是一例。當時,給予公共債權人的利息被強制性降低,其貸款條件也需要重新協調。[15] 南海騙局的解決方式也出現了類似的犧牲。[16] 除此之外,朱利安‧霍比特(Julian Hoppit)也發現在整個 18 世紀中,出現了數個英國臣民財產權受到侵害的實例,並指出「對他們來說,根本沒有所謂的『可信賴承諾』」。[17]

因此,公共基金的健全性仍存在風險,所以需要一定的宣揚。如此來看,英格蘭銀行的角色及其在債務管理上所展現的透明度、一致性與效率,確實相當有必要。在銀行審查委員的最終報告結論中,將銀行描述為「公共信用的守護者」[18],從此可以看出審查委員對於這點的明確體認。然而,如同我們即將在本章中所看到的,儘管此種宣稱顯示、且證明了銀行作為國家債務守護者的信心,但在服務公共債權人方面,銀行仍有所不足。具體來看,審查委員很快就發現許多處理交易及利息的職員們,利用掌握市場第一手消息的優勢,進行股票交易,有人是將生意交給與自己交情較好的股票經紀人,有人則是親自下海當掮客,從好操控的客戶身上獲利。我們必須評估這些情況對於自詡為公共債權人守護者的銀行,將造成多大程度的影響。

公債市場

英國委託英格蘭銀行來管理其債務的初次發行,以及二級市

場內進行的絕大多數交易。前者的程序相當正式,並且是透過投標而不是公開認購來進行。合約通常會落入「那些受青睞的大型經紀商、商人及政治盟友的財團手中」。[19] 得到支持的個體會承諾在債務首次發行時認購,有時是自己籌錢,有時依賴銀行的貸款,有時則是透過有人脈關係的財團。[20] 接著,他們會在公開市場上出售自己的配額,且通常能獲得一筆可觀的利潤。這是一種基於贊助的體制,但其確實有效。相較之下,1757 年企圖透過公開認購來發行債務的行為,最終宣告失敗。[21] 儘管如此,這個體制不但花錢,在美國獨立戰爭期間更飽受非議。舉例來說,在 1781 年募集的 1,200 萬英鎊貸款之中,其首次發行的成本高達 2,100 萬英鎊,讓認購者獲得了 7% 至 11% 不等的獲利。[22] 對認購者來說,這絕對是一筆誘人的生意,但對國家來說,這絕不是具成本效益的募資方式。

在銀行內,初次發行的程序是交給出納員來處理,為新客戶開立帳戶,收取用於認購的款項,並和財政部進行結算。銀行同時也會保留債務所有權人的名冊,並在買賣發生時進行記錄。然而,債務的二級市場則沒如此正式,[23] 其運作通常不受國家或銀行的掌控,且大都缺乏有效的規範。[24] 但是,這部分讓持有者能隨自身意願進行套現,從而促使更多目的不同的人投入國家債務的買賣,因而對財政改革來說為不可或缺的一大要素。倘若缺乏交易流動性,國債就絕對不可能被視為具吸引力的投資標的。[25] 但是,此類市場的興起不僅需要廣泛的參與者,更需要可以使用的空間和低廉的資產轉移手續費。該市場的萌芽始於 1690 年代,但經歷了較長的發展期。[26]

除此之外，英國政府也花了近乎整個 18 世紀的上半葉，才建立起財務誠信方面的聲譽，並培養出能讓自己有效管理債務的關係與技術。[27] 早期財政改革的特色，充斥著昂貴且缺乏效率的募資工具實驗。[28] 在 17 世紀晚期與 18 世紀早期，設計出這些工具的個人，將自身需求置於國家需求之上。[29] 早期的金融改革也充斥著衝擊，像是 1710 年的金融城淪陷，和 1720 年爆發的南海泡沫。[30] 但在 1740 年代末期，國家憑藉著日漸壯大的聲譽，將已經發展得過分複雜且昂貴的系統合理化。因此，1749 年，首席財政大臣亨利·佩勒姆提出一項可大規模將未清償債務合併的計畫，並將這些基金的利息從 4% 降到 3%。

這個任務可不簡單。這個被稱之為「佩勒姆轉化」（Pelham's Coversion）的計畫，遭到金融家與一般投資者的強烈抵抗，但佩勒姆最終讓 88% 的 4% 公債自願進行轉換。[31] 這也創造出了綜合基金（Consolidated Fund），並促成了 3% 永續債券，該債券成為許多投資者所持有的單一工具，更是 18 世紀晚期與維多利亞時代許多投資組合的中流砥柱。永續債券被廣泛接受與使用，也進一步支持了二級市場的成長。事實上，1740 年代晚期的交易量出現成長（請見下頁圖 3.2），也證實了新的永續債券可輕鬆進行交易的事實。

Chapter 3 創造市場　　*115*

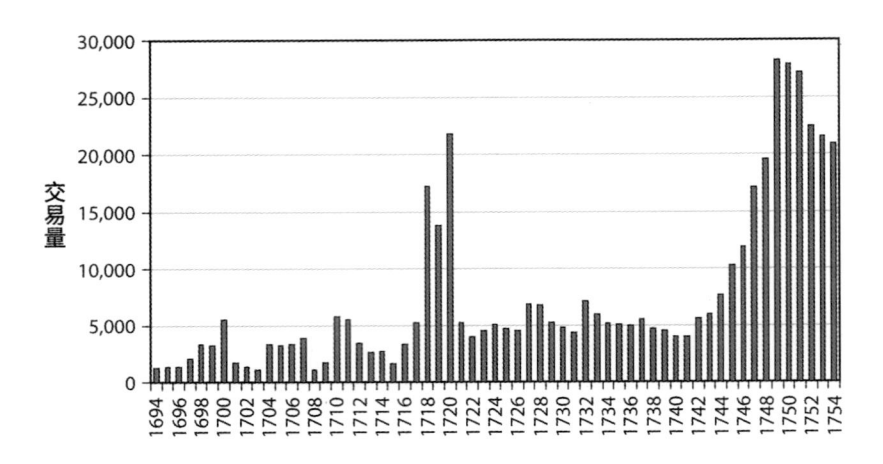

‖ 圖 3.2 ‖ 年度股票交易量，1694 年至 1754 年。
資料來源：彼得・狄克森（Peter Dickson），《金融改革》（*Financial Revolution*），pp. 529-532.

　　儘管有了流動性較高的工具，但市場的其他面向——包括搜尋價格的過程及找到交易對象，仍備受挑戰。確實，投資者可以獲得大量關於價格的資訊。湯瑪斯・莫蒂墨指出，股票仲介會將可交易股票的價格清單列印出來，並在每天下午 1 點左右，張貼到交易所內、外及周圍咖啡館的「窗戶上」[32]。報紙與期刊上也會刊登價格。[33] 根據研究，專業市場參與者間的資訊流通度，足以保證套利的機會不可能存在太久。[34] 但是，我們也必須承認由於市場過於分散，因而緩慢的資訊交流對一般投資者來說，仍舊是一種障礙。[35]

　　除此之外，印出來的價格資訊，也不是決定是否要買國債的唯一因素。在獲得背景資訊、意見及交易對象位置等資訊方

面，還需依賴口耳相傳的資訊網絡。[36] 因此，對許多人來說，在決策制定及行動上，或許還需仰賴與銀行家、自營商及經紀人，甚至是朋友、家人及熟識者的交談。對於運轉中市場的觀察也很重要。不同於現在的電子市場，早期的市場在視覺與聽覺上都很激烈。如同每一位經驗老到的股票交易員所心知肚明地，市場的喧囂及參與者的肢體動作，是了解市場波動及走勢的最佳參考指標。事實上，就連湯瑪斯·莫蒂墨也建議讀者，親身到市場走一圈，首先「前進……用數分鐘的時間感受來自四面八方的混亂呼喊聲」。[37] 所有因素皆點出了在市場中亮相的必要性——尤其是對掮客及經紀人而言。因此，眾人自然需要一處可以會面的地方，但18世紀市場的非固定性質，也讓情況變得更為複雜。

如同上述所提，一天之中，市場會在多個地方現身，包括了交易巷附近的咖啡館（尤其是強納森咖啡館）、各大金融公司的辦公室以及證券交易所。儘管缺乏文獻可供查證，但這些空間似乎各有其功能。包括英格蘭銀行在內的金融公司辦公室，屬於公開喊價市場，可取得現金或進行即時清算。[38] 從早上一直到中午過後、交易帳冊還開著的時段裡，此處位居主導地位，再加上幾乎絕大部分的公債都掌握在銀行手中，圓頂大廳也因而成為股票掮客、經紀人及公共債權人每日會面、安排交易的重要場所。[39] 中午開始，強納森咖啡館開始熱鬧起來，這裡也似乎變成了交易與定期交易的主要市場，而多數生意都是透過經紀人來完成。[40] 這意味著在一般市場參與者間，定期交易的市場也很活躍，但值得注意的是，儘管選擇權市場是17世紀晚期至18世紀早期的特色，但在1734年施行了《巴納德法案》（Barnard's Act）以後，

Chapter 3 創造市場　　117

此交易就受到嚴格的約束。[41] 無論是金融公司的辦公室，還是咖啡館，都屬於公開空間。相較之下，新成立的證券交易所則企圖營造一個排外的市場空間。儘管此地能作為掮客與經紀人會面之處，但一直到 19 世紀早期以前，證交所都「沒能擄獲市場」，對倫敦的交易狀態更沒能產生影響。[42]

儘管市場對公債的運作至關重要，但並非所有人都因此重視它。批判者認為，二級市場的存在鼓勵了投機行為，並對外部衝擊反應過度。[43] 他們指控市場創造了利用國家危難、尤其是戰爭需求來獲利的可能。[44] 股票掮客的角色尤其邪惡。如同《買股的技巧》（The Art of Stock-jobbing）一書作者所言，許多人認為掮客不會說真話：

> 畫家讓想像恣意奔馳，
> 敢於捕捉一見鍾情的美麗：
> 掮客對股票的溢美之詞亦是如此，
> 任何看似合理之事都能說得天花亂墜：
> 我們或許從小便能成為股票掮客，
> 只需懂得藏起真話，
> 真話之於他們，如同誠實之於狡猾朝臣的詭計，
> 終難以相容。[45]

如同金融史家狄克森（Dickson）和保羅（Paul）所指出，透過當時文壇盛行的反猶太主義，可觀察到種族及宗教偏見加深了大眾對股票掮客的厭惡。[46] 湯瑪斯・莫蒂墨的《人人都能做股票》

（Every Man His Own Broker）在整個 18 世紀中期至晚期，就堅守著這樣的譬喻。莫蒂墨譴責股票掮客是散播謠言的「外國人」，「我們的仕紳、商人與交易員」沉迷於賭博而疏忽自身職責，而那些出身低微者，「就算手中根本沒有任何一張政府債券，其在一個小時內的交易數量也能超越手中握有數千元價值債券者數年內的交易量」。[47] 在其他出版書籍中，莫蒂墨更警告讀者，這些「人類社會的害蟲」為了獲得好處，「用盡卑鄙的詭計、可恥的虛偽不實報告，無論這麼做會對其國家及同胞造成多大的危害」。[48]

莫蒂墨的作品再版印刷 14 次，更賣出了 5 萬冊，這讓他的觀點被廣為流傳。[49] 而這樣的主張或許能找到可靠的證據。舉例來說，鮑溫引述了 1768 年報紙上「危言聳聽」之事件描述。這篇報導詳述了東印度公司在馬德拉斯（Madras，譯註：現在的清奈）的損失，並宣稱法國正在彭迪自治市（Pondicherry）集結軍隊。這些錯誤的報導直接導致 1769 年的市場崩盤，而當代人深信這是「投機者的精心策畫與詭計」。[50] 然而，其他學者對於個人對價格產生如此巨大影響的能力深感懷疑。[51] 除此之外，倘若毫不懷疑地接受參與者就是不斷欺騙大眾的說法，那麼一個投資者可以寄予信任的可信市場概念，只會顯得荒謬。要解釋活躍的二級市場之所以能持續吸引如此廣大參與者的原因，我們或許該重新解讀掮客及經紀人的主要行為。

除了當代的評論以外，幾乎沒有太多一致性的證據，可證明所有的股票掮客及經紀人都符合「人類社會害蟲」此一指控。[52] 確實，他們是透過市場的波動以及買高賣低的價差來賺錢維生，而他們的操作也很有可能會讓那些經驗不足或較為天真的參與

Chapter 3 創造市場　119

者蒙受損失。然而，交易面對面以及通常在見證人面前進行的特性，驗證了那些當代評論家不斷強調的自私自利，如同莫爾德魯對其他市場的描述──受到強調「信貸關係、信任、義務與合約」的另一種論述所制衡。[53]

尤其是股票經紀人，其仰賴的是滿意客戶口耳相傳的推薦，並且在乎能否吸引回頭客。因此，他們沒有太大的動機去欺騙客戶。那些持有許可證者，其行為也會受到市長及市議員法院的監督制度規範。這些規範透過入場費及年費的制度，施加進入壁壘，並要求每位經紀人都要記錄自己每一筆交易。同時，無照經營者也會因此受到裁罰。[54] 莫蒂墨強調許多經紀人在監管之外私自營運的事情。[55] 然而，傑克森·泰特（Jackson Tait）的分析卻顯示了司法部門並不願意起訴這些人，而此種不作為對市場的發展，帶來了正面影響。此外，在 1767 年一樁無照經紀人被起訴案件中，無罪釋放的判決也被視為公共信用的勝利，允許人民可以雇用朋友，代替自己在市場中操作。[56] 這也展現了無照經紀人並不總是受人排斥或不值得信賴。

經紀商通常是交易對象雙方的中間人，而掮客則負責提供交易的基礎，亦即透過提出買進或賣出的價格來建立市場，滿足需求。因此，掮客也變成市場上相當寶貴的運作機制。由於掮客的數量較少，因而更引人注意，但這也成為預防他們公然使詐的一種壓力。[57] 同樣地，由於在 18 世紀的絕大多數時間裡，市場上的每日成交量相較之下較低，所以掮客與經紀人通常都還有第二份工作。在其中一份工作中落得不誠實的指控，自然會對另一份工作產生不良影響，因此大家自然會竭力避免。[58] 事實上，毫無疑

問地,在這樣一個小型且本地化的市場裡(此一描述在 18 世紀末以前都適用),認識參與者且彼此熟悉的需求,在一定程度上遏止了不當行為的出現。

市場的參與者也透過行動,制約彼此的行為。如同亞當・斯密所指出的:「參與遊戲者必須守信,否則沒人願意與其交易。而股票經紀人同樣如此。無法信守承諾者很快就會被淘汰,成為交易巷裡所謂的跛腳鴨。」[59] 確實,違反市場規則者,會遭遇公開羞辱的懲罰,有時甚至會被驅逐出市場所在之處。值得注意的是,那些信用差勁者的名字,甚至會被寫進所有人都能看到的「公共黑名單」裡。[60] 因此,市場具備了充分的透明度,足以施行固定的行為審查,提高自我規範,同時在參與者中找出並懲罰行為不良者,絕非如莫蒂墨作品中所描述的萬惡巢穴。

圓頂大廳中的群眾

至於那些拜訪銀行的平凡公共債權人呢?羅蘭森筆下的圓頂大廳(107 頁圖 3.1)充滿了生氣,來自中產階級的男男女女也表現出各種交流。畫面右方出現了一群興奮的投標者,其他地方的對話則較為拘謹。畫面左側的人則顯然在尋找交易的對象,此外還能見到被經紀人攀談的人。留存在銀行檔案中的紀錄,能給予我們更多關於此一畫面的細節。下面的例子,引用了銀行 1784 年轉讓簿中 2,989 筆的 3% 永續債券交易。[61] 銀行的轉讓簿記錄下了買家及賣家的名字、社經地位與所在地。此外,交易量與日期也被記錄下來,以及這筆交易是否透過法定代理人來完成。

我們可以假設轉讓簿精確地描繪出市場的樣貌。它們是債務所有權唯一具備法律約束力的紀錄，因此職員們力求、且顯然確實做到極高程度的精確性。在檢驗公債的持分時，我們毋需特別擔心持有權被名義上持有或其他類似的工具所掩蓋。[62] 此類行為的主要目的通常是透過股權分割，製造出主要金融公司內部的投票權。而此舉與政府債券無關，因而所有權紀錄不太可能出現顯著的影響。[63]

即便如此，儘管我們或許可以透過轉讓簿中對於社經地位的描述，來審視市場的參與者，但在使用上仍須謹慎。值得注意的是，職業——尤其是與製造及發行相關的職業，在此一時期並不總是被專業化，導致經濟產業部門的分類顯得有些武斷。此外，在判斷公共債權人的生意規模或價值上，也沒有一套統一的方法。因此，某些職業族群可能會出現極大程度的財富與階級差異。[64] 但就我們的目的來看，最重要的一點是光靠社經地位資訊，無法判定依靠投資收入而活的族群。「紳士」（Gentleman）此一名詞經常被套用在市場參與者身上，但到了 18 世紀晚期，此一名詞已不再暗指出身高貴且免受領薪制度約束的族群。[65] 事實上，樣本中許多「紳士」們給的都是機構型地址，這也表示他們是一般的經紀人、掮客或金融家。其他職業也很有可能被描述所誤導，尤其是女性參與者經常被描述為妻子、寡婦或未婚女性。交易帳本中明確出現女性「傭人」此一職位，但極有可能其他的女性公共債權人也同樣投入勞動市場，或者為了家庭而從事有薪工作。[66]

| 表 3.1 | 3% 永續債券之賣家及買家社經地位，1784 年。

	個人賣方數量	賣方（%）	個人買方數量	買方（%）
一級產業	14	0.46	47	1.44
二級產業	143	4.65	230	7.07
三級產業				
經銷商與商家	255	8.30	355	10.91
運輸	22	0.72	39	1.20
神職人員	18	0.59	59	1.81
軍隊	33	1.07	42	1.29
法律	18	0.59	40	1.23
醫療	20	0.65	63	1.94
金融	1,578	51.37	930	28.59
雇員	15	0.49	47	1.44
其他服務與職業	22	0.72	27	0.83
其他				
女性	158	5.14	424	13.03
享封號貴族	12	0.39	24	0.74
紳士	454	14.78	514	15.80
仕紳貴族*	224	7.29	300	9.22
公共機構	3	0.10	12	0.37
未知	83	2.70	100	3.07

資料來源：BEA，交易簿，各處。

（*譯註：地位低於騎士，高於紳士的封建貴族。）

表 3.1 展示了抽樣中，每筆交易的買家及賣家其社經地位。在此期間，個人很有可能進行交易，且交易數量不止一次。經濟部門的細分，是採納劍橋大學人口與社會結構史小組（Cambridge Group for the History of Population and Social Structure）的方法。然而，在資料呈現中，關於一級和二級產業的資訊比較缺乏，且此類族群在公共債權人之中，不占主流。三級產業方面則有更詳盡的描述，此外，針對女性及偏好用社會地位而不是職業來描述自己的族群，也新增了一個類目。[67]

表 3.1 也顯示了當代評論者對圓頂大廳的描述——擠滿了仲介與經紀人，確實無誤。有超過一半的賣出及超過四分之一的買進，都是由金融專業人士完成。在此一族群內，由相對較少的個人居主導地位。在抽樣數據中，某 6 名參與者所進行的賣出，占總賣出量的 21%。此外，這個數字也絕對被低估。多數情況下，這些個人的身分並不是透過社經地位來辨別，而是透過地址，像是「證券交易所」或「交易巷」。這些人幾乎全部都以「紳士」來描述自己。在無法透過地址來明確辨別特定個人時，這些交易就會被歸類到「紳士」此一類別下，但極有可能許多因此被分配到此類別的對象，其工作內容皆與金融有關。

「紳士」這個稱呼的使用相當有意思，它透露出那些試圖在文明商業環境下為自己找到定位的個人。所謂的紳士，是配得上此稱呼的人——那些地位高於平庸的人。[68] 到了 18 世紀末期，此一稱呼開始適用在那些憑著「卓越貢獻」而讓自己脫穎而出的個人，不再僅限於出身不凡者。[69] 這些證據對於金融市場被詐欺犯與投機客所占據的指控，無疑是更進一步的挑戰。就表面來看，這些個人的行為也似乎並非以投機或操控市場為目的。如前述所

言,其在市場上的顯著存在感,讓他們的行為因此受到制衡。此外,多數人可能的主要獲利方式,是透過固定向其他參與者賣出或買進來實現。

威廉・基爾賓頓（William Kilbinton）就是其中一例,其交易對象主要為其他金融家,且多數情況下總金額也相當高。[70] 彼得・道思瓦（Peter Duthoit）的客戶族群則更加多元。他確實會和銀行家及其他掮客進行交易,但也會和馬伕、雕刻師、客棧老闆、文具商及女性公共債權人進行交易。道思瓦進行的交易金額,落在 25 英鎊至 1,350 英鎊不等。[71] 威廉・吉爾比（William Gillbee）則是樣本中,交易數量最多的經紀人,且行為也相當多樣。儘管他的平均交易金額為 1,042 英鎊,但交易金額從 5 英鎊至 9,000 英鎊皆有。[72] 各種經濟階層皆有他的客戶,但其中也有半數的交易集中在專業部門領域內,交易對象包括了紳士、仕紳貴族或從事文書及法律的專業人士。在吉爾比的交易對象中,有 15% 為女性,這也與整體市場中的女性占比相符。[73] 無論是他或此處所列出來的其他人,他們的行為皆不存在刻意鎖定天真或脆弱客戶的跡象。

透過轉讓簿來研究經紀人在市場中的活躍程度,則沒那麼容易。作為中間人的角色並沒有被記錄下來,因此能觀察到的都只有用自己帳戶進行交易的經紀人。在樣本中,僅出現 13 名自稱為經紀人的個人。多數情況下,他們的交易對手為其他市場內的專業人士。因此,在經紀人湯瑪斯・伏瑞（Thomas Fry）所進行的 18 筆交易中,僅有 5 筆的交易對象不是可辨識的金融或法律專業人士。在這 5 筆之中的其中 3 筆,則是透過同一位法定代理人湯瑪斯・柯賓（Thomas Corbyn）所進行,也顯示了與這位代理人的

Chapter 3 創造市場　125

關係是重點。在其餘 2 筆伏瑞所買進的股票交易紀錄中，第一筆的賣方為製造大鍵琴的工匠，第二筆的賣方職業則沒有被記錄下來。寇柏（S. R. Cope）認為此類交易或許是經紀人在找不到代替的交易對象時，為了執行訂單所能採取的唯一辦法。[74]

儘管金融專業人士憑藉著固定出現及交易的頻率，居於圓頂大廳內的主導地位，但群眾主體仍是進行單次或少量買進的一般公共債權人。其中，包括了住在倫敦泰晤士街（Thames Street）的傭人瑪麗・拉格（Mary Lager），於 1784 年 12 月買進價值 175 英鎊的 3% 永續債券；來自舊碎石巷（Old Gravel Lane）的水手依曼紐爾・買克米（Emanuel Jacomi），於同一市場內以留下個人註記的方式，確認賣出 375 英鎊；住在威爾斯格拉摩根郡（Glamorganshire）的牧師羅伯特・里卡茲（Robert Rickards），買進了 75 英鎊的債券。[75] 根據表 3.1 的分析，這些人絕大多數職業都落在三級產業（亦即服務業），而該名女性則為市場中的重要少數。

儘管轉讓簿只能呈現市場的概貌，而無法交代債務持有者的狀況，但其結果與所有權的分析卻不相符。狄克森的研究發現，公債主要掌握在教會、軍隊、公家機關或專業人士手中。[76] 商人也是顯著的公共債權人，而工匠、小商店的老闆、技工則占據了所有權等級的底端。[77] 值得注意的是，在 1780 年代，享有封號的個人並未顯著參與市場活動，這也與狄克森針對 18 世紀中期國債持有者的分析不謀而合。[78]

公共債權人並不只有個人。儘管在市場中不占主導地位，但有許多機構、企業或準企業投資者使用了基金。[79] 衡平法院就是其中一例。1726 年成立了衡平法院總會計師辦公室，負責管理起

訴者的基金，到了18世紀中期，該辦公室也成為政府公債的主要持有者之一。[80] 漢諾威選候國（Electorate of Hanover）則以攝政政府的名義投資，並支持了「選候國軍官遺孀福利」、「漢諾威皇家榮民醫院及軍人退休基金」等各種基金。[81] 劍橋大學的岡維爾與凱斯學院（Gonville and Caius College），在1784年12月購買了1,600英鎊的3%永續債券。[82]

透過下頁表3.2，我們也能發現與狄克森結論一致的，還有居住在倫敦或英格蘭東南地區的族群，在市場中占主導地位。外地投資者的比例仍舊很低，儘管我們無法確認有多少人實際上居住在外地，但為了交易而使用了倫敦地址。或許令人有些訝異地，是樣本中居住在英國境外的投資者，其交易量非常少。然而，這並不能代表債務所有權的整體狀況。J・F・懷特（J. F. Wright）詳盡的分析也顯示了，就3%永續債券來看，1776年該債券有約莫11%的投資者居住於海外，且持有量更占了20%左右。[83] 除此之外，外國投資者——尤其是荷蘭投資者的數量，在美國獨立戰爭期間與之後出現下滑。

| 表 3.2 | 3% 永續債券買方及賣方的地址紀錄，1784 年。

	賣方 （交易量）	賣方 （%）	買方 （交易量）	買方 （%）
交易巷／證券交易所	1,419	47.47	846	28.30
倫敦機構地址	70	2.34	95	3.18
倫敦	1,153	38.57	1,298	43.43
東南英格蘭	152	5.09	313	10.47
西南英格蘭	55	1.84	137	4.58
東英格蘭	18	0.60	34	1.14
英格蘭中部	18	0.60	53	1.77
英格蘭北部	28	0.94	67	2.24
威爾斯	4	0.13	11	0.37
蘇格蘭	2	0.07	4	0.13
愛爾蘭	7	0.23	5	0.17
荷蘭	17	0.57	17	0.57
外國（其他國家）	10	0.33	54	1.81
未知	36	1.20	55	1.84

資料來源：BEA，交易簿，各處。

儘管莫蒂墨企圖將市場描述為騙術與天真的混合產物，但在公共債權人之中，有不少人交易經驗豐富且有著風險偏好。國家債務成為投機標的，持有資本則是為了等待其他更有利可圖的機會出現，或讓投資組合及商業活動多元化。因此，在抽樣中出現五次的商人約翰‧紐曼‧庫斯梅克（John Newman Coussmaker），在該年中的不同時候，分別買進了總價值為 9,000 英鎊的 3% 永

續債券。[84] 對於更為謹慎的投資者來說，基金或許是打造退休生活預備金的方法，創造可產生固定收入的投資，或為了讓世代繼承更為順利的辦法。未受教育的駁船伕約翰・強斯頓（John Johnston），在 1784 年 9 月買進了 14 英鎊 5 先令 8 便士的 3% 永續債券，或許就是基於類似的目的。[85] 樣本中有很大部分的活動金額都很高，平均交易金額約莫為 759 英鎊。最小額的交易為 4 先令 6 便士，交易雙方為證券交易所的兩位紳士，因此或許只是為了調整兩人之間的餘額。[86] 最大筆的交易金額為 2 萬 6,000 英鎊，涉及查爾斯・博達姆（Charles Boddam）身故後遺產的處理。[87]

對許多人來說，他們交易的目的不過是出於個人考量，或根據報章雜誌及與市場專業人士對談所獲得的資訊，來做決定而已。也有些人是受到家族或家人聊天的影響。如同下頁表 3.3 所顯示，有約莫 6% 的買家採取集體行動。有些時候，這些行為是出於對資產或信託的管理，但也有些時候，則是共同集資的一種方式。當家族或交友圈中有人購買，其他人也會跟進，這也顯示了在決策制定上的交流。1784 年 6 月，薩姆森・吉迪恩爵士（Sir Samson Gideon）家的三名家僕一起到銀行進行買賣。喬納森・派特里奇（Jonathan Partridge）和派崔克・溫特（Patrick Winter）各買了 25 英鎊，安・波德曼（Ann Boardman）則買了 50 英鎊。[88] 同年，瑪麗・嘉藍（Mary Garland）和伊莉莎白・嘉藍（Elizabeth Garland）一起拜訪銀行。兩人都是幫傭，但在不同人家任職。瑪麗共買進了 50 英鎊，伊莉莎白則買進了價值 25 英鎊的 3% 永續債券。[89]

| 表3.3 | 3% 永續債券的買家與賣家性別比，1784 年。

	交易量	買方（%）	交易量	賣方（%）
男性	2,422	81.03	2,762	92.41
女性	375	12.55	146	4.88
公司	12	0.40	11	0.37
男性團體	138	4.62	58	1.94
女性團體	6	0.20	0	0.00
綜合團體	36	1.20	12	0.40
未知	0	0.00	0	0.00

資料來源：BEA，交易簿，各處。

儘管透過表3.3和羅蘭森的作品，可看出圓頂大廳絕大部分是屬於男性的空間，但也有顯著的一小部分女性會來到銀行，並替自己做決定。莫蒂墨認為女性投資者尤其脆弱，並建議最好找男性親屬來代替自己辦事。透過羅蘭森的畫作，也確實看到部分女性身邊有男性陪伴。但是，現代學者證實了女性具備獨立與採取果決行動的能力。[90] 如同艾米・佛洛依德（Amy Froide）所指出的，女性之所以買進公債，是因為看中公債的「利息優渥、相對安全、償還能力及高度流動性」。[91] 在樣本中，女性的平均買進金額為437英鎊。最低的購買紀錄出現在1784年的9月，金額為12英鎊，買家為薩頓先生（Mr Sutton）家中的未婚女性幫傭伊莉莎白・魯（Elizabeth Rew）。[92] 最高購買紀錄則出現在1784年3月，買家為居住在彭布羅克郡（Pembrokeshire）的未婚女性安・艾倫

（Ann Allen），購買金額為 1 萬 2,000 英鎊的 3% 永續債券。[93]

如同表 3.4 中所展示的，絕大多數的女性投資者以婚姻狀態來表述自己的身分，但也有一群女性留下了自己的職業。其中，除了一人以外，其餘職業全都為幫傭。廉價成衣銷售商伊莉莎白・辛克萊爾（Elizabeth Sinclair），在 1784 年 6 月，買進了價值 600 英鎊的 3% 永續債券。[94]

‖ 表 3.4 ‖ 3% 永續債券的女性買家及賣家之職業／社會地位，1784 年。

	賣方	賣方（%）	買方	買方（%）
未知	6	4.11	12	3.14
享有封號	1	0.68	1	0.26
職業	3	2.05	25	6.54
未婚女性	54	36.99	186	48.69
寡婦	54	36.99	137	35.86
妻子	28	19.18	21	5.50
加總	146		382	

資料來源：BEA，交易簿，各處。

圓頂大廳裡的群眾形成了公開喊價市場，並為國家財政承諾的可信度奠定了必要的基礎。事實上，如同 18 世紀中一本小冊子上的匿名作者所言，公共信用仰賴的是一個人人皆可以「輕鬆、即時且迅速」完成交易的公開市場。[95] 其他人則認為，投資者之

所以偏好這樣的市場,是因為「他們可以在付出極小的費用下,毫不費力地進行資產轉換」。[96] 無論莫蒂墨嘗試說服讀者去相信些什麼,幾乎沒有一致證據可指出在當時的市場下,一般的公共信用狀態岌岌可危,或受到心懷惡意的掮客與經紀人所操弄。市場中的每一個元素皆有助於其順利運作,懷抱著不同動機的所有個人齊聚一堂,交織出一定程度的效率與流動性。

市場管理

圓頂大廳是一個令人印象深刻且很有意思的地方,但與銀行大廳相比,此處又更為擁擠且管理也沒那般嚴格。此處無比吵鬧且使人心煩意亂,在極為忙碌的日子裡,事務也會蔓延到交易大廳,擾亂行員們的工作。除了股票交易以外,這裡還要負責很多事物。這是一個街道攤販或許會想在此進行交易的地方——只要他們能躲過門房那犀利的目光;這是一個遊客前來觀賞掮客與經紀人工作的地方;這是一個特定生意老闆、商人與金融家爭取曝光度、建立人脈的地方。如同前述所言,這是一個得以觀察公共信用運轉的場所。這更是一個可以高談闊論著「全球國家」、國內與國外商業、新聞及政治的地方。[97] 不斷改變的公債成交價格反映出這些新聞的影響,更反映了市場參與者對國家的信心度。因此,圓頂大廳成為輿論成形與交流的場所,而此種輿論是任何一個在乎財務穩定能力的國家絕對不能忽視的力量。因此,銀行自然有理由去擔心自身對市場的包容性,以及其有可能如何傷害、或被認為傷害到銀行與國家的連結,甚至是銀行作為公共信

用守護者的地位。

　　銀行進行風險管理的其中一種方法,就是將債務管理與其他業務區隔開來。因此,在羅伯特・泰勒於 1760 年代進行的擴建中,圓頂大廳和轉讓辦公室僅能通過庭院、或巴塞洛謬巷上的獨立進出口進入。如此一來,就能將市場的瘋狂氛圍與銀行大廳相對優雅的氣氛區隔開來。為了證明自己與市場的瘋狂並不相同,銀行也採取了另外一種方法:精心管理支撐著債務轉換的流程。

　　審查委員花了極長的時間在轉讓辦公室身上,從而讓我們得以更細緻地重建此類業務運作。[98] 在總會計師佩恩先生對審查委員的回答中,列出了以下轉讓辦公室:

1. 銀行股票與綜合長期年金（Consolidated Long Annuities）辦公室,主管為湯瑪斯・米林頓（Thomas Millington）;
2. 綜合縮減年金（Consolidated Reduced Annuities）辦公室,主管為丹尼爾・透納（Daniel Turner）;
3. 綜合 3% 年金（永續債券）,主管為鮑勒・米勒（Bowler Miller）和亞伯拉罕・維克里（Abraham Vickery）。兩人的責任是依照字母順序來分割,米勒負責管理姓名從 A 至 K 的公共債權人交易,維克里負責 L 到 Z;
4. 綜合 4% 年金辦公室,主管為喬瑟夫・普爾（Joseph Poole）;
5. 1726 年 3% 年金及 28 年綜合年金辦公室。該辦公室與 3% 年金在同一處,監督者為奈森・戴爾（Nathan Dell）。[99]

這些辦公室之中，規模最大者為 3% 年金辦公室。該辦公室共有 54 位職員，由鮑勒‧米勒及亞伯拉罕‧維克里共同管理。維克里是一位很特別的人，在他第一次來到審查委員面前時，他告訴他們「在他一聽到這個委員會成立後，他就立刻跟底下所有職員表示，等到他被召喚至委員面前時，他一定會知無不言、言無不盡地將自己對員工行為的想法，全都說清楚」。[100] 維克里是唯一一位在審查期間，直接批評自己下屬的高階職員。而他的坦率，卻似乎是為了掩飾自己的過失。正因為這一點，讓他獲得歷史學家的喜愛，我們稍後會再次回到他的自白。不過，毫無疑問地，他是一位我們絕對會竭力避免與其互動的同事。

　　米勒告訴審查委員，辦公室共有 22 本關於個人帳戶的紀錄；22 本字母系統（或索引）；24 本利息簿；以及 48 本負責記錄個人交易的轉讓簿。[101] 這些工作的主要監督者為 3 名職員：米勒、維克里以及兩人缺席時來協助的助理。3 名職員負責登記遺囑，3 名職員負責製作授權書。其餘的員工則被分成「四類，A 到 E、F 到 K、L 到 R，還有 S 到 Z，但其中經常有 8 到 10 名員工因為疾病或其他原因而缺席」。[102] 在這些分類下工作的職員，其任務為登記轉讓交易。他們會被分成兩組：「檢查者」（Looker）與「輸入者」（Enterer）。檢查者負責確認賣家的帳戶是否有充分的餘額，輸入者則負責完成交易。為了加速檢查者的工作，會額外準備主要掮客的帳戶明細摘要，因為這些掮客經常進出銀行，因而將他們的資料放在手邊被認為有助於提高效率。這些摘要也會被視作當日的暫時流水帳。在交易完成後（通常是隔日），記錄著每一位公共債權人的帳本也會同步更新。

維克里和米勒的管理方式，出現了一個相當有趣的對比。維克里告訴審查委員，

他享有一個獨立的空間，但他很少會待在那裡，因為他總是在辦公室裡四處走動；他會盡可能地避免自己被特定事務耽擱，好在辦公室各處需要他的時候，能立刻給予支援。那位米勒先生則經常待在自己的辦公桌前寫東西，就跟辦公室裡的其他職員一樣，但這也讓他沒辦法即時注意到其他職員。[103]

3% 縮減年金辦公室的透納先生，也提供了相似的描述。在這間辦公室裡，共有 29 名職員——主辦事員，2 名負責登記遺囑，2 名負責製作授權書，而每一個按字母劃分的小組，則分別安排 3 名職員。每一個小組內，都會有 1 名檢查者跟 2 名輸入者。[104] 透納先生告訴審查委員，「前 5 名職員坐在辦公室一端的獨立空間內，但由於過於擁擠，他們表示想要一個房間，這也是整個辦公室最常聽到的抱怨」。[105] 在負責處理 28 年綜合年金和 1726 年年金那更為狹小的辦公室裡，只有 5 名職員，且該辦公室的主管奈森・戴爾表示，「該辦公室處於極度和諧的狀態，所有人都不會執著於完成事務的某個特定部分，而是竭盡全力完成急需完成的任務」。[106]

至於公共債權人，政府公債的轉移過程相當簡單。職員會操作當時所謂的記名股票系統，亦即要想將持股者名下的任何一張股票轉走，就必須在銀行留下紀錄才能生效，此外，持股者的所有權只能以銀行紀錄為準。因此，沒有發行任何股票證書，且儘

Chapter 3 創造市場　135

管持股者會收到一張交易明細單,這張明細也僅能作為備忘錄之用。該明細單不具備任何法律效益。[107] 正因為該系統的運作方式如此,所以賣方或被授權者必須親自到場。

交易雙方必須將想要辦理的轉讓內容,告知負責辦理轉讓業務的職員。他們必須寫下雙方的名字、頭銜和地址,再附上關於年金與金額的細節。根據莫蒂墨所提供的範例,看上去就像是如此:[108]

約翰·喬利(John Jolly)先生
柯芬園聖保羅區南安普頓街
100 張 3% 綜合銀行年金
轉給
詹姆士·古德曼(James Goodman),煤炭商
聖賽普爾徹區史諾丘

這張表格會接著交到負責轉讓業務的職員手中。莫蒂墨建議公共債權人最好離櫃台近一點,以免沒聽到行員叫他們的名字,畢竟「如果你沒有剛好在附近,行員可不會等你,只會繼續忙其他事」。[109]

理論上,買方也必須到場,在轉讓簿上面簽下名字證明自己接收了轉讓,但在實務上,儘管這條規定依舊存在於銀行章程中,但自 1760 年代以後,似乎就取消了。透過審查的案例,也似乎確認了此一做法。倘若我們以轉讓簿上面的簽名,作為買賣雙

方是否到場的證明，我們可以觀察到有 6.42% 的賣方沒有親自到場，與此同時，卻有 63.6% 的買方沒有在轉讓簿上簽下自己的名字，來完成轉讓程序。[110] 這並不代表買方沒有出現在圓頂大廳內進行交涉，也不代表他們沒有待在銀行看著轉讓完成。他們當然會想拿到交易明細，而這張紙只有在交易完成後才能取得。

確認賣方是否具備轉讓股權能力的角色，由檢查者來擔任。其中職責包括確認帳戶中是否具備足夠的股票，以及賣方是否有權代表自己行動。就此方面來看，一本於 1758 年出版的書籍，詳細介紹了在債務轉讓及收取利息方面，應該考慮到的一系列規定及律師意見。其中涵蓋了多種情況，包括已婚婦女及未成年人的股權，在行動時該採取哪些步驟。前者倘若沒有取得丈夫的同意，無權擅自行動，且自結婚那一刻起，所有婚前財產都會遭到凍結。即便是新婚婦女，在沒有先生的同意下，也不得管理自己的帳戶。[111] 未成年人可以接受股份，但不能進行處置，股息則通常會付給執行人。[112] 該書也記錄了一名剛成年就過世的未成年人，即有權處置自己的股份（可能是透過遺囑），即便他從未真正掌握這些股票。[113] 任何從精神失常狀態中「恢復（或康復）」者，也可以替自己做主，前提是必須撤銷精神病鑑定委任令。[114]

在交易完成後，職員會在一張交易明細上簽下自己的名字。這是一張預先印製並供大眾自由取用的表格，會在交易當下由轉讓方來完成。莫蒂墨再次重現了這張表格，需要填寫的內容由斜體字來表示。

> 綜合 3% **年金**，價格為 57 **英鎊**又 5/8
>
> 茲收到**詹姆士·古德曼**，聖賽普爾徹區史諾丘的煤炭商，於 1784 年 5 月 10 日，支付總金額 57 **英鎊** 12 **先令**又 6 **便士**，換取價值 100 **英鎊**的綜合 3% 年金股票之利息或股份，該年金乃根據喬治二世在位 25 年議會法案設立，內容為將所述多種年金轉換成股票，並委由英格蘭銀行負責轉讓事宜，償債基金為擔保，外加每年 3% 之年金，今日由我轉讓給上述所提之**詹姆士·古德曼**。
>
> 謹此親筆，
> 見證人：
> （職員簽名） *約翰·喬利*

莫蒂墨建議最好一直保留交易明細直至收到第一筆利息，確認股票確實登記在正確的名字下為止。接著，最好將此收據銷毀，「因為當人們將此收藏在家中時，（過世後）往往會造成極大的混亂，此情況在低層階級中尤其明顯；並讓那些翻出這張明細、並以為獲得意外之財者，蒙受極大的失落」。[115]

審查委員認為服務的程序，大體而言相當安全。他們認為「有如此多的檢查程序，讓錯誤幾乎無所遁形」。[116] 他們也同時指出了在保護公債所有權紀錄方面，銀行採取的預防措施。舉

例來說，職員每天都會整理出當日的總交易明細，然後放進郵筒中，以確保這份明細晚間不會存放在銀行，預防因火災或其他事故而導致紀錄毀損的情況。至於存放在銀行內過夜的紀錄，則會擺放在推車上，便於在緊急時刻下能盡快移走。銀行的程序也同樣受到、且經得起審查。銀行絕大多數以民眾為主的服務，都是在開放式的辦公室進行，這也讓公債所有權的維護與記錄程序能受到監督。[117] 無論是公債所有人自己或其代表，皆可以要求檢閱帳簿。

　　銀行的程序大體上也符合設立公債之議會法案的要求。該法案要求在任一合理的時間下，轉讓簿都應維持公開，讓公債的合法擁有者或其代表，能隨自身需求進行交易。同樣地，法案也明文禁止「因為接受或支付上述款項……或因為履行本法案所進行之任何金額轉帳，無論高低，收取費用、獎金或小費」。違反者將被處以 20 英鎊的罰鍰。[118] 因此，「對於只有 10 英鎊可支配的僕人，或者擁有 2 萬英鎊的商人來說」，買進、賣出或轉讓政府公債都是免費的。[119]

　　在審查委員聽取到的證詞裡，也能觀察到公債所有者皆平等的假設。3% 年金辦公室的員工表示：「本辦公室一向秉持著不因人而有區別對待，只要對方具行為能力，就要根據客戶抵達的先後次序，給予服務。」[120] 當客戶對流程有所遲疑時，員工也必須隨時提供協助。3% 縮減年金辦公室的均克華特先生（Mr Drinkwater）對審查委員表示，「在遇到不熟悉業務的客戶來辦理轉讓事務時，可以找一名員工來幫忙開票」。他也指出，儘管並非硬性規定，但一般來說可以用 2 先令 6 便士來換取這項服務。

Chapter 3 創造市場　　*139*

[121] 理論上，這樣的小費是出於自願，因此並沒有違反議會法案的規定。

儘管並不一定和買進及賣出股票有關，但轉讓辦公室還有一些業務也能獲得小費。根據米勒先生的說法，這些業務包括遺囑的登記，「私人轉讓」和辦理授權書。擁有大筆利息收入的商人也經常會送禮。[122] 透過這些業務所收取到的小費，累計起來相當驚人。這位 3% 縮減年金辦公室的職員表示，他們每個人每年約莫可以收到 25 英鎊的小費。[123] 3% 年金辦公室的員工也提出了類似的數字，其中一名主管夸克弗爾德先生（Mr Crockford）更表示，自己前一年分到的金額約莫為「37 或 38 英鎊」。[124] 而此一透過小費來提升公眾服務品質的制度，再一次地並未受到審查委員的刁難。但無論是審查委員或職員，沒有透過任何形式記錄下這些小費的事實，也暗示了此種舉動被視為某種程度的貪汙。

沒有紀錄顯示大眾對於這樣的收費感到不滿，但有些人對於自己得到的服務，在某些地方感到相當不滿。在他們提供給審查委員的證詞中，一位在轉讓及股息辦公室任職的員工，反覆提到自己在極大的壓力下工作，必須為大眾提供即時的服務，倘若做不到，就會被許多客戶抱怨。在第四份報告中，審查委員也特別指出「民眾對於領取利息遭遇到的延誤及不便，提出諸多抱怨」。[125] 問題在於，轉帳經常無法在銀行所規定的下午 1 點之前完成，導致必須等到所有轉讓完成才能進行支付的利息受到耽擱。而此一問題肇因於掮客總是在 12 點 45 分左右才一窩蜂地將自己的表單塞進來，以及辦公空間有限，導致許多本子必須堆疊在一起，而變得更加嚴重。這樣的問題在所有轉讓辦公室裡都很

常見，但在 3% 年金辦公室內尤其嚴重。在這個辦公室裡，本該在 1 點之前完成的轉讓，總是無可避免地拖到 2 點、或甚至更晚才能完成，從而耽誤到那些等著領取利息的人。[126]

就公共債權人所獲得的服務來看，這是一個相當重要的指標，因此審查委員「耗費了極大的心力，確認民眾因提領利息遭遇延誤或不便而經常提出的投訴是否屬實、導致抱怨出現的原因為何，以及在多大程度上能進行改善」。[127] 而他們認為問題就在於同一個辦公室內，必須負責兩種業務——轉讓和利息支付。這導致了「干擾」與「混亂」。[128] 審查委員採取了一貫做法，徵詢資深員工的意見，包括總會計師、副總會計師、多個辦公室的主任，以及經驗豐富的老員工。除了大眾需求以外，掮客及經紀人的需求也獲得充分考量。於是，他們建議將此兩項業務拆開來，成立獨立的支付利息辦公室。為了實現此一目標，他們建議將多個辦公室進行遷移，並另外增加 7 名職員。審查委員主張，這樣的改變「對於大眾及銀行的信譽，將帶來極大的助益」。[129]

員工管理

但是，儘管與時效性相關的問題獲得緩解，審查委員卻發現銀行試圖在自身職責與市場間所拉起的那條界線，在某些地方已變得模糊不清。相對開放的辦公空間，有助於展現銀行對於業務流程的負責態度，但也讓那些熟悉此一體制的人，可以在任意時刻走進辦公室，恣意翻閱帳簿。員工總會試圖阻止，但正如同維克里先生所指出的，「有 2、3 位在交易中占有重要地位的人物，

經常不顧員工的抗議,堅持這麼做」。[130] 在忙碌的日子裡,市場大眾會湧進轉讓辦公室裡,導致工作受到干擾,並讓整個空間變得難以管理。然而,最大的問題在於銀行與透過銀行內部所產生的市場,兩者間的界線變得曖昧不清,而這樣的曖昧肇因於轉讓辦公室的職員們,為了掙得更多收入,同時進行股票買賣或擔任掮客及經紀人。

　　銀行也因此禁止職員在金融市場內從事有償行為,因為銀行董事認為,這樣的行為不僅會讓職員分心,產生經紀人與掮客方面的糾紛,更與銀行企圖讓自己成為「國家及其債權人最正直的中間人」此一目的背道而馳。如同審查委員所指出的,沉溺於這樣行為的職員,他們的心思「從尋常工作內容上,轉移至那些乍看之下更有意思、誘人但危險的事務上」。[131] 儘管如此,這樣的規則卻經常受到違反。因此,在審查委員聽取員工的證詞後,他們發現不少人都在市場上進行活動。備忘錄中共記錄下 60 份證詞,而其中僅有 24 人表示,自己在二級市場上沒有進行任何活動。而證詞中所提到的活動,包括委託經常拜訪銀行的經紀人或掮客,進行個人交易。因此,銀行股票辦公室的賓比斯先生(Mr Bibbins)認為,絕大多數的同事們:

　　與經紀人的關係確實非常好,好到對方很少(倘若有的話)向他們收取仲介費,他也進一步表示,倘若事情必須透過他們辦公室的股票來進行,他們也總是可以在不受經紀人的干擾下,只需和任何一位掮客談一談,對方就會像對待其他人一樣,樂於與他們交易。[132]

職員顯然也能透過這樣的人脈，獲得經濟上的益處，「讓經紀人替自己的朋友進行買賣，而經紀人通常會給予他們三分之二、有時甚至是更高比例的佣金」。[133] 但是，也有一些人更情願與期貨市場保持距離。3% 年金辦公室的卡本特先生（Mr Carpenter）承認他擔任「現金交易的經紀人，但絕不碰期貨」。[134]

有些職員承認自己時不時地參與股票活動。3% 縮減辦公室的理查森先生（Mr Richardson）向審查委員表示，他確實有經手一些縮減債券的買賣，但只限於立即結算，並且是跟「一位不在銀行內任職的外部人士合夥，由對方負責所有事務管理，所以並不會影響（理查森先生）銀行內的工作表現」。[135] 4% 年金辦公室的皮爾斯先生（Mr Pearce）也同樣坦白，「他自己也有經手一些公債，掛名在他本人名下，為此他雇用了一人隨時待在市場裡，如此一來，他就不需要離開辦公室親自行動」。[136] 值得注意的是，理查森和皮爾斯皆宣稱，掮客方面的工作並不會影響到他們的表現。溫莎先生（Mr Windsor）則提到他曾擔任掮客，儘管他最近沒有從事這項工作，「但他仍時不時地為朋友們買進或賣出少量公債」。夸克弗爾德先生承認「他進行了一些債券的期貨交易，有些是透過他自己的帳戶，有些則是委託人的帳戶」。[137]

有些員工試圖宣稱自己並不知道有任何規定，禁止其在市場上進行買賣，或和掮客及經紀人保持關係。[138] 但這不過是強詞奪理。在銀行行長薩謬爾・比齊克羅夫特自 1775 年至 1777 年的日誌裡，可以見到為數不少的匿名舉報，檢舉那些身兼掮客與經紀人的銀行職員，這也顯示了此類活動已經頻繁地引起銀行的關注。除此之外，比齊克羅夫特的批評也有確實地傳達給員工。他在自

Chapter 3 創造市場

己的日誌中寫道：

> 皮爾斯先生和彭博頓先生（Mr Pemberton）被叫過來並訓斥一番，因為他們透過障眼法，讓經紀人將股票轉到自己名下，再重新轉回至該名經紀人的名下，以進行股票交易，在他們保證日後絕不會再犯後，獲得了寬恕⋯⋯史東豪斯先生（Mr Stonehouse）和裘森先生（Mr Jewson）被叫來，並命令其必須讓部門中的每位職員明瞭，未來倘若再被發現以經紀人的身分活動，將立刻開除。[139]

比齊克羅夫特的訓斥似乎沒能發揮太大的效果。在審查委員會於1783年召開時，皮爾斯先生與彭博頓先生依然受雇於銀行，儘管兩人皆承認自己參與了金融市場的活動。[140] 至於銀行職員們為什麼要在有明文規定的情況下，大膽違反規定進出市場，3%年金辦公室的馬丁先生（Mr Martin）給出了一個可能的答案。他表示在他剛進辦公室的時候，「發現職員充當經紀人是相當普遍的習慣，大家也都知道許多人持續進行這樣的活動，因此他覺得自己或許也能跟其他人一樣」。[141]

因此，**轉讓**辦公室的職員確實有機會利用職位之便，爭取額外的收入。事實上，根據審查委員手裡的證據，似乎可以發現儘管職員在正確的時間點，出現在正確的位置上，但擔任股票經紀人與掮客的活動頻率，已經高到令人擔憂的程度。我們無從得知這些行為製造出多少收益。毫無疑問地，有些人是偶爾進出市場，並時不時地賺些小錢。其他人──尤其是和經紀人搭夥的職

員，則可能賺進驚人的數字。但我們也必須承認，這樣的活動也會為職員帶來一定的風險。3% 縮減年金辦公室的金登先生（Mr Kingdon）向委員表示，儘管他並沒有固定擔任經紀人或掮客，但他過去曾經替友人買進了價值 2,000 英鎊的期貨債券，而友人之後卻反悔，導致金登先生欠下了 150 英鎊的債務。[142]3% 年金辦公室的舒達爾先生（Mr Shudall）也坦承，曾經「買過期貨，並在一次經歷中損失了 340 英鎊的價差，而他的委託人留下爛攤子給他，他只能想辦法填平損失」。[143]

儘管審查委員的報告中並未透露出完整的事情始末，但在違反銀行規定者之中，最有趣的人物莫過於 3% 年金辦公室的亞伯拉罕·維克里。如前述所言，他是唯一一位在審查委員面前公開批評自己下屬的辦公室主管，更曾經提出大量不公開的抱怨，而這些全都被記錄在薩謬爾·鮑森葵的私人筆記本中。[144] 這些抱怨許多都是關於職員在市場上進行活動。但在鮑森葵的筆記本中，我們可以找到其他職員對於維克里的投訴。看上去，許多職員和維克里的關係都不太好，曾在多次事件中，雙方「惡言相向」，而「債券辦公室的眾人之所以對維克里先生不滿，也是有原因的」。[145] 除此之外，奈思比特先生（Mr Nesbitt）也報告，證券交易所裡有很多人都仇視維克里先生，因為他與某位仲介的關係非常親近。在鮑森葵筆記的其他頁面，也記錄下了維克里先生經常「希望提前處理某張票據」，簡單來說，就是要求優先辦理轉讓。[146] 奈思比特也進一步指出，維克里「行為不當，對職員粗魯無禮」，此外有時還會遲到。在鮑森葵的眼中，奈思比特是一位聰明、文質彬彬且可敬的人，因此他的證詞應該相當可靠。[147] 其

Chapter 3 創造市場　　145

他職員也提到維克里先生是一間經紀商的合夥人，總為自己的客戶提供高於銀行其他客戶的特權。

我們無法明確判斷年金辦公室裡爭吵的是非曲直，但有一件事很顯而易見：在亞伯拉罕・維克里的身上，銀行與市場的界線模糊不清。事實上，在1790年代，銀行發現維克里依舊是某位證券商──沙門（Salmon）的正式合夥人。被董事會要求卸任合夥人身分的維克里，最初還試著透過將所有股份轉移到女兒名下的方式來規避。但對董事們來說，這麼做並不夠，維克里被要求解散合夥關係。但是，此種關係、或者該說這筆利益，實在是難以割捨。幾年後，維克里被發現依舊從事著股票經紀人的活動，這一次，他被銀行強迫提前退休。[148]

如同前述章節所提，當審查委員針對職員透過收取小費以獲得額外收入的情況來進行裁決時，我們可以觀察到他們並沒有強制禁止的意願。但在職員兼職捐客或經紀人的議題上，他們展現出更為強烈的決心。在第五份報告中，他們陳述了以下事項：

我們堅信，職員兼任經紀人與捐客的行為，不僅不便且有害，其對於非富裕人士的強烈誘惑，更有可能導致極為嚴重的後果；我們認為董事會應盡速介入，以徹底終止此一嚴重弊端。[149]

他們要求嚴格施行此一禁令，對違反者施以懲處，若有必要，甚至應該解雇。同時，為了消除日後以不知情為藉口的可能性出現，他們也要求在圓頂大廳及所有轉讓辦公室的牆壁上，張貼印刷下來的命令：「根據董事會命令，銀行職員不得擔任公共

基金之經紀人或掮客。」[150]

＊＊＊

　　18世紀中葉的英格蘭銀行，發現自己身處在一個極為特殊的時期之下。其受國家委託，負責管理國家債務，並憑此鞏固了其作為國內金融主導機構的地位。此外，銀行也自詡為公共信用的守護者，一個作為國家與其債權人公正協調者的機構。與此同時，發生在銀行內的市場，卻因為利用天真的投資者，而遭到諸多撻伐，更被指控利用戰況的緊急來獲取經濟利益，從而破壞國家的穩定。面對這樣的指控，銀行也試著將公債的管理與交易進行切割，採取實際層面與業務層面的區隔。

　　審查委員發現在這些努力上，銀行沒能收穫太多成效。市場入侵了辦公空間。資深的經紀人與掮客利用大眾皆能隨意進出銀行內部空間的機會，恣意越過櫃台翻閱帳簿，而轉讓辦公室的職員也經常在禁不住誘惑的情況下，充當掮客與經紀人。儘管審查委員在收取小費以換取額外收入的事情上，並不積極禁止，但在兼職掮客與經紀人方面，態度卻很強硬。他們呼籲董事們頒布嚴格的禁令，並設下了違者被處以解雇的標準。維克里在銀行後續的職涯發展，也似乎證實了銀行職員總會找到方法，繼續在市場遊走。換言之，儘管銀行認為有必要向公眾展示其嚴謹管理政府債務的態度，並透過行政及建築配置來進行市場區隔，但在實務上並未成功。

　　我們或許可以認為，這已嚴重動搖該機構自詡為公共信用最

Chapter 3 創造市場　　147

高守護者的主張，或者，至少能質疑其身為國家承辦者的效率。然而，現實更為複雜。出現在銀行內部的市場，具備幾項實用目的。這讓市場的位置更明確且易於接近，儘管進入的過程並非總是順利。這也讓銀行的訪客可以觀察到公債供給的全部過程。事實上，毫無疑問地，銀行確實是展示公共信用以及國家財務健全性的場域。從其宏偉的建築外觀，到經紀人與掮客聚集的圓頂大廳開放式辦公空間，訪客皆能輕易見證公共信用的運作。

因此，我們或許可以說，儘管市場出現在銀行內部會帶來不少潛在的風險，但某些更深遠且重要的目的也因而得以實現——讓政府公債的市場運作得以暴露在監視之下，同時展示公共信用的可信度。這也讓我們了解了可信承諾的部分本質。與其停留在對絕大多數公共債權人而言，相對模糊的國家機構內，到了 18 世紀中期，人們可以透過英格蘭銀行，找到並觀察所謂的「可信承諾」。在這裡，可信度透過流動性體現，而所有與公共信用相關的事務，都能「迅速、輕鬆且即時」地一次完成。[151]

CHAPTER 4

管理與疏失

在轉讓辦公室的員工忙著完成被延宕的工作並闔上帳簿時，核發利息憑證的工作才正要開始。這項業務充滿了變數。在某些日子裡，很少人等著領取利息，因此員工全都忙著進行其他作業。最忙碌的日子，總出現在利息即將發放的前一天。在部分辦公室裡，支付利息前必須先確認債券的所有權，因而作業流程變得更為複雜。這也意味著所有的交易都必須在發放利息前完成。某些辦公室確實恪守這項規則，但 4% 年金辦公室的普爾先生向審查委員表示，他們從來不會延遲支付利息，「因此他們總是把人手分成兩半，確保發放利息與轉讓登錄兩件事能同時進行」。[1] 這樣的彈性除了反映 4% 年金辦公室的業務量較為可控外，也展現出對公共債權人需求是否獲得滿足的重視。銀行意識到利息發放是一件相當重要的業務，且苦苦等候的公共債權人可絕對不會隱藏自己的憤怒。

儘管和沒耐心的客戶交涉絕非易事，但核發利息此一程序本身相當簡單，因為絕大多數的準備工作在簿子闔上的那一刻就已經完成。一旦準備好，憑證就會按字母順序放進滑軌抽屜裡，等待取出。準備工作則相當緊張。3% 年金辦公室的沃爾許先生（Mr Walsh）指出，在上一次的「內部清算」結束以後，分配給職員核發憑證的時間縮短了，「導致他們必須在支付日的前一個禮拜天，工作一整日，但整體員工的表現讓他相當驚艷，倘若沒有這些努力，就不可能按照指定的日期發放利息」。[2] 在職員的努力下，確保了公共債權人能相對較為輕鬆地收取利息。為了進一步加快流程，部分檢查制度包括買方必須在利息發放前正式「接受」交易的要求遭到忽略。如同 3% 年金辦公室的維克里先生所解釋的，

倘若憑證上還需另外標註是否已經接受，並硬性規定民眾在收取利息前必須先辦理接受股票的手續，勢必會導致大幅延遲，並讓一切陷入混亂：支付利息者必須前往每一處辦公室，尋找並取得所需的轉讓簿，與此同時，湧進銀行等著收取利息的客戶將越來越多，導致民眾抱怨負責發放憑證的窗口沒有派員工駐守。[3]

儘管是 19 世紀的作品，但透過畫家喬治・埃爾加・希克斯（George Elgar Hicks）的畫作《銀行配息日》（Dividend Day at the Bank，下頁圖 4.1），我們得以感受到擁擠的群眾爭相吸引職員關注的情景。在畫作中，可以看到一群來自不同背景的公共債權人，與畫面中更為狂熱的市場大眾、搶著登記交易的掮客與經紀人所塑造出來的壓迫感，形成鮮明的對比。希克斯的作品展示了不同社會階級的人一起等著領取利息，富裕的人們與底層人們混雜在一起。女性在群眾中尤其明顯，同時還描繪了那些顯然已經不屬於勞動市場的群眾。在這些人之中，有人將利息視作唯一或主要的收入來源。因此，許多公共債權人會在利息開始發放後，立刻提領。儘管如此，客戶可以自行決定提領的時間，為了因應這樣的情況，憑證也會繼續保存。銀行債券辦公室的布朗寧先生（Mr Browning）也提到憑證會在他的辦公室內留存 4 年，滿 4 年後，會轉移到支票辦公室直至被使用的那一天來臨。[4]

由於詐領利息的風險總是存在，因此公共債券人必須在自己的憑證上簽名。在防範詐領方面，此一行動能提供多大的安全性尚且存疑，但在 1787 年，確實曾經憑著簽名成功逮捕企圖領取艾薩克・哈特（Isaac Hart）利息的法蘭西斯・帕爾（Francis Parr）。

Chapter 4 管理與疏失　　151

帕爾是一位經紀商的雇員，因此，他對銀行的流程相當熟悉，這也給了他讓核發行員相信自己的能力。行員愛德華・喬治（Edward George）之所以開始起疑，是因為帕爾「在簽艾薩克（Isaac）時，寫了一個長長的 J，接著他用手指掩蓋，改成一個短短的 I」。[5] 喬治接著根據上一份利息簿上的簽名，比對了帕爾的簽名，發現兩者不同。他立刻針對自己的猜測展開行動，於是帕爾在離開銀行前就被逮捕。儘管此類詐領事件並不常見，但行員對此確實相當留意，沃德先生（Mr Ward）也為此向審查委員提出建議，帳本「每頁之間應該以吸墨紙隔開，以避免任何簽署利息簿的人，能藉機偷看除了自己名字那一頁以外的簽名」。[6]

‖ 圖 4.1 ‖ 喬治・埃爾加・希克斯，《銀行配息日》（1859）
資料來源：英格蘭銀行博物館收藏 0187。© Bank of England.

在轉讓辦公室的工作持續進行期間，銀行其他地方的人潮卻逐漸減少。經常來辦事的客戶都知道，到了中午，銀行大廳內進行的票據管理與取款活動都會終止。[7] 如同我們已經知道的，外部出納員很早就開始忙碌，直到中午才休息，儘管其中一名外部出納員會接受指派，於中午時候再次外出進行第二次巡行，但對其他的外部出納員來說，至少他們在銀行內的工作已經結束。銀行大廳的忙碌程度，也絕對低於早上的情況。倫敦的金融與商業活動開始轉移到針線街的另一頭，來到皇家交易所及交易巷上的咖啡館。對於商人來說，剛過中午就出現在皇家交易所的「高級」聚會中，是非常重要的一件事。[8] 交易所內的協商活動會一直進行到 3 點左右，結束以後，許多人會去用餐。掮客及經紀人會改變據點，轉移到交易巷的咖啡館內，將午後的精力集中到期貨交易上，或者前往新的證券交易所，和其他市場上的相關人士聯絡感情，鞏固自己的地位。

　　由於來銀行辦事的客戶數量開始減少，行員也得以趁機休息一下。為了確保每一個崗位上都有人隨時待命，因此根據審查委員的了解，員工用餐時間是採取有序且經過協調的輪班制度，展現了時間對於各個辦公室業務運作的重要性。[9] 用餐後返回工作崗位的職員們，也將展開當日的新階段。包括貴金屬辦公室、支票辦公室、銀行秘書辦公室在內的數個辦公室會關起門來。在這個時段內，許多高階職員會認為自己一天的任務已經完成，因而離開銀行，悠閒地度過午後時光。位在薪資水準底端的員工們，也會在 3 點左右完成工作，但他們負擔不起奢侈的休閒時光。相反地，他們通常會準備好展開第二份工作，而這份工作有可能是在

銀行內，也有可能是在銀行外。

本章將帶領讀者了解銀行下午 3 點後的情況，從而了解職員下班後的其他習慣，以及銀行的運作與金融城的運作是如何緊密地交織在一起。但是，由於高階職員很早就離開銀行，因此本章的主要焦點將集中在銀行的管理。接下來將探討管理階級，評估資深員工的管理能力，以及負責替絕大多數當日業務進行收尾的低階職員是否具備資格。最後，我們也將了解在缺乏直接監督的處境下，銀行採用了哪些賞罰機制，以確保員工對銀行忠誠，並以銀行利益為優先。

用餐時光

在 18 世紀晚期，中午到 3 點左右間享用的那頓餐食，就是一天之中的正餐。在多數情況下，銀行職員的用餐時間為 90 分鐘，而這段時間也足夠他們走到餐廳，相對悠閒地享用餐點。為了確保每一位員工都有機會能休息，且各辦公室的運作也不會因此停擺，用餐時間自然需要規範。因此，負責掌管現金簿的柯林斯先生提到，他的小組內有 3 名員工，其中 1 名會在 1 點的時候出去用餐，3 點回來，另一名會在 2 點離開，3 點半回來，第三名則在 3 點離開，且倘若當天工作量不多，就可以不用返回。[10] 至於大廳裡的出納員，有 4 至 5 名會在下午 1 點的時候去用餐，並於 2 點半時返回；其餘行員則會接著去用餐，並於下午 4 點返回。

並非所有的辦公室都允許職員外出用餐。在某些情況下，員工只能在自己的工作崗位上吃飯。薩謬爾・比齊克羅夫特的日誌

就記錄到,「低面額基尼的秤重員」可以在 1 點的時候享用一些麵包、起司和波特啤酒,但是「(他們的上司)絕不允許他們外出去啤酒屋」。[11] 其他辦公室則因為工作結束得較早,因而並不允許休息。以取款辦公室為例,該辦公室會在下午 3 點關門,因此銀行預期員工在工作結束後再去用餐。只有當天負責關門的職員因為必須在銀行待到傍晚 5 點,所以被「允許在 1 點到 3 點的時候外出用餐 2 小時,其餘員工則不能外出用餐,只有在業務量確實很多的時候,才能在辦公室裡用餐」。[12] 其他辦公室則採用混合制。資深的內部出納員坎佩先生表示,在事情不多的日子裡,他會早一點離開辦公室,同時,他也會允許手下的某些員工一起早退,但在這樣的情況下,他就不會再批准午休。[13]

儘管沒有鼓勵員工放棄用餐時間,但是在人手不足的部門裡,離開崗位確實成為一大問題。正因如此,H 現金簿的管理者也指出,「在用餐時段,現金簿通常會跟著一名職員離開銀行;這也讓該名職員蒙受一定的壓力,因為他必須承擔相當高的風險」。[14] 取款辦公室的瓊斯先生（Mr Jones）也指出,在國定假日因為只有平時一半的員工及一名資深員工會進辦公室,因此面臨人手不足的問題。在排定的兩個用餐時段裡,總會有一個時段是辦公室處於無人監督的狀態。[15]

克魯克香克和波頓認為,18 世紀時,正餐時間並沒有固定下來;儘管如此,1 點就外出用餐的員工,其用餐時間應該確實比同時代的其他人來得早些。[16] 絕大多數的金融城居民會認為 3 點鐘、亦即交易結束後,才是用餐時間。[17] 對於外出用餐的員工來說,有很多「舒適、方便……寬敞」且價格實惠的小吃店、餐廳、小

Chapter 4 管理與疏失　*155*

酒館與咖啡廳。[18] 小吃店會供應肉湯、肉及麵包，價格低廉到有時甚至只需幾便士。手頭較為寬裕的員工，則或許會選擇去牛排屋，如同羅蘭森畫作中所描繪的（請見圖 4.2）。在那裡，

> 通常會有四個烤肉叉，上面各自串著五至六塊切好的肉（絕對不會出現其他選擇；如果你想要禽肉或鴿子肉，必須事先預約）。牛肉、羊肉或小牛、豬肉和羔羊肉；你可以隨心所欲決定想要切下來的量、肥瘦度、生一點或熟一點；盤子的邊緣還會再附上一點鹽和芥末醬、一瓶啤酒和一塊麵包卷。[19]

備忘錄中，並沒有記錄員工的用餐習慣，但是毫無疑問地，用餐時段是員工之間進行社交活動的時光。有些朋友是同個辦公室，也有一些是不同辦公室的。那些擔任其他員工經紀人或掮客的職員們，可能會出於業務上的聯繫而一同用餐。此外，用餐時光也能讓職員和同樣任職於銀行內的家人聯絡感情。許多員工之間具有血緣關係，父子關係尤其常見，手足也不少。1782 年 6 月的一起事例，也成為同事職場關係的直接證明，當時公債辦公室內有 7 名員工一起到步行約 10 分鐘的萊姆街（Lime Street）用餐，卻沒能準時歸來。[20] 他們的理由是外面開始下雨，所以他們繼續待在餐館裡。有鑑於銀行員工總是風雨無阻地步行上班，因此這個藉口確實有些拙劣，我們或許可以推測是聊得太過投入，又或者是啤酒一杯接著一杯，導致忘了上班這件正事。

圖 4.2 ｜ 湯瑪斯・羅蘭森，《餐館》（*An Eating House*, 1815）。
資料來源：大都會藝術博物館，伊萊莎・惠特爾西收藏，伊萊莎・惠特爾西基金會，1959，CCO。

ᔕ 提早打烊

下午 3 點，絕大多數的員工都已經用餐完畢，回到銀行。只有動作緩慢的人或許還在用餐或正在悠哉地走回辦公室。銀行附近有太多事物能吸引人們的注意。他們或許會停下來看新聞，閱讀張貼在皇家交易所外柱子上或者咖啡館玻璃上的股市最新價格。有鑑於男性在 18 世紀裡是重要的消費角色，因此這些員工也很有可能會從商店外頭走過，看著櫥窗裡的商品，或替自己及家人採購。[21] 拜訪倫敦的遊客往往對琳瑯滿目的商店讚嘆不已，「有時尚物件或銀器、銅器店，有靴子、槍、玻璃⋯⋯糕餅店的點

心、錫器商店的商品」，以及「誘人的擺設和目不暇給的選擇，幾乎讓人按捺不住」。[22]

到了下午 3 點，銀行的業務也開始減少。巴爾博先生注意到自己監督的票據印刷工作，通常會在這個時段結束，接著他會返回銀行，將印版安全地交還至銀行倉庫。[23] 取款辦公室的侯爾摩斯先生（Mr Holmes）對審查委員提到，該辦公室的業務「一般來說會在 2 點左右或 3 點之前結束」。[24] 轉讓辦公室的工作也會在 3 點結束，秘書辦公室同樣如此。除了參與銀行董事會以製作會議紀錄外，秘書的主要任務就是草擬和驗證與交易相關的法律文件。因此，他負責處理所有授權書並草擬「遺失票據的契約與條款、員工的保證契約，以及宣示書格式」。他同時也要負責「票據的止付，（保存）董事會經手的所有文件副本」。[25] 可以說，他負責的工作絕大多數都必須在銀行最忙碌的時候進行。

這些業務的終止，也進一步點出了銀行的節奏在極大程度上，追隨著金融城而轉。下午 3 點以後，帳戶就不需要存取，因為絕大多數的商業人士都轉移到交易所，或者去用餐。基於此一原因，貴金屬辦公室也會在這個時段關閉。[26] 該辦公室負責管理透過銀行帳戶所進行的金銀交易。事實上，根據銀行所獲得的特許權，它有權交易金和銀，因此整個 18 世紀，銀行也確實這麼做，主要交易對象為莫卡塔（Mocatta）與戈茲米德（Goldsmid）公司。[27]

儘管如此，貴金屬辦公室也再一次證明了銀行總是以金融城商人及金融家的需求為重。該辦公室的其中一個任務，就是負責「收取並交付來自商人海外戶頭的貴金屬」。[28] 因此，該辦公

室會代替所有者,安排金銀的運送與保管事宜。倘若金銀順利賣出,該辦公室會負責「取出、查驗並秤重,並將其交付到買方手中」。[29] 儘管有獨立的黃金仲介商可進行此一業務,但根據金匠喬治‧馬斯特曼(George Masterman)提供給下議院的證據,可以知道進入 18 世紀中期後,「所有的軍艦船長都已經視拜訪銀行為常態」,雖然有些商人會選擇一開始就直接賣給黃金仲介或金匠,但後者往往只會保留自己所需的量,剩下的則拿去銀行。[30]

在 3 點或 3 點之前結束業務的情況,也反映了銀行內部的節奏。「在尋常的日子裡」,支票辦公室的業務「會持續到 2 點過後」。[31] 該辦公室的業務與轉讓辦公室及利息支付緊密相關。其保管了「數個年金辦公室的利息簿副本」。[32] 透過這些紀錄,員工就可以確認已支付的利息憑證,但也因為如此,一旦簿子被拿走,這件任務就無法完成。隨著銀行大廳及周圍辦公室的業務逐漸歇停下來,總出納長辦公室也必須在下午 3 點、亦即紐蘭德及其副手離開銀行時,結束工作。[33]

儘管個別辦公室還是有所不同,[34] 但是根據審查委員的了解,幾乎絕大多數的高階職員都會在這個時間離開銀行。因此,票據辦公室的主管邱奇先生每天都會在 3 點左右離開銀行。[35] K 現金簿的主要保管者羅林斯先生(Mr Rawlins)則表示,根據「慣例」,資深員工只會待到 3 點。[36] 內部出納員主任坎佩先生,通常在 3 點離開銀行。[37] 我們並不清楚這些員工下班後會進行哪些活動,且毫無疑問地,某些人可能會在下午的時候忙著另一份工作。不過我們似乎可以合理假設,一旦職員取得了銀行內部的最高職等,往往會選擇享受更多的自由時光。亞伯拉罕‧紐蘭德就是一

例，根據他在 1807 年過世後所刊登的個人生平，他總是在午後及晚上泡茶、玩牌，並與「少數幾位親近的對象進行自由且誠摯地交流」。[38]

儘管在審查展開之際，這肯定已經是習以為常的常態，但審查委員卻對資深員工提早離開銀行的舉動表示驚訝。他們在最終報告裡表示：

我們認為董事會絕無可能刻意批准（此種行徑），因此毫無疑問地，此一情況勢必發生於不知不覺間；但無論時間如何賦予此一行徑正當性，扭轉情況才是最合理的選擇。若論任一種信託機構都需全面性的監督，那麼就如此重要的本機構來說，監督的必要性自然更加緊迫。[39]

審查委員也進一步建議董事會，應設法讓總會計師及總出納長或其副手們留在銀行，負責整體監督，直至業務結束且一切都穩妥後。[40]

但在 3 點前後離開銀行的，並不只有資深員工。在那些很早就結束的辦公室裡，新進員工也能提早在 3 點左右離開辦公室。而其他員工則能在部分辦公室減少待命員工的時刻，離開銀行。因此，在大廳服務的 8 名櫃員之中，有 4 名會外出用餐，在他們回來後，另外 4 名就可以離開辦公室。[41] 3% 年金辦公室的溫莎先生表示，「只要業務量許可，少數員工就可以在 3 點半或 3 點 45 分的時候，獲准離開銀行」。[42] 儘管如此，對那些較為資淺的職員來說，他們的財務狀況並不允許他們在午後的時光進行一些額

外的閒暇活動。

額外收入

　　整體而言，銀行的薪資與職等升遷情況，讓資深員工能牢牢穩坐中產階級的地位。但是，較為資淺的員工在財務上卻顯得捉襟見肘，有些人甚至只能勉強維持體面。自銀行於 1694 年成立後，其底薪就一直維持在年薪 50 英鎊不變，但這對 18 世紀末的倫敦來說，也僅僅是剛好能餬口的程度。根據 1767 年一本小冊子的匿名作者所言，認為一年 50 英鎊對於行政職員來說已經綽綽有餘的想法，「既荒謬且無禮，還很虛假跟惡毒」。[43] 該作者也進一步計算假設居住在倫敦最貧困的區域，穿著最樸素的衣服，維持著剛好足以保有當前地位的潔淨，並將從事休閒娛樂的機會減到最低，剩下的錢仍不足以應付生病或年老。[44]

　　因此，提早離開銀行的年輕員工可能會從事第二份工作，或者保留上一份的工作或業務收入，抑或花時間打理有望提升收入的投資項目。在 1783 年，關於此類事例的證據相當模糊，但到了 19 世紀早期，銀行推動了額外就業的強制登記。而 1783 年的那批職員之中，仍有不少人依舊任職於銀行，有些人於是登記了自己的第二份工作。亨利・馮霍爾特（Henry Vonholte）、克里斯多夫・奧利耶（Christopher Olier）、威廉・毛倫斯（William Mullens）是煤炭商；埃薩克・庫柏（Isaac Cooper）及查爾斯・史都華（Charles Stuart）為酒商；湯瑪斯・瑞德（Thomas Reid）為菸草商。

　　其他人也承認了一些顯然適合作為兼職的工作。威廉・考利

爾（William Caulier）擔任削筆員；傑洛邁爾・凱力（Jeremiah Kelly）是約克郡一家地毯製造商的代理人；湯瑪斯・布倫南德（Thomas Brennand）則擔任專利藥品經銷商格林伍德先生（Mr Greenwood）的代理人。[45] 其他人的第二份工作則在銀行內部，且如同我們即將看到的，主要集中在帳戶管理上。[46] 對這些人來說，在普通的工作日於下午2點或3點左右結束後，他們會再額外領取一些微薄的工資，將匯票或票據登錄到貼現簿裡。這些工作都是一些靠近工作日尾聲才能開始進行的事務，且必須在下一個工作日開始前完成，有些時候甚至必須加班到很晚。[47]

保險紀錄也顯示了員工會利用投資，來提升個人收入。銀行員工約翰・霍蘭德（John Holland）和賈各・庫薩爾德（Jacob Coulthard）一起為萊德巷（Lad Lane）的多棟房產與商店投保，包括了天鵝旅店（Swan Inn）的啤酒屋、理髮店、會計樓、馬廄和投宿雅房。[48] 其他人的資產組合則比較樸實。西華勒斯・拉簡（Seawallis Larchin）在切爾西擁有一棟價值300英鎊的房子（1786年）。該房子當時空著，後來租給帕克罕上校（Captain Pakenham）。[49] 3%年金辦公室的湯瑪斯・尼斯貝特（Thomas Nisbett），在恩典堂街（Gracechurch Street）有一棟價值800英鎊的房子（1794年），並租給縫紉用品店。[50]

下午3點以後，許多銀行職員可以離開辦公室，從事第二份工作或度過悠閒的午後，也顯示了銀行的作業在這個時刻已開始放慢。但是，銀行大廳仍會維持開放直到5點，保險庫與倉庫以及絕大多數的帳本也同樣如此。如同我們在下一章即將看到的，銀行帳戶的管理事務將會持續進行，而且在營業日的尾聲，往往

還會忙碌起來。此外，還必須關閉部分辦公室，將紙幣與票據安全地上鎖。而這些任務往往會落到那些位階相對較低的留守職員身上。因此，高階職員的提前離開，也導致人們對於銀行的管理品質、監督的運作方式，以及讓低階職員主掌銀行事務所需承擔之風險，產生疑慮。

管理疑慮

英格蘭銀行的最高管理階層為行長、副行長與 24 名董事。遴選方式是從主要股東之中來選任，其中，行長資格必須持有價值 4,000 英鎊的股份。副行長的標準為 3,000 英鎊，董事則為 2,000 英鎊。[51] 這些人會構成所謂的董事會，並透過誓詞，致力於「『一視同仁地對待所有人』，並為支持銀行且達成良好管理之目標，給予自身建言與協助」。[52] 這些皆為無薪職位，但是行長與副行長每人每年可領 200 英鎊，每位董事每年可領 150 英鎊。[53] 董事通常為富裕的生意人，其中又以銀行家及商人為主。

儘管某些較為知名的董事無可避免地，與政府有相當緊密的關係，但鮮少有人曾經擔任或日後成為議會成員。事實上，在 1735 年至 1792 年間曾經擔任董事的 133 人之中，僅有 15 位後來成為國會議員。[54] 平均而言，擔任董事職位的男性年齡多落在 40 出頭，而那些最終得以擔任行長職位的，年齡則通常落在 50 歲中旬與下旬。[55] 他們顯然都是其他領域的佼佼者，但如同白芝浩（Walter Bagehot）後來所描述的，絕大多數人都屬於銀行業的「門外漢」。[56] 他們在銀行中所扮演的角色，於極大程度上需視他們

願意學習與投入銀行事務的多寡而定。有些人異常勤奮。有些人卻連會議都不出席,對於銀行的運作更是幾乎毫無貢獻。

根據銀行的內部章程,其規定隔年可以出面競選連任的董事人數,不得超過 16 人。[57] 然而在實務上,經常只有相對資淺的董事會卸任,那些曾經擔任過副行長或行長的董事,因為已經「把主席交接出去」,所以不會再被要求卸任。[58] 因此,有些董事長久且不間斷地為銀行服務。根據克拉彭的分析,有數名董事在任期間超過 30 年,包括了 18 世紀晚期的薩謬爾・比齊克羅夫特,其任職期間橫跨 1760 年至 1796 年(儘管曾經短暫地卸任),還有理查・尼夫,自 1763 年開始擔任董事,並一直持續到 19 世紀。其中一位審查委員薩謬爾・鮑森葵,也是自 1771 年開始擔任董事,到了 1806 年仍然在位。[59]

儘管董事每周都會召開會議,但銀行的日常管理主要是由銀行的資深員工,以及多位被任命於監督業務並制定決策的委員所主導。銀行行長擁有全面的監督權,而留存下來的行長日誌也顯示了行長在多種事務上的參與。詹姆士・史柏林(James Sperling)在 1773 年至 1775 年間擔任行長,根據日誌,他的時間絕大多數都運用在會見首相,了解未償債務資訊,評估請願書和管理資產。[60] 薩謬爾・比齊克羅夫特在 1775 年至 1777 年間擔任行長,而他的日誌除了展現出對相似事務的關注外,亦同時顯露出其對於日常管理事務更高程度的投入意願,包括員工的紀律和批准貴金屬辦公室的窗簾選擇。[61]

委員會對於日常事務也負有重大責任。建築委員會必須負責當前建築物與興建中建築物的維護。[62] 持續設立的待命委員會

則負責監督銀行的日常運作。該委員由董事輪流擔任，其必須每日出席以監督銀行的管理，包括貸款與貼現。在 1780 年代，有兩個常設委員會──機構與僱員委員會以及會計和財務委員會（Committee for the Accounts and for the Treasury），通常簡稱為財務委員會。[63] 前者的任務是管理員工──包括 18 名董事的任命與秩序。

但是最重要的，莫過於財務委員會。其成員為行長、副行長和多位資深董事，通常為「卸任主席」。[64] 銀行的批評者──市政委員威廉・皮克特（William Pickett）就認為這是一種「黑箱且封閉的管理系統」，在「無需經過所有董事的深思熟慮下」，就能隨意做出決定。[65] 該委員會的紀錄也顯示了其經常制定重大決策。舉例來說，1783 年 4 月，在美國獨立戰爭即將結束的幾個月裡，該委員會討論到給予東印度公司各種貸款、與諾斯勳爵及約翰・凱文迪許勳爵（Lord John Cavendish，當時的財政大臣）的協商、鑄幣情況、從里斯本進口黃金的可能，以及從荷蘭採購基尼的事宜。[66] 後述事宜與銀行在 1780 年代早期遭遇的嚴重金銀荒以及美國獨立戰爭的後果有關。[67] 如同這些例子所展示的，透過財務委員會的紀錄，我們得以窺見銀行與政府顯而易見的緊密關係。此外，亦展示了銀行願意配合國家的高度意願。

事實上，董事們對於金銀短缺的關注程度，也導致了當時的銀行在長達 6 個月裡，拒絕像往常那樣為政府提供貸款。如同基納斯頓所主張的，透過這樣的舉動，他們「極其熟練地把一手困難的牌打了出去」。[68] 銀行拒絕為貸款提供資金，也意味著國家必須依賴貨幣市場的資源。緊接著的信貸緊縮，緩解了金銀的外

流。貨幣史學家費福耶爾（A. E. Feaveryear）認為，這起事件是銀行試圖控制貨幣市場的首起案例。[69]

克拉彭認可皮克特對財務委員會重要性的主張。他發現某些「重要事務」並未遞交到董事會手中，且透過董事會的紀錄，可發現遞交上來的事務也鮮少得到積極討論。[70] 克拉彭因此認為，董事會「並無熱誠或企圖心」。[71] 但是，就連透過財務委員會的紀錄，也顯示了該委員會同樣只在危機時期或經濟緊繃的情況下，才會特別活躍。值得注意的是，在 1783 年 4 月，該委員會召開了 16 次會議，包括幾次出現在星期六，在此之前的 5 個月裡，每個月平均開 8.6 次會議。但是在戰爭結束後，開會的頻率也出現改變。自 1783 年 10 月到 1784 年 3 月間，委員會每個月平均只召開兩次會議。[72] 在業務如常運作的情況下，種種跡象都顯示了董事們的職責相當「愜意」。

也許人們會預期，銀行的股東們自然會想辦法讓董事會因為自身的行為、或者該說他們的不作為，負起責任。具備出席資格的股東們，可以在一年通常會召開四次、或者在需要更新特許狀或董事席位出現空缺的情況下，所召開的一般大會上，表達自己的意見。[73] 但以 1780 年代早期的情況為例，在超過 2,000 名有資格投票的股東之中，僅有約莫 100 至 130 位選擇出席。[74] 因此，儘管理論上股東有權影響銀行在管理方面的決策，但這樣的權利卻沒有被運用——至少在事情順利運作且利息有照常支付的情況下。

可見，銀行的董事們會在有需要的時候制定策略或高階決策，但管理的品質並不總是一致，他們的注意力在銀行與個人事

務間來回擺盪，並在銀行沒有受到顯著威脅時，明顯變得較為消極。而可以要求董事負起責任的股東們，也並未行使自身權利。因此，絕大多數的日常事務管理，自然落到了職員身上。並如同公務員一般，為了彌補上司時不時地注意力缺失，他們成為了最穩固、知識最充分且最具能力的一群。

晉升之路

儘管我們知道高階職員有時會怠忽職守，而低階職員也並非總是看重自己的底層職務，但審查委員仍發現銀行內部存在著界線分明的階級。儘管審查委員會的紀錄中不常出現「管理」一詞，但此一詞彙的出現也明確展現了其對於銀行事務必須有組織、有條理的期待。[75] 報告中並沒有使用到「管理者」（Manager）一詞，但確實有「監督者」（Supervisor），尤其在提到轉讓辦公室及監督營運的事務時。此外，更多次以「高層」（Superior）和「主任」（Chief）這些詞彙來指稱長官，或指稱辦公室內的總負責人。[76]

儘管資淺職員對於階級制度抱持著些許抵觸，但資深職員在闡述其部門的理論性架構與組織時，認為階級的分野相當明確。如同我們曾經提過的，當審查委員請來總出納長亞伯拉罕·紐蘭德時，他整理了一張列出所有受他管理的辦公室清單。總會計師佩恩也針對手下的辦公室，做了類似的整理。在現代企業中，這就是所謂的組織流程圖。然而，在審查報告中，典型採納的方法是「描述性及語言系統式」分析，這也成為接下來一個世紀中，

銀行內部與各處進行審查的方式。[77] 同樣地，主要人物的概貌也在關於特定辦公室的運作及各辦公室互動的具體訪談中，得到進一步的描述。因此，紐蘭德先生透過解釋底下辦公室內的層級關係，來佐證自己的陳述：

（他）被叫進來，並詢問他對點收者的看法：他表示，那兩位年輕人由資深點收員龐菲力翁先生（Mr Pamphilion）負責，且必須遵從他的指令；他們的辦公室與票據辦公室有所區隔；而他們只需向他及總出納長負責。紐蘭德先生告知審查委員，外部出納員並非直接受資深外部出納員管理，因此有義務聽從他的指令；但首先需向邱奇先生負責。內部出納員則直接受資深的坎佩先生管理，而他必須確保他們表現良好。[78]

在審查報告的字裡行間，也可以找到資深員工對於下屬生活的部分面向，施加（或未能施加）控制的證據。我們已經見過維克里先生是如何讓自己辦公室內的人員感到痛苦。其他資深員工也指出自己有能力讓員工缺席，或批准其提早離開。[79] 在審查後期，我們可以發現審查委員也開始關注到送禮給資深員工，是否能換取更好的工作條件。因此，會計辦公室的格里布先生（Mr Gribble）向審查委員表示，他從未聽聞「初階職員為了換取特權而向辦公室負責人送禮」的事情。[80] 他的同事們也給出了一致的答覆，但有鑒於審查委員多次提出此一疑問，我們可以推測他們懷疑在某些辦公室裡，曾經出現或確實有過這樣的行為。

因此，銀行職員得以透過多種方式了解在董事職位以外的問

責結構，此外，在責任及特權方面的討論，以及「可問責的」和「負有責任」這些詞彙的使用，也確認了資深員工至少在理論層面上，需為自己那部分的業務擔起組織及效率上的責任，且有權發出命令，並預期命令得到遵從。同樣地，審查委員也顯然明白階級架構的存在，因他們總是最先找來辦公室內最資深的員工。而他們這樣的行為，亦證實了管理體制的存在。

要進入銀行高層，就必須從基層逐步晉升。該機構擁有自己的內部勞動市場，僅招募初階職員，起始年薪為 50 英鎊。此時期下的聘雇與入職訓練相關紀錄，並未被保留下來，但是銀行內確實留存了部分 18 世紀早期的附加檔案，以及 19 世紀早期的整體紀錄。這套制度由來已久，早從銀行創立之初，為確保聘請到適任者，就開始採用這套辦法。[81] 因此，透過漫長 18 世紀間的其他時間點紀錄，我們確實有可能推敲出 1783 年受雇的低階職員其背景與能力。

獲得任命是進入銀行工作的唯一辦法，因此申請者遇到的第一個障礙，就是必須接觸其中一位董事，讓對方舉薦自己擔任某一職位。[82] 對某些人而言，只要簡單利用人脈就能達成這個目標。古爾德先生（Mr Gould）的申請獲得了親人 R・雷內爾（R. Reynell）的舉薦，後者表示自己「於昨日在下議院內，就（古爾德）擔任銀行職員一事」，與其中一位董事交談過。[83] 對其他人來說，這件事則沒那麼簡單，可能還需因此支付一筆不小的費用。在薩謬爾・哈里森（Samuel Harrison）的日記裡，他將自己的申請過程描述為一場金融交易。他寫道：

Chapter 4 管理與疏失　*169*

總是保證一定能讓我擠進銀行的麥登先生（Mr Madden），在一聽到我擁有 100 英鎊以後，就立刻驚訝地展開行動，而且讓我母親更難以置信的是，他幫我爭取到了提名權，我也高興地支付他 100 英鎊，外加 20 英鎊。接著，我寫信給行長、副行長以及 24 位董事，懇求他們的支持。[84]

必須取得個人舉薦的門檻，也意味著對申請者來說，要想在銀行內工作，認識誰、或能夠聯繫到誰，比擁有任何知識都來得重要。[85] 但舉薦人之所以推行任命制的原因，並非總是為了獲得金錢利益，如同鮑溫針對東印度公司所進行的分析，更多時候是為了照顧親戚、朋友及舊識。[86] 這種在人生重要關鍵時刻尤其需要依賴舉薦人的體制，在前現代（Pre-Modern）社會中相當典型。[87] 但這並不意味著銀行在雇用人員方面，沒有經過深思熟慮。此外，人脈的價值也不應該被忽視。為確保受信賴職位的候選人具備所需的正直性格，個人舉薦的雇用方法在銀行、保險等產業內，一直被沿用到 20 世紀。[88]

儘管舉薦能敲開銀行的大門，但獲得提名不過是程序的第一步。候選人必須展示自己具備、或能夠學習該職位所必備的能力，個人經歷裡更不能出現任何行為不良、揮霍、詐欺或貪污的可能、投入政治或宗教活動。針對最後一項，董事會曾在 1746 年驚訝地發現有一名雇員為「天主教徒」，自此之後，就增加了一條禁止雇用天主教徒的規定。[89]

到了 18 世紀晚期，隨著革命的威脅悄悄逼近，職員也被要求申明自己是否隸屬於任何政治團體或協會。[90] 有鑒於銀行職員可

170　英格蘭銀行 24 小時

能受到的誘惑，對於職員經濟穩定性的關切，自然相當合理。董事們謹慎地避開有債務未償的申請者，儘管他們曾經接受過已經解除破產狀態者的申請。這部分是因為他們遵守了英國的法律，該法律讓那些與破產委員會充分合作的破產者，可以將其債務一筆勾消並獲得一小筆津貼，以重建自己的生活。[91]

為了支持自己的提名，申請者必須準備一份請願書。雖然只有幾份來自 18 世紀早期的請願書被保留下來，但其內容確實展示了哪些能力在當時深受重視。彼得・薩福里（Peter Saffree）「非常明白（這份工作）需要字跡工整，以及商業方面的才能」。[92] 納薩尼爾・蓋瑞（Nathaniel Gary）表示在與父親共事的過程中，他一直「被培育為一名金匠」。蓋瑞分別在金庫、麥芽彩券（Malt Lottery）辦公室及 1711 年經典彩券（Classis Lottery of 1711）辦公室，工作了 12 年。[93] 羅伯特・比齊克羅夫特（Robert Beachcroft）在請願書中宣稱，自己「生來就是從商、記帳和掌管財務的料」。[94] 斯塔福德・布里斯科（Stafford Briscoe）解釋自己曾經是一位金匠學徒，並從事該行多年。他也進一步表示自己曾經在西班牙、荷蘭及法國多個商業小鎮居住過，擁有充分的法語及西班牙語程度，「足以書寫或翻譯任何信件及票據」。[95] 布里斯科先生廣泛的經歷並不值得驚訝，對於倫敦絕大多數的商業階級者來說，旅居海外、學習外國語言，是相當常見的見習經歷。[96]

如同斯塔福德・布里斯科請願書所指出，申請者習得這些能力的代價，很有可能是由前雇主來買單。事實上，董事顯然也比較傾向於雇用有些許工作經驗者。根據 19 世紀早期的紀錄，申請者的平均年齡落在 18 至 21 歲間，意味著在 14、15 歲離開學校以

後，累積了 3 至 7 年的工作經驗。[97] 儘管沒有充分證據，但是銀行傾向於雇用有工作經驗者的行為，其實相當罕見。舉例來看，根據鮑溫對東印度公司的研究，該公司職位的申請者，年齡經常只有 15、16 歲。[98] 塞耶爾（R.S. Sayers）也同樣強調駿懋銀行（Lloyds Bank）雇用畢業生的情況。[99] 柴克蘭（S. G. Checkland）也指出，蘇格蘭的銀行自 19 世紀早期就採用了見習制，至少國家銀行有規定其職員年齡不得低於 15 歲，也不得超過 20 歲。[100]

　　銀行之所以採取這樣的門檻，其中一個原因或許是因為 18 世紀施行的學校教育，往往無法讓畢業生具備從事文職工作的充分能力。傳統的文法學校仍然更注重於古典教育的傳授。較為「現代」的教育，則包含了英文與數學，或許還有些許的人文關懷、外國語言以及具備社會價值的繪畫及舞蹈等能力。商業學校則對銀行職員所需能力有更多的關注：能夠寫出工整的字體，還有基本的算術及記帳。但是，無論在教育的哪個領域之下，濫用與忽視都相當常見，且進階及高等教育更是普遍缺乏。[101] 所以，在廣大的人口之中，僅有一小部分的人得以接受幾年正規教育。[102] 也因此，銀行董事更偏好讓其他的雇主來承擔從學校過渡到工作的轉換成本，這或許並不令人驚訝。

　　然而，根據 19 世紀早期的證據，我們可以發現即便採取了這樣的方法，也無法確保銀行能覓得具備能力的人才。[103] 申請者必須接受用來篩選其能力的實際測試，其中第一項是手寫測驗。對工整字跡的要求，表示候選人必須展示整齊、易讀的字跡，並能在書寫的時候不在紙張上留下污漬，以及正確抄寫的能力。事實上，犯錯也是最需要竭力避免的事，因為更正錯誤與詐欺兩件事

潛藏著關聯。[104] 寫字速度也很重要，19世紀負責職員聘用的委員們，尋找的是寫字整齊且迅速的人。[105] 在會計方面，候選人必須具備基本的算術能力，並懂得複式簿記法。銀行的能力測驗中，也包含了數列的加法。同樣地，此目標是找出能兼顧速度與正確性的人。

最終測試，則牽涉到金錢的處理。申請者必須懂得辨識多種形式的紙幣與票據，了解它們的價值，並根據要求計算數個「現金捆」的金額。能力是根據速度（幾分鐘）和準確性（有幾個現金捆算錯）來評估。儘管找出字跡工整且具備基本運算能力的職員相當容易，但是許多申請者會在最後一關陷入苦戰。在1800年至1815年間，有594人參與測試，僅有20人在沒有出現任何錯誤的情況下，成功通過測試。[106] 而上個世代的銀行新進職員，在這類能力上的表現，也不大可能超越這個數據。

因此，有鑒於銀行得到的人力資源，在就任之初往往缺乏經驗與相關能力，給予新進員工的就職訓練就顯得格外必要。儘管如此，此一培訓並不屬於正式流程。相反地，我們可以發現新進職員通常是在資深職員的督導下，認識自己的職責，沒有找到任何試圖將此流程正式化的痕跡。[107] 同樣地，尚不清楚要花多久時間，新進員工才能獲得正式認可，但是我們可以追蹤1783年被雇用的員工，其首度獲得加薪的時間長短。根據這項資訊，平均而言，第一次加薪發生在入職後的3.5年後，這或許也顯示了新進員工在工作能力上獲得完全認可所需的最短時間。[108] 在東印度公司，新進員工必須工作3年後，才能收到第一份薪水，這或許也證實了這是該份工作的最低要求。[109]

Chapter 4 管理與疏失　　173

對於某些 18 世紀的辦公室職員來說,即便完成了最初的受訓,他們也必須接受自己只能停留在初階職員的命運。根據布特（H. M. Boot）對蘇格蘭銀行薪資結構的研究,發現薪水從職員進入銀行一直到死亡或退休為止,改變的幅度相當小。[110] 鮑溫也指出,絕大多數東印度公司的職員,從開始到最後都待在同一個位置上,並停留在特定的辦公室裡,而他們的升遷機率全視職位上層者的死亡或離開而定。[111] 但對審查進行當下的銀行雇員來說,情況並非總是如此。他們正在經歷銀行大幅擴張時期,隨著辦公室與員工數量的增加,進入初階或中階管理職位的機會也變多了。

如同圖 4.3 與 4.4 所顯示,在入職約莫 3 年左右,他們就能預期薪資如同他們的年齡與經驗,獲得大幅提升。事實上,年齡確實是資格的重要指標,這也與早期現代社會認為智慧會隨年齡增長的觀點相符。[112] 在銀行服務約莫 10 年後,職員的平均年收入來到 80 英鎊。服務 25 年後,職員每年可以獲得 150 英鎊。儘管升遷的前景相當合理,但是最高階的職位卻很偶爾才會出現空缺；因此,僅有極少數的人可以成為總出納長或總會計師。除此之外,由於升遷還需視年齡與經驗長短,而不是單憑能力,再加上絕大多數入職員工的年齡都落在 20 歲左右,因此通常要等到 50 歲之後,他們的年薪才會開始超過 100 英鎊。

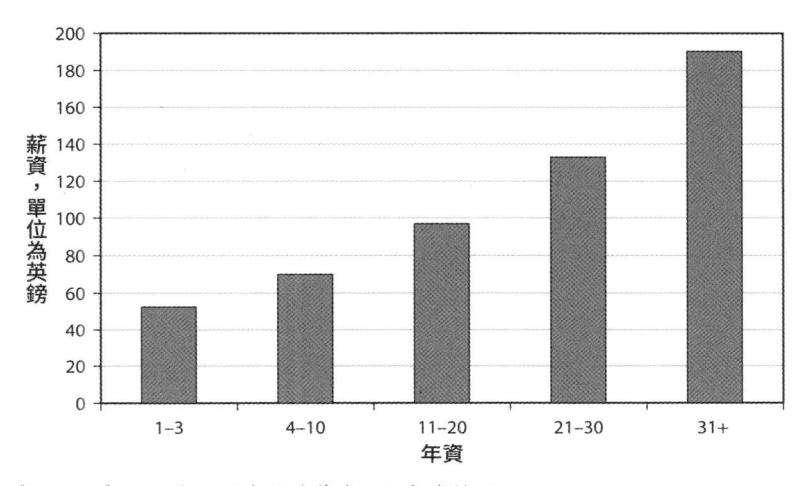

‖ 圖 4.3 ‖ 1783 年就職者平均薪資，按年資排列。
資料來源：BEA，董事會備忘錄，第五卷，G4/23, fols. 368-373；Book W, G4/24, fols. 54-58；職員薪資帳本，E41/1-18。
附註：1783 年銀行行員薪資總額為 3 萬 1,085 英鎊。

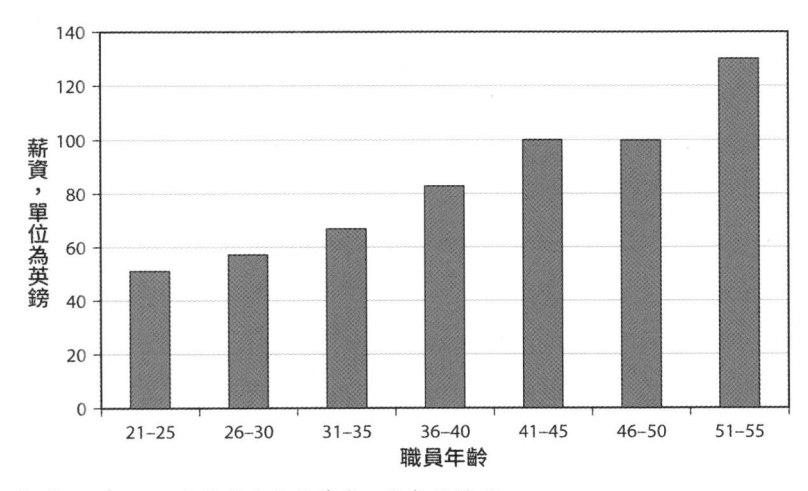

‖ 圖 4.4 ‖ 1783 年就職者平均薪資，按年齡排列。
資料來源：BEA，董事會備忘錄，第五卷，G4/23, fols. 368-373；Book W, G4/24, fols. 54-58；職員薪資帳本，E41/1-18。
附註：無法追蹤 1758 年以前的入職者年齡；因此，圖表中的數據是根據 259 筆紀錄和年齡 55 歲及以下者。

1783 年獲得最高薪資者，有銀行秘書羅伯特‧魯溫（Robert Lewin）、總會計師約翰‧佩恩（John Payne）、總出納長亞伯拉罕‧紐蘭德，所有人年薪皆為 250 英鎊。1783 年時，紐蘭德已經在銀行任職 36 年，佩恩則為 38 年。魯溫在銀行任職的時間更將近 60 年，自 1724 年就開始。佩恩的副手，威廉‧愛德華茲（William Edwards）和喬瑟夫‧貝茨沃斯（Joseph Betsworth）的年薪，則為 170 英鎊，他們分別有 24 年與 31 年的經驗。在亞伯拉罕‧紐蘭德的出納辦公室裡，共有 9 個高階職位。每個職位的年薪各為 200 英鎊，在銀行內的平均年資為 34 年。[113]

　　我們無法明確得知這些員工是如何爬到銀行的最高位置，但透過審查委員對 3% 永續債券辦公室的沃爾許先生（Mr Walsh）職業生涯紀錄的描述，我們可以得到些許概念。薩謬爾‧鮑森葵認為沃爾許是一位「非常聰明、有能力且迄今為止唯一合適的領導人選」。[114] 沃爾許對審查委員表示：

　　他在銀行已經任職了 12 年，而在過去 4 年裡，他辦公室內的三位主要職員，分別被任命為米勒先生及維克里先生的助手。在他剛踏入銀行時，他被安排到總出納長的部門底下，並經歷過外部出納與內部出納辦公室，也曾經在其中一個現金簿辦公室工作過，並協助貴金屬辦公室處理收到有瑕疵金幣的情況；後來，他被調到會計辦公室，並待了一陣子；在那之後，來到了 3% 永續債券辦公室，而在他被任命為主任以前，他已經接觸過業務的方方面面。[115]

儘管如此，雖然沃爾許先生在銀行內的工作經歷讓他獲得大量知識，但這並不意味著他受過管理方面的培訓。如同西德尼・波拉德（Sidney Pollard）所言，當時的「正式管理培訓相當罕見，以至於可以忽略不計」。[116] 對銀行董事來說，管理技巧並不是他們關注的重點。事實上，如同學者韓尼西（Elizabeth Hennessy）所指出的，一直到19世紀晚期，英格蘭銀行的管理風格才出現有意義的改變，此外，某些層面甚至還要等到更晚。[117] 審查委員對於管理風格也沒有投入太多關注，但他們確實關心哪一種類型的人選能進入管理階層。在最終報告中，他們反思了職員獲得升遷的方式，並建議在升遷方面，應給予多於此刻的關注量。他們仍然堅信升遷應該依照年資來決定，因為這才符合「公平且合理」，但他們也承認，「在需特殊才能的情況下，就不適合依此來評斷」。[118]

我們很難回答審查委員在多大程度上，視管理才能的缺乏為一項問題。儘管在審查紀錄中，對於初級職員缺乏服從性及其上級職員並未給予適當關注的事情上，審查委員確實有所評論，但在最終報告裡，他們的態度出現修正，對升遷方面的評論也被定位為建議，而非需要改變。同樣地，在對職員的檢驗中，他們顯然確實發現了人才。薩謬爾・鮑森葵在筆記上，列出了數名被他認定為閱歷豐富、有能力、具備督導才能的職員。因此，他描述考克塞特先生（Mr Coxeter）是一位「性格嚴謹，十足的紳士，擁有領導氣質」，而透納先生則「非常聰明，是（3%縮減）辦公室的好領導者」。[119] 鮑森葵的評估也相當細微，他指出賽爾比先生（Mr Selby）「相當聰明有禮，對於自己的發言很謹慎——卻似

Chapter 4 管理與疏失　177

乎不太適合擔任領導者」。[120] 此外，管理不當也是審查委員關注的面向，但這並不意味著管理與監督經常出現缺失或無效。

賞罰制度

為了確保員工表現能達到令人滿意的程度，銀行採用了多種機制。嚴格遵守一定期限的需求，也要求員工必須全神貫注，動作迅速。我們已經探討過在營業日裡，銀行行員是如何在有限的時間裡進行各種動作，包括辦公室的上鎖與開鎖、特定業務的截止期限，以及為更新銀行紀錄而必須進行的跨辦公室文件與帳簿交流。同樣值得注意的是，在面對自己的客戶和為了買、賣及轉讓股票或政府債券及領取利息的投資大眾上，銀行在時間上也同樣有所規範。錯過截止期限的後果，有時會導致客戶提出抱怨，有時則導致員工必須額外加班或工作到更晚。

儘管我們確實發現某些未經批准的缺席情況（尤其是轉讓辦公室內），但為了確保員工在正確的時間出現在自己的工作崗位上，銀行也採取了一些方法。如同所有的大規模作坊及早期的工廠，銀行也是用出缺勤本，來記錄員工抵達工作崗位的時間。主要守門人且負責保管出缺勤本的馬塞爾斯・阿爾寇科向審查委員表示，「每天只要過了9點，他就會每隔10分鐘，畫一條線，記錄下那些沒能準時到達銀行的員工名字」。[121] 遲到的問題並沒有受到忽視，審查委員甚至強化了對準時的要求。在他們與資深員工進行會談時，他們要求看到員工的工作表現，其中包括了是否準時。[122] 這似乎也顯示了領導對於守時的重視，以及對未獲批准

的缺席抱持批評態度。

為了發現錯誤與潛在的詐騙可能，銀行裡裡外外皆採用了許多制衡手段。但是如同我們在第二章查爾斯・克勒特巴克的案例中所見到的，這些手段並不總是足以杜絕一切誘惑，甚至也不足以發現所有錯誤，因此審查委員針對流程進行了多項調整，以期改善制衡機制。例如，出納員被要求「在彼此的簿子上簽下自己姓名的首字母，記錄當天營業時間內所收到的現金或票據總額」。[123] 貼現辦公室則採用了更多的確認機制，審查委員也討論是否該增添一名職員，專門確認存入銀行的每一筆入帳紀錄，由於該流程迄今為止，一直缺乏判斷錢是否登錄進正確帳戶的獨立審核辦法，因而相當容易出錯。[124] 顯然，此種制衡方法屬於經驗法則，試著在錯誤導致嚴重後果之前，防患於未然。

在得知自己的帳目將接受獨立審查後，或許能讓多數員工表現得更兢兢業業，但還有其他獎勵機制可以鼓勵認真工作。銀行制定了一份遵守事項，約束職員在辦公室內的行為與表現。但這些內容並不總是能得到職員的重視。[125] 舉例來說，如同前述章節所提，禁止擔任掮客與經紀人的規則，就受到轉讓辦公室職員的漠視或遺忘。儘管如此，職員每年都會收到一份要求他們注意自身義務的提醒。在他們獲選或初次入職時，每位員工都會進行宣誓，表示自己會對銀行「誠實且忠心」，並且「如實且誠摯地執行與履行」自身責任。[126] 他們承諾會維護銀行業務的隱私，包括理解自己不能「公開、公布或傳輸任何銀行的報告、文件、備忘錄、命令或交易」。[127] 技術上來說，職員每年都要經歷重新選任，因此每年都需要重新宣誓。[128]

機構與雇員委員會在名義上必須為員工紀錄負責，因而注意到了某些輕度的違規行為。該委員會必須定期向董事會匯報，儘管這件事最終淪為公式化的行動，確認總出納長與總會計師對其底下的職員行為「沒有異議」。[129] 有證據顯示，銀行行長親自進行了員工的懲戒。例如，薩謬爾・比齊克羅夫特的日誌記錄下了多起懲處事宜，包括「特德曼先生（Mr Tudman），因其接受了偽造的銀行票據」。[130] 此種性質的過失可能會導致薪水被扣，以彌補銀行的損失。就像 1780 年 6 月，外部出納員湯瑪斯・史密斯（Thomas Smith）被要求補齊其現金袋內出現的 10 英鎊短缺。[131] 為了避免銀行因為員工的疏失或犯罪行為而蒙受重大損失，審查委員也採取了行動。

　　每位行員必須向銀行提供由獨立債務保證人所擔保的個人保證。新進員工的保證金從 500 英鎊開始起跳，並根據其義務程度，最高上調至 5,000 英鎊。銀行用心地維護保證人名單的最新狀態，並在因為職員過失或不正直行為導致大額損失時，索取賠償。[132] 威廉・金斯頓（William Kingston）的例子，充分展現了銀行在索取賠償上的堅決。在審查進行期間，金斯頓是負責債券的員工，其偽造遺囑，試圖掌握威廉・塔爾伯特（William Talbot）名下資產，其中包括了價值 3,700 英鎊的 3% 永續債券。這樁案子因為兩個因素而變得複雜。首先，金斯頓在銀行任職期間，並未犯下任何詐欺行為；第二，他在犯下詐欺行為後不久便過世。即便如此，銀行還是選擇追究債務保證人的責任，根據銀行律師弗萊斯菲爾茲（Freshfields）表示：

沒有太多理由去懷疑保證書的內容，能否涵蓋銀行因為此事件而蒙受的損失。該保證書的用字相當籠統且廣泛，且似乎選擇承擔因員工在執勤中或任職期間所造成的一切損失。[133]

因此，擔任銀行行員的擔保人是一項重責大任。擔保人不太可能躲避自己的義務，且拒絕執行擔保很有可能導致自己因債入獄。有鑒於保證人經常是職員的家人或熟識，因此這或許能作為確保行員的行動，總是以銀行的利益為優先，或至少不要陷自己的保證人於不義的額外動機。

在面對嚴重違反規定的情況下，解雇也是一種選擇，但此舉並不常出現。在1783年被雇用的所有職員中，共追蹤到了13筆解雇案例，僅占所有職員數量的4%。[134] 除此之外，銀行董事對於已經發生的過失行為，也確實展現出願意原諒的態度。1775年8月，班傑明·沃威爾（Benjamin Vowell）的友人代表他籲請恢復他在銀行中的職位，而讓他之所以於該年6月2日起被停職的惡行，則是因為「失去妻子使他開始酗酒」。[135] 行長薩謬爾·比齊克羅夫特答應，會將此事送進董事會。於是，沃威爾正式復職，但他似乎沒能記取教訓，而董事們的寬容能力顯然也僅能到此為止。1776年6月，沃威爾被銀行正式解聘。[136] 但是如同在稍後章節中即將討論到的，欺瞞銀行的行為絕對不會得到寬恕。詐欺與貪污行為一旦被抓獲，就會被起訴並被施以最嚴重的懲罰。

管理督導並非確保職員能兢兢業業、且行為正直的唯一辦法。剛入行職員的薪水，更不足以保證行員能行為正直且勤勤懇懇。但是，這份穩固的薪水來自於一個具社會地位的行業，且

Chapter 4 管理與疏失　　*181*

這份收入的長期遠景在多數情況下,確實能讓人在中、晚年獲得安逸舒適的生活。此外,對多數人而言,這份工作的時數相當合理,且如同稍早所提過的,甚至能讓員工享有額外兼差以賺取補貼的機會。同樣地,儘管職員沒有年假且每周通常要上 6 天班,但是銀行一年約莫有 50 個公共假日,這也讓員工能稍微喘口氣。[137] 而來自個人及企業客戶的小費,也成為員工薪資的額外補充(對必須接待客戶的職員來說尤其如此)。[138] 銀行也會利用慰勞金來感謝部分職員的「額外勞動」。[139] 因此,1783 年 4 月,銀行發了總金額為 1,565 英鎊的慰勞金給超過 50 名員工,而每個人獲得的金額範圍從亞伯拉罕‧紐蘭德的 200 英鎊、約翰‧佩恩(總會計師)的 150 英鎊,到那些資歷較淺員工的 10 英鎊不等。[140]

銀行沒有為無法工作的員工正式安排福利給付,且此時的銀行也沒有給予保證的退休金。儘管如此,銀行普遍來說確實給予員工財務方面的安全保護。對於迫切需要幫助的員工,銀行通常很慷慨。舉例來說,1783 年,兩名在紀錄上因為「精神錯亂」而離開銀行的職員,獲得了良好的處置。約翰‧貝爾(John Bell)和法蘭西斯‧西蒙森(Francis Symondson)的家人都獲得了撫恤金。以西蒙森的例子來看,他的妻子與孩子每年能拿到 280 英鎊。[141] 儘管銀行不保證發放退休金,但對於那些因退休而離開崗位的職員,銀行經常會給予慷慨的安排。

很少人的待遇能超越約翰‧比斯特(John Best)。自 1763 年 2 月開始為銀行服務的約翰,在 1768 年 6 月退休,並獲得了每年 40 英鎊的退休金,而這份退休金也一直維持到他於 1793 年過世為止。[142] 那些長期為銀行服務的員工,通常能獲得一份等同於、有

時甚至超過其最終薪水的退休金。因此，為銀行服務了 42 年的愛德華・馬丁（Edward Martin），在 1815 年退休後，每年能領到 280 英鎊的退休金。理查・馬斯頓（Richard Marston）在為銀行工作了 53 年後，於 1835 年退休。他的最終薪水為 310 英鎊，而他獲得了每年 350 英鎊的退休金。[143] 就實務上來看，只有那些被解雇的員工，才會無法拿到一筆可觀的獎金或退休金。儘管如此，銀行在退休金方面的開銷其實不多。事實上，多數員工在退休 5 年之內就過世了。[144]

除了支付退休金以外，銀行對於行員身後留下的遺孀與孤兒也相當慷慨，只不過較常採取一次性的支付，而非定期年金形式。例如，1804 年，銀行在亨利・戴維斯（Henry Davies）過世 4 年後，贈與其女兒 200 英鎊。威廉・沃頓（William Walton）的遺孀則在其過世後不久，收到來自銀行董事的 500 英鎊慰問金。約翰・伯納德（John Barnard）的遺孀安（Ann），在其於 1807 年過世後，僅拿到了 100 英鎊的撫慰金。[145] 職員們也自行安排了遺孀與家屬的贍養及救濟事宜，他們在 1764 年設立了一筆基金，其目的是為繳納期間達 10 年及以上的員工遺孀，提供每年 20 英鎊的收入。[146] 募集到的資金會被投入到由銀行四名主要長官擔任託管人的公共基金內。所以，那些因自身行為而危害到其職位的員工，他們犧牲的是一份在職涯早期能換取穩定薪資、中年舒適，以及退休後獲得財務安穩的機會。

※※※

　　剛進入下午，銀行的運作開始顯著地放慢下來，金融城的中心也從針線街轉移到他處。員工終於能暫時從辦公桌前抽身，而那些與金融城運作緊密相關的辦公室也開始準備休息。資深職員認為自己的責任已了，於是離開辦公室，將銀行交給更年輕的員工。審查委員擔心這樣的情況會讓銀行陷入危險，因而在這之後，要求必須要有一名資深員工在場，直到銀行正式關門。在他們的最終報告裡，審查委員也建議在職員間建立一套「比當前更為明確的主從關係」，以創造出能「明定各辦公室初階職員到負責人間的服從鏈」。[147]

　　除了要求資深員工在管理方面表現得更為謹慎外，審查委員也反思了職員是如何晉升到高位，並建議任命委員會的董事們應「多加關注被提名者的能力與性格，在投票時，亦能關注他們的表現；由於求職者眾，自不能期望所有人能力皆同，但希望能謹慎避開顯然不適任者」。[148] 如同我們所探討過，審查委員認為在升遷上，應更加看重與考量個人能力，而不能單憑資歷。

　　因此，部分討論也轉移到了有助於提升銀行營運效率及整體安全的因素上，得出來的結論是負責管理的角色很重要。應該根據員工的表現而不僅僅是年資，來決定其是否能進入管理高層，而管理者也應該具備權威，並懂得展示自身的威望。除此之外，審查委員也注意到在缺乏有效的管理監督下，還有其他機制能確保銀行員工行為端正，並以銀行的利益為優先。這些機制包括了各辦公室採納的多種制衡手段，並在獨立債務擔保人（通常為職

員的親友,在職員犯下嚴重的錯誤或不正直行為時,必須為其負責)的機制下獲得強化。或許,真正讓員工維持真實且忠誠的,是對自身利益的守護。除了因為失職或欺瞞而讓銀行蒙受損失者將被施以懲罰外,在聲名顯赫的機構內領取終身收入,或許也是激發職員行賢德之舉的強大誘因。

CHAPTER
5

維護公眾信任

每天下午 5 點左右，公證人會來到銀行，針對海外客戶的各種帳戶進行審查。公證人（與代書不同）「格外關注已完成的現金交易，其在法律上的細節」。[1] 他們的角色並未被納入英國的法律之中，但根據一份 18 世紀晚期的描述，我們可以得知他們的職務是「為公證書或文件做證明，使其在其他國家也具備效益，但主要以商業方面為主」。[2] 而負責保管各種轉讓簿的職員們，對於傍晚時分抵達的公證人們也格外關注。3% 永續債券辦公室的賽爾比先生向審查委員表示，關於「海外帳戶……公證人會來審查帳本，以證明特定名字帳戶內的金額」。他也補充道，「公證人通常會在 5 點左右抵達，並預期資料都已經登錄完畢」。[3] 負責銀行股票轉讓簿及 3% 縮減年金辦公室的職員，也同樣關心著傍晚 5 點現身的公證人身影。[4]

　　由於公證人的另一項法律專長是票據拒付，因此銀行也有雇用一位公證人來處理相關事宜。[5] 為了迎接他的到來，出納部會從外部出納員中挑選一名出納員，其職責是「將所有尚未被支付的票據集中在一起」，然後製作成一張清單，「交給 6 點抵達銀行的公證人」。[6] 接著，公證人「每天晚上都會在一本帳簿上記錄所有需要處理的票據，包括那些貼現帳戶中尚未支付的票據、各種類型帳戶的海外票據，以及受所有權人提出需處理的國內票據及紙幣。公證人會帶走這些票據，並於隔日早晨送回」。[7] 公證人的任務及意義並未受到其他銀行歷史學家的關注，事實上，公證人的工作更未曾吸引英國歷史學家的留意。[8] 儘管如此，他們在銀行的現身也進一步證明了帳目紀錄的精確度與即時性，在極大程度上左右了銀行的信譽與客戶關係。因此，公證人的出現以及其在

銀行帳目審查方面所扮演的角色,將成為本章的主題。

儘管複式簿記對於資本主義興起之影響尚待討論,但會計程序上的精確與誠實,長久以來被視為對於個人或機構可信賴程度的指標。[9] 雅各・索爾(Jacob Soll)也提出「良好的會計處理」,能如何提升政府的受信程度,並認為缺乏問責會導致「財政混亂、經濟危機、內亂或甚至更嚴重的情形」。[10] 此處的目的不在於探討財務強度對於信賴基礎的重要性。相反地,重點在於個人或機構的財務狀態是透過什麼樣的方式被記錄下來。尤其是簿記,因其具備正式、精確的特質,並以「受規則約束的算術技巧」為根基,也儼然成為真實性與誠實度的保證。[11] 除此之外,複式簿記的零結餘功能「有助於傳遞出某種美德,只要此種平衡在某種程度上被認為是透過公平公正所取得的」。[12]

毫無疑問地,會計在英格蘭銀行內扮演了極為重要的角色,且銀行自1694年成立以後,便一直採用複雜的複式簿記系統。[13] 包括銀行總帳、股票與年金帳簿,銀行保留了各式各樣的現金簿、帳戶、與發行紙幣相關的帳本、遺失票據清單、貼現票據明細、貴金屬帳簿,以及囊括其業務各種面向的各式紀錄。[14] 職員採納了多種會計工具,包括了流水帳、日記與日記帳。舉例來說,內部出納員會保留個人帳目,將自己每天從金庫領到的初始現金總額、從客戶收得的資金以及給付的資金,詳細記錄下來。[15] 同樣地,前往財政部的職員也會保留一份「類似於流水帳的簿子」,負責記錄每日的交易,作為職員與銀行間的帳目交代,行員會記錄下每日一開始所領到的資金,以及在工作日結束後的剩餘資金。[16] 在前述章節中曾經提過,職員的工作表面上需接受一

Chapter 5 維護公眾信任　　*189*

系列嚴格的檢驗與評估。銀行的帳目保持得相當好，極少出現錯誤或修改的情況。職員在受雇前需接受的測試，也確保了其在書寫方面的整潔與易讀性，以及對數字的掌握，因而進一步鞏固了帳目的完美度。[17]

同樣地，審查委員也注意到，銀行在保管及將紀錄分門別類方面所採納的方式，令人印象深刻。在1770年代中期，銀行特意蓋了一棟四層樓高且防火的檔案庫。[18]在他們基於調查而拜訪檔案庫時，審查委員發現所有的帳本「並不是處於發霉的狀態，反而非常乾燥。他們發現了大量的現金票據檔案，並依照銀行郵寄單的製作順序來存放，還有其他同類型的文件，放置在地板上並佔據了極大的空間」。[19]在最終報告裡，審查委員建議在建檔上應該更為理性化，指出「倘若銷毀絕大多數的文件，也不會對銀行造成任何損失或不便」，同時還能為未來的文件騰出更多空間。他們也進一步要求「帳本及文件應按照一定的規律擺放，標註內容與日期，定期更新目錄，以便在需要時能立即查閱」。[20]此種有系統的清楚標示，是為了確保在需要的時刻能立即進行審查、糾錯或蒐集證據。

儘管並非全部，但銀行的許多簿記程序都是在公開狀態下進行。銀行大廳及轉讓辦公室屬於大眾可隨意出入的場所，民眾可以直接觀察行員的工作狀態，帳本也因此無所遁形。銀行的誠信不僅奠基於帳目的建立，更依附於帳目自身的存在。許多用於記錄客戶及公債所有人的帳本，體積又厚又重，足足有對開本般的大小。每一本帳簿之上，都印著不列顛尼亞女神，如前述所提的象徵著銀行與國家的關係。除此之外，如同洛斯伯格所言，「此

種巨開本的存在,就像在對公眾暗示著其背後進行的一連串會計程序」。[21] 銀行的客戶及公債所有人或其代理者,不僅可以親眼目睹帳本,更可以審閱內容。類似公證人等法定代理者會代表客戶進行必要的確認;而他們的實際到訪,等同於在提醒職員與董事,審查時刻都在進行。此外,帳戶的維護方式也同樣利於審查。因此,任何一位客戶的戶頭——舉例來說,取款帳戶或股票帳戶,都會定期進行清點,讓帳目總是一目了然。

銀行在管理自身帳目方面的能力,廣受當代者的認可,包括笛福(Daniel Defoe),更稱讚銀行在作帳方面相當完美。[22] 諾斯勳爵也於 1781 年指出,銀行展現了「嚴謹的管理……審慎的行為,明智的計畫和說一不二的準確性」。[23] 這些系統的存在,也證明了 18 世紀銀行的超前。倘若沒有扎實的會計體制,銀行的作業無法執行到這般程度與複雜。此點在國家債務的管理上尤其為真,並讓銀行與某些因混亂而惡名昭彰的公家機關形成鮮明的對比。[24] 事實上,儘管銀行在帳戶管理上近乎拿出了最佳表現,「在 18 世紀的絕大多數時間裡,國家的會計程序在嚴謹度與專業度上,卻幾乎沒有提升」。[25] 同樣地,直到 19 世紀早期,一般大眾才終於能詳細審查國家財政的年度帳目。[26] 但是,會計不該僅僅被視為行政上的事務;其同時也能反映出機構內部的組織化與權力鞏固。[27] 在銀行制衡機制的作用下,會計程序成為監督職員表現與正直的一種方法。

本章最主要的目的,是了解銀行的帳目與會計方法,在維護機構內部及公共資金的可信度上,發揮了怎麼樣的關鍵力量。我們將探討會計部門的運作、採用的程序、制衡機制,以及與其

他辦公室的交流。這些程序必須涵蓋整整一天的活動，並在其他辦公室取出紀錄與帳本的時候進行，到了晚上又因為要在下一個工作日開始前更新好所有帳目，而甚至變得更為忙碌。本章不僅會探討會計員的工作環境，更會了解每日這樣長時間埋首於帳本中，將對他們的健康造成哪些影響。最後，藉由審視詐欺與貪污犯罪的行為，來了解銀行職員行為方面的精確度與誠信。在釐清此類犯罪是如何出現又是如何被揭發後，將能進一步了解銀行會計程序的有效性。

會計部門

在審查期間，銀行的總會計師為約翰・佩恩。他所掌管的辦公室包括了第三章提到的轉讓辦公室，還有多個以維護銀行各類帳目為主的辦公室。當佩恩先生第一次接受審查委員的面談時，他也跟紐蘭德先生一樣，遞交了一份自己負責管理的辦公室名單。名單內容如下：

1. 負責更新信貸內容，登錄以硬幣或現金紙幣、亦即銀行紙幣進行支付的職員。（該辦公室的主任為湯瑪斯・波拉德〔Thomas Pollard〕）。
2. 負責處理7日內見票即付匯票的職員。（負責主任為威廉・奧德里奇〔William Aldridge〕）。
3. 辦理票據與匯票貼現事務的職員。（該辦公室的負責人同樣為湯瑪斯・波拉德）。

4. 取款辦公室的職員，必須完整且詳盡地記錄所有銀行現金帳戶的進出。這也是對大廳只記錄下現金簿頁數與金額之帳目明細的徹底確認。（主任爲喬瑟夫・貝茨沃斯。）

下面3人則在會計辦公室內待命，因其與硬幣及現金票據、取款帳戶、票據及匯票貼現事務有廣泛的關聯；但其所負責的業務又與這些辦公室有顯著差異，此3人爲：

5. 湯瑪斯・比爾茲利（Thomas Beardsley）⋯⋯負責撰寫日常帳。
6. 約翰・紐頓（John Newton）和喬治・阿姆斯壯（George Armstrong）。登錄者，負責將貼現的票據與匯票根據貼現及支付時間排序。

（名單上的第7至第11項，爲轉讓辦公室）。[28]

12. 衡平法院辦公室，負責處理法院中所有起訴人的帳戶，且每年清算一次。當前的帳目數量約爲2,600個。（E・史密斯〔E. Smith〕爲該辦公室名義上的負責人，但被標註「總是缺席」。湯瑪斯・蘭德菲爾德〔Thomas Landifield〕則爲代理主任。）
13. 支票辦公室，他們的帳目是數個年金辦公室之利息簿的副本，讓他們可以檢驗所有的已付憑證，確認是否與利息簿的資訊一樣。他們會按照數字順序將已支付憑證進行排

序，並在適當的時間點下將其送至財政部。（布萊恩·貝利〔Bryan Baillie〕為該辦公室的主任。）
14. 國庫券帳戶。其中包括了流通中債券的登錄，以及財政部所發行債券的供應狀態。關於流通中債券的登錄，必須註記下財政部預定的債券註銷日，以及與其相關的每日貼水；關於債券供應，則必須記錄下以現金支付或在該年替換成其他供應債券的時間，以及與其相關的貼水。總會計師負責維護紀錄，副總會計師進行核對。
15. 總帳本，由副總會計師根據總現金簿進行記錄。[29]

或許是過去 8 個月裡，對現金辦公室的審查過程已經有所領略，佩恩也同時將這些辦公室的作業流程書面紀錄，遞交給審查委員，作為口述證詞的佐證。可惜的是，這些文件除了標題以外，內容皆沒能被留存下來：

● 現金簿與票據帳簿之明細，會計辦公室也提供了一份關於後者的樣本。
● 會計辦公室下的取款辦公室之工作內容明細。
● 利息的處理流程明細。
● 年金辦公室的轉讓業務流程明細。

如同銀行內其他辦公室的職員，會計師必須從早上 9 點開始工作；但是，與其他職員不同的是，部分會計必須一直工作到深夜。他們的工作與出納部緊密地交織在一起，當資金增加或被提

取出來時，會計部門必須負責更新資訊，或者進行清算，確認帳簿。絕大多數的工作內容既沉悶且單調，總是千篇一律地關於各帳本中的金額出現增加或減少，然後再去確認相關帳本餘額是否正確。

以在銀行工作20年的拉佛里克先生（Mr Laverick）為例，他一整天都忙著「從舊帳本中摘錄出未支付的舊票據，再謄寫進清點簿」。[30] 湯瑪斯先生（Mr Thomas）的工作則負責將大廳中的業務加總到現金簿裡。他指出，這些帳本必須先經過幾道程序，才會抵達他們手中，其中包括了：第一天在大廳，第二天在會計辦公室更新紀錄並確認金額，第三天進到支票辦公室的會計手中，第四天才會送到湯瑪斯先生面前。[31]

霍茲沃斯先生（Mr Holdsworth）會在現金紙幣發行的隔天，進行紀錄管理。他也解釋了必須進行的幾項連鎖作業。首先，存入項（Credit）會從銀行大廳的現金簿，轉移到票據簿裡。接著，票據的金額會「在以此為目的的小冊子中……進行加總」，再與G現金簿進行核對。[32] 支出項（Debit）或給出去的銀行紙幣，則同樣會從現金簿轉移到票據簿，且「每一項都需根據各自所屬的票據進行歸類」。[33]

如同我們已經知道的，有鑒於部分職員手中掌握大筆金額，因此過程中也增添了重重個人對於票據及現金的責任。而在個人與部門之間，也存在著多種責任轉交的形式。其中，提到了以「作廢票據」的方法，進行不同帳本的餘額轉移。[34] 此外，也提到了職員必須在一名同事的日記帳中簽收自己所收取的資金。[35] 而點收員的功能，主要是替拜訪完客戶的外部出納員，進行責任

的移交。銀行大廳共有 3 位點收員。外部出納員會直接將票據、憑證和取款單交到點收員手裡,其中,取款單必須先拿到取款辦公室進行審核。現金則會交到內部出納員手中,然後就會核發一張票據,讓外部出納員可以去領取對應金額的「作廢票據」。在所有的文件都交到點收員手中後,外部出納員的帳目就結清了。[36] 在這之後,確保銀行內各辦公室借項與貸項間的管理責任就轉移到了點收員身上。

除了這些為確認損失發生時的個人責任而建立的審計追蹤項目之外,銀行流程中更包括了數道確認程序,以維護整體數目的正確性。因此,取款辦公室及憑證辦公室內負責管理現金簿的職員,有義務「確認點收員帳簿上與自己相關的項目」。[37] 至於銀行郵寄單,行員會每周進行一次結算,記錄流通中的票據金額,然後「每 6 個月(他們)會從所有使用中帳本裡,摘錄出未支付票據項目,與每周帳目進行核對」。[38] 負責管理 D 現金簿的紐頓先生(Mr Newton)向審查委員表示,他的帳冊「是貼現票據與匯票帳目的實質審核,當發生錯誤或帳目有對不上的情況時,就必須時不時地參考這本帳冊」。[39] 管理取款辦公室的貝茨沃斯先生則解釋,「該辦公室最重要的任務,包括了審核(銀行大廳的取款辦公室)」。[40] 此外,每一季都會根據會計辦公室及銀行大廳的帳目,分別整理出「會計總帳」,並將兩者進行對比。接著,這份清單每 6 個月就會「完整抄錄到一本加上所有項目標題的簿子上」,然後「送去招待室內的保險箱進行保存」。[41] 最後這個步驟,是 1780 年戈登暴動以後才出現的措施,目的是預防紀錄可能遺失的風險。[42]

儘管會計的職責在 18 世紀末時，是以維護大眾帳戶為主，但也同時留存了多本記錄著銀行與國家相關帳戶的帳簿。其中包括了多項與公共基金相關的帳戶，像是「財政部審計名冊帳戶，以及所有年金及支付利息帳戶」，還有「顯示銀行名下所有和土地及麥芽稅相關國庫券確切狀態」的國庫券帳戶。[43] 國庫券是發布期限為一年的短期本票，但是允許展期。[44] 透過其對國庫券的掌控，銀行在政府的短期借貸上取得了「近乎壟斷」的地位。[45] 進入 18 世紀晚期，此基金已經成長為百萬規模，1783 年發行了 650 萬英鎊，贖回了 590 萬英鎊；1784 年則發行了 560 萬英鎊，贖回了 680 萬英鎊。[46]

銀行同時也保存了一份「與衡平法院總會計師所負責帳目完全相同」的帳本。[47] 該帳目包括了總會計師掌管的所有金錢，以及法院每一位起訴人的資金和證券。[48] 銀行同時留存了一份政府帳目，包括與消費稅、關稅、軍隊和海軍相關的帳戶。土地稅的接受人也會在銀行開設帳戶，並仰賴銀行的總出納長來代表自己，向財政部繳納。[49] 如同克拉彭所提出的，儘管並沒有任何規定要求銀行保留這些帳目，但銀行一直是這麼做，且到了 1780 年代，某些部門的帳戶也正式轉交到銀行手中。[50]

職員同時還描述了向國家進行彙報的方式。在執行上，10 月的時候會針對衡平法院帳戶製作出會計總帳，「然後（衡平辦公室）負責人會在上面簽名，接著銀行總會計師進行核對後，會送到衡平法院的總會計師手裡，並由其遞交給大法官」。[51] 財政部為支付利息所發行的紙幣，全都由總會計師辦公室管理。這些資金會被登錄到審計名冊中；在貸方上，會輸入「為支付多個不同

政府年金利息而向政府領收的所有款項」，借方下頭，則寫下支付的利息。[52] 每隔 2 年，就會編製一份審計名冊並與財政部進行核實。[53] 至於個別未支付利息憑證帳戶，則會更為頻繁地上報給財政部。這些帳目的編纂會視資金而定。因此，就 3% 縮減年金而言，「每年一過 9 月 30 日，帳目就會準備好」。[54] 至於 3% 永續債券，工作總在「1 月 1 日或 2 日展開，然後傾盡全部心力，但通常要 5 至 6 個月才能完成工作」。[55] 沃爾許先生後來也解釋道，這是因為「對辦公室而言，只列出過去 2 年半內未支付利息清單是不夠的，而必須摘錄出過去 6 年內所有同樣未支付的項目」。[56]

儘管在會計上已經計入，但是未付出去的利息當下仍握在銀行手裡。由於銀行沒有動機去找出相關的公債所有權人，因此這部分也累積成一筆可觀的資金：1774 年的金額為 29 萬 2,000 英鎊，1789 年則為 54 萬 7,000 英鎊。[57]1790 年，首相小威廉·皮特（William Pitt）向下議院提出了一項法案，以索取 50 萬英鎊無人認領的利息。對此，銀行董事提出強烈的抗議，認為「該法案企圖奪走的是他人名下的私有財產，更是那些所有權人的利益」。[58] 因此，此舉是「非同尋常……更有悖於那些將財產委任於銀行者的權益」。[59] 他們甚至暗示這樣的行動或許會「引起極大的恐慌，甚至導致公共暴動」。[60] 儘管如此，下議院對於這樣的說法無動於衷，最終在銀行表示願意提供政府 50 萬英鎊的無息貸款後，索取未支付利息的提案才終於喊停。在此事件後，銀行也首度公布了一份未領取利息人員名單。[61]

銀行帳目的總體紀錄就是會計總帳。這份紀錄由副總會計師愛德華茲先生保管，沒有使用時也總會上鎖。[62]「除了負責替帳

本打孔的比爾茲利先生以外」，沒有人能接觸到總帳本。[63] 打孔（在頁面側邊戳出小洞）能確保每一列都是直的。正如洛斯伯格所言，這麼做有助於確保數字正確地加總或扣除，因此在維護記錄正確性上極為重要。[64] 每天晚上 5 點以後，會計總帳的製作行動就開始了。其內容記錄了當日發生的所有支出與收款，資訊來源為大廳收支簿，後者是根據「6 本銀行票據現金簿；4 本由取款辦公室管理的現金簿、衡平帳簿，字母 Z、G 現金簿、已支付銀行股票利息憑證；還有財政部及現金辦公室帳目」。[65] 除此之外，愛德華茲會每周確認一次「所有重要帳目……像是現金、存入的金庫票據、貼現票據」，並且每年會在會計總帳內對所有帳戶紀錄進行結算 6 次，「但不會對紀錄來源的帳本進行結算」。[66]

愛德華茲同時也提到了如何向董事會呈現銀行的財務狀態，並解釋會製作兩份半年度的結算，而結算時間點在銀行股票半年度利息支付之前。這些帳目「會遞交到董事會；所有的帳目全都結清，總資產負債表也會每年輸進會計總帳之中一次」。[67] 因此，儘管一直到 19 世紀中期，銀行的資產負債表才被要求必須公開，但在此之前，銀行董事也總會定期收到財務狀況的匯報。[68]

工作環境與壓力

會計師的工作在絕大多數情況下，會在遠離公眾視野的辦公室內進行。辦公室裡總是擠滿了一排排坐在桌前埋頭苦幹的職員。這些辦公室負責的工作內容極為複雜且重複，需要職員近乎一整天都坐在辦公桌前，而這樣的工作方式在 18 世紀末到 19 世

Chapter 5 維護公眾信任

紀早期開始，被認為對健康有害。當時的醫生開始注意到用於寫字的手，可能會出現痙攣、甚至是麻痺症狀。[69] 這樣的症狀不僅僅是因為寫字引起，更肇因於工作的分量與強度，最好的例子就是會計辦公室的職員。重複性勞損可能是文職員工所需面對的最嚴重工傷，但根據日後針對白領辦公族健康的研究，發現了辦公室生活或許會導致各種痠痛或惱人疾病的累積。1831 年，C・T・薩克拉（C. T. Thackrah）發現工時長、缺乏運動且工作環境惡劣，會導致員工出現肌肉張力疲乏、各種痠痛、消化問題及血液循環不良。他指出，「雖然通常不會造成急性病變，但持續在最大限度的情況下工作，不僅會對身體造成傷害，更會致使個體終身病痛」。[70]

除此之外，儘管銀行職員整體而言較為長壽的事實無可否認，但銀行建築並不總能提供健康的工作環境。[71] 事實上，儘管銀行建築確實經過專門設計，但某些時候對於建築風格的重視，更勝於實用性。舉例來說，由於許多辦公室的採光都是依賴上方的窗戶，因此當陽光直射在帳本上時，不僅讓帳目難以閱讀，更對部分職員的視力造成傷害。在薩謬爾・比齊克羅夫特擔任行長時，他下令更改大廳主燈的顏色，「透過測試，找出讓燈光照射在帳本上不會產生太大炫光的顏色」。[72] 審查委員也得知許多辦公室「因為沒有設置可供換氣使用的煙囪或孔洞，不僅不健康，更嚴重損害了受雇員工的身體」。[73] 在審查展開之時，銀行股票辦公室的負責人米林頓先生，因為病重而在家休養，且病情已經相當不樂觀。同事將他的病因歸咎於辦公室的「密不透風」。[74] 此外，審查委員也注意到「檔案室近乎全年都處在極為濕冷的狀

態下,導致員工極為排斥為了進行必要作業,而持續待在那裡的情況」。[75]

長時間、高壓且緊繃的工作狀態,也很有可能讓心理健康付出慘痛的代價。在審查委員對職員進行訪談時,經常聽到職員提起長時間的工作,言語中也暗示了他們對於此種工作模式的不滿,以及服務大眾所必須承擔的壓力。[76] 此類抱怨在文職工作者身上相當常見,且情況甚至更為嚴重。在東印度公司工作的查爾斯·蘭博(Charles Lamb),回憶自己整個晚上徹夜難眠,總是擔心著帳本上的數字加起來不對或有錯。[77] 鮑溫對東印度公司業務管理的描述,也指出「接踵而來的大量文件」,需要持續給予高度集中的注意力,更導致疲勞與工作壓力。[78] 羅森哈福特(Eve Rosenhaft)對德國辦公職員的描述,也點出了對準確度的持續要求及工作內容的考核,都會產生心理上的疲勞。此外,還有基於保密性所帶來的限制,以及對言行的後續審查。[79] 羅森哈福特列出了因文職工作壓力,而導致的「尷尬、憂慮及衝突」感受。[80]

對某些行員來說,在銀行任職的壓力也因為長時間的工作而加劇。確實,某些會計辦公室的職位「被認為比較輕鬆,並因此經常分配給那些在銀行內資歷較深的職員」。[81] 其他辦公室會在下午3點結束工作,讓員工得以享受悠閒的午後時光或去兼差第二份工作。儘管如此,會計辦公室卻有無數的任務必須在每天結束之前完成,這也讓員工不得不待到很晚。事實上,甚至可以說「第二輪」的值班會在下午2點左右、當客戶數量開始減少時啟動,有時甚至會持續到深夜。而在這個時段工作的職員,必須確保所有帳目如實完成,並於下一個工作日開始前完成更新。

舉例來說，轉讓辦公室在下午 3 點關閉以後，就會製作出一份列有當日所有交易的明細。接著，會開始製作這份明細的副本，再透過兩者的比較來確認正確性。如同前述所提，每天晚上這份副本都會被送到銀行外。[82] 每一天，銀行共會製作出 21 份副本。[83] 這個行為的目的是確保當銀行遭遇意外並導致原始檔案毀損時，公共債權人的帳目還是能清楚無誤。傍晚的工作也包括了將票據與匯票登錄進貼現簿。叟西先生（Mr Southey）向審查委員表示，這份工作必須等到當日稍晚、亦即所有的貼現業務都完成以後，才能展開。[84]

在靠近傍晚的作業中，每一張票據或紙幣必須首先「記入日常帳」，然後於貼現帳簿中過帳到付款者的帳戶底下。[85] 來自貼現辦公室的憑證也必須首先記入日常帳，然後再過帳到同一本帳簿中的貼現者帳戶底下。接著，該流程必須包含贖回的票據與匯票。這個過程必須借助於銀行大廳內的點收員，因其管理的「記事簿」記錄了當天所有為付款而核發的票據與匯票。在點收員的任務於下午稍早結束後，這本簿子就可以供人使用。於是，職員會根據記事簿及帳簿中的個人帳戶金額變動，確認所有貼現款項的總額。[86] 在下一個工作日開始前完成這些程序，有助於讓待命委員會的董事們掌握帳目，以便擬定日常決策。

為了完成這些流程，必須另外找來 16 名人員，而銀行的做法是從工作較早結束的員工之中指派人手。除了自己的主要薪水收入外，每人每年還能多拿 18 英鎊又 5 先令。[87] 他們的收入確實因此增加。叟西先生報告道，「登錄貼現票據與支付款項的工作相當繁重——在最尋常的日子裡，不到晚上 6、7 點，他絕對下不了

班,許多時候還甚至要待到更晚;至於其他同事,尤其是負責登錄付款款項者,往往還要多待上 2 個小時」。[88]無獨有偶地,班特利先生(Mr Bentley)也表示自己的工作「完成時間絕對不可能少於 2 個半至 3 個小時,許多時候則需要 4 或 5 個小時,才可能做完。所以他很少在晚上 8 點以前踏出銀行,在忙碌的日子裡還會更晚,周六更是經常待到 10 點或 11 點」。[89]

有意思的是,在有機會向審查委員揭露自己的工作處境後,會計辦公室的初階員工也試著為自己爭取到更好的工作條件。他們懇請董事會「提高從事這份額外工作的年度津貼」。[90]審查委員詢問了他們的意見,並誠摯地提出了支持提高薪資的意見。他們記錄了以下內容:

委員們認為,會計辦公室內負責將已貼現票據記錄並登錄貼現簿的那 16 名員工,其所獲得的酬勞——總金額為 300 英鎊,因此每個人在其薪水之外會平均分到 18.5 英鎊,與他們因為這些業務而需承擔的額外困擾與勞苦極不成比例,由於他們任職於一個不會收到任何來自民眾禮物或小費的辦公室,且總是必須在辦公室內待到相當晚——我們因此建議行長及財務委員會將他們的情況納入考量。[91]

有趣的地方在於,這些員工的訴求不是減少工作量或增加額外人手來幫忙,而是提高工作時間的薪資。他們顯然清楚意識到,自己的工作與其他辦公室職員相比,有兩個不利之處。第一點,他們的職務讓他們不會與大眾或其他機構直接接觸,因此不

可能接收到任何小費或禮金。第二，與其他辦公室的多數職員相比，他們確實無法兼職其他工作。因此，我們或許可以說這些員工試圖為自己喪失的機會，尋求金錢上的彌補。而他們的做法，也展現出他們將自己的時間視為可交易的物品，並願意接受銀行以適當的現金補償，來購買他們無論是白天或晚上的時間。審查委員願意支持他們訴求的原因，則沒那麼容易解釋。或許他們認為員工的訴求相當合情合理，也或許是他們意識到銀行在這些工作到深夜、且沒有受到什麼監督的職員身上，放了過多的信任，倘若他們出現二心，極有可能帶來巨大的危害。因此，如上所述，審查委員很有可能因此視加薪為確保這些職員勤奮且誠實的必要手段。

失去控制的詐欺犯罪

　　確認銀行會計體制有效性的其中一種判別方法，就是端看銀行能否透過部署來鎖定詐欺犯罪，或其會計程序是否會被有心向機構或客戶施行詐騙者所利用。1797 年，1 塊與 2 塊英鎊的紙幣發行後，銀行紙幣偽造案大量爆發，但是在此之前，老貝利街（Old Bailey，倫敦中央刑事法院的所在地）每年總會出現為數不多、但數量穩定的銀行相關詐欺案件。[92] 絕大多數的案件都是銀行外部人士所犯下，但很偶爾地，行員也會身陷其中。[93] 此類犯罪並不一定很難施行。銀行紙幣及其他紙類兌換工具，相較之下更容易進行竄改或偽造。[94] 除此之外，銀行客戶的數量是如此龐雜，行員自然不可能認識所有人。因此，很難一眼就識破偽裝成

客戶或公共債權人的犯罪者。

但是，對於偽造者及詐欺者的懲罰非常嚴重。自 1697 年起，英格蘭銀行就受到一項資本法規的保護，1729 年，又有一條法規通過，指出偽造、仿造、協助或流通「任何契約、遺囑、憑證、債券、書面義務、匯票、付款本票、任何匯票或本票的背書或轉讓、或清償或收據，無論是為錢或物品，皆屬重罪，且不得使用神職人員特權」。[95] 除此之外，這項法規的影響「極為廣泛且普遍」，而且和其他重罪法規不同，經常會被處以死刑。[96] 事實上，在漫長的 18 世紀裡，有「一小批但穩定冒出來的偽造者死在絞刑台上」。[97]

銀行自然也是傾盡全力避免偽造和詐欺的發生，為了確認客戶身分，銀行使用了大量的紀錄與程序。舉例來說，「確認簿」留存了所有在銀行開立戶頭者的簽名檔案。[98] 其他程序的目的，則是確保每一方都能追蹤到。例如，銀行有一本「許可簿」，登記了所有可以向銀行帳戶所有者進行取款的人員。對於票據，可能也是採用類似的做法，但還需要向取款辦公室遞交授權書。[99] 在行員不認識對方的情況下，也可以採用背書的形式。因此，當某人來到取款辦公室，請求獲取某筆支付時，他們必須為這筆款項簽名。在支付完成後，這筆取款紀錄就會進入到多本現金簿中的其中一本，並立刻過帳到取款簿，再與相關的現金簿交叉比對，以確保紀錄維持在最新狀態。[100]

儘管如此，在某些地方上，銀行的程序仍舊缺乏嚴謹。舉例來說，我們發現無論是紙幣的準備或存放，都存在著偽造與竊盜的風險。[101] 儘管檢查簽名是可靠的身分驗證方法，但在驗證的時

候,職員——至少是轉讓辦公室的職員,也承認他們在實務上不會「將所有轉讓股票者的簽名拿去和接受時的簽名進行比對,以確認兩者字跡是否相似」。[102] 而轉讓辦公室之所以沒能進一步確認簽名,主因在於工作量實在過於龐大,以及想要給予民眾即時服務的企圖。這樣的情況在銀行上上下下都很常見,行員實在沒有充裕的時間去執行所有確認程序。

　　一旦發現詐欺情形,銀行就會堅決提起訴訟,並總是尋求最重懲處。[103] 事實上,儘管歷經了限制期(Restriction Period),但麥高文(Randall McGowen)認為在銀行應對詐欺行為的政策上,「絞刑台發揮了關鍵影響」。[104] 而銀行的涉入並不僅限於揪出詐欺行為。在當時代的刑法體制下,犯罪受害者有義務抓住犯罪者,調查其犯罪,並負擔一部分的調查費用。[105] 如同薩謬爾・比齊克羅夫特日誌中所記錄下來的一個案例,銀行也總是不遺餘力地展開調查。關於這起個案:1775 年 6 月 3 日,一名銀行職員將一張偽造的票據交到了馬丁先生手中,而這張票據最初是北安普頓的克拉克先生(Mr Clark)所收到的。馬丁先生於是展開了調查工作,他首先拜訪了蘇格蘭,又在試圖辨別偽造者及追溯其蹤跡時,來到了荷蘭。[106]

　　毫無疑問地,銀行的帳目與帳戶,以及掌管這些事務的職員,在犯罪調查與遞交給法院的證據呈現上扮演關鍵角色。因此,在 1779 年 5 月於老貝利街召開的約翰・麥蒂森(John Matthison,又名麥克斯威爾〔Maxwell〕)的案件審理中,銀行的副秘書長法蘭西斯・馬丁經過與銀行帳目的比對,發現一張偽造的票據。在被問到這張票據是否為真時,馬丁(Francis Martin)表示,

「我相信這是一張偽造的票據;我已經比對過銀行的帳本;我核對了現金簿與票據簿,在那個日期下並沒有找到銀行發出這張票據的紀錄」。[107] 該案中,也針對印刷紙幣的紙張品質與出納員的簽名,提供了進一步的證據。在這兩項舉動中,能清楚觀察到法院對於專家、銀行職員及其留存紀錄的正確性,深信不疑。[108]

在 1772 年於老貝利街進行審理的約翰・維斯坦伯格(John Vestenburg)案件中,數名銀行職員在法院的召喚下,出庭作證銀行的會計程序,確實足以成為辨別詐欺行為的辦法。維斯坦伯格被指控涉及偽造一張面值 5,000 英鎊的匯票,但最終被無罪釋放。為本案進行作證的職員,多次提及取款辦公室如何管理客戶的帳目、支票的發行以及客戶存款簿的維護等事務。由於該起犯罪所涉及的匯票是發行於 1765 年,因此職員提到透過保存的紀錄,他們才得以追查到這筆罪行。這些紀錄包括了指示出納員進行支付的票據,以及被盜領者的帳戶紀錄。[109] 同樣地,在 1778 年因偽造授權書而被定罪的湯瑪斯・薛伍德(Thomas Sherwood)案件中,可以見到銀行職員在法庭上呈現了相關的 3% 永續債券轉讓簿及董事會的會議紀錄,後者記錄下了該筆具爭議的轉讓獲得許可。[110] 由此可見,銀行的紀錄及其保存的方式獲得極大的信任,更因此得以成為定罪的證據。

儘管如此,這並不意味銀行永遠是對的。在 1782 年進行審理的約翰・史密斯(John Smith)案件中,也顯示了面對如此常見的名字,出錯幾乎是無可避免的。當時,一筆 200 英鎊的匯款,被匯進錯誤的約翰・史密斯帳戶中。而獲得意外之財的這位史密斯,不僅沒有指出錯誤,反而接受這筆高於以往的利息,然後將

手中持股賣出。但在案件審理中,他並沒有因此被定罪,因為「犯錯的是銀行職員,而正是這個錯誤,讓該名男子得以動用不屬於自己的事物⋯⋯他不誠實地占有不屬於自己的財物;但根據此案的情況,他並沒有做出任何偽裝行為」。[111]

導致欺騙行為出現的錯誤相對少見。更為常見地,是故意偽裝成帳戶所有人或其法定代理人的情形。其中,最知名的案例莫過於蘇菲亞・普林哥(Sophia Pringle)。普林哥的犯罪動機,是因為養不活自己和因病無法工作的戀人。她因此萌生出偽造父親房客威廉・溫特伯恩(William Winterburne)的授權書,委託股票經紀人賣掉溫特伯恩名下價值 100 英鎊的股票。這次嘗試成功了,於是,普林哥又在一個禮拜後,企圖第二次賣掉其他股票。之前,以「僕人裝束」出現在經紀人面前的她,這一次卻戴著「暖手筒並插著羽毛」現身。這樣大的轉變,已經足以引起經紀人的懷疑,並因此通知銀行。普林哥被逮捕、審判並處死。[112]

亨利・貝索(Henry Berthaud)的案件,則顯示了對於某些存款戶來說,要保護自己遠離此類犯罪是多麼不易。貝索提議陪同不識字的馬克・葛羅福斯(Mark Groves)到英格蘭銀行,協助他購買價值 100 英鎊的股票(股票名稱未具體指明)。貝索完成了這項任務,但保留了交易明細。接著,他又折返銀行,將股票賣掉,並在上面簽下了葛羅福斯的名字。葛羅福斯之後去銀行進行查詢,發現自己名下沒有任何資產,才察覺自己上當了。[113] 同樣地,湯瑪斯・伊頓(Thomas Eaton)在法庭上作證,約翰・艾許(John Ash)冒充自己,試圖取得價值 750 英鎊的銀行股票。當伊頓前往銀行領取股息時,

正在領錢的他，發現被告離他的手肘非常近，被告是一位經驗豐富的烘焙師，當時正在追求伊頓的一位姪女，看到被告就站在自己手邊，他覺得有點奇怪，但也僅僅表示：你是想知道我身價有多少嗎。[114]

但是，在看到伊頓擁有多少資產及他的簽名後，艾許重新回到銀行，假裝自己是伊頓，企圖賣掉股票。這個案例也顯示了要管理成千上萬名的信貸者帳戶，是極其複雜的一件事。對於個人身分的確認，經常奠基於信任的基礎。這也讓如普林哥、貝索和艾許這樣對公眾存款者有著一定程度認識的有心人士，能加以利用。罪行的揭露，需要仰賴原始存款戶進行查詢，或如普林哥案那樣，因為專業的金融人士察覺到異常行為，並因此採取行動。

能犯下此類罪行的一般大眾，自身必須具備對個別公眾存款戶一定的認識，有時，就像艾許的案子，也要對於銀行程序有一定了解。銀行職員明白銀行內部的系統，也無可避免地，遲早會摸清楚如何辨別並利用這些系統中的漏洞。很少人會利用這些知識，但那些鋌而走險者，往往在被逮捕之前，也讓銀行付出了慘痛的代價。

其中，曾經擔任審查委員秘書的羅伯特・阿斯萊特（Robert Aslett）犯下的案子尤其值得注意。阿斯萊特因為勤奮努力，深受審查委員的讚賞，後續也順利升遷進入銀行高層，成為「副出納長」，並如阿克斯（Acres）所指出的，預期在適當的時機點下，取代亞伯拉罕・紐蘭德，擔任總出納長。[115] 但是，阿斯萊特是一位投機者，並因此輸掉巨額的存款。為了彌補自己的損失，他挪

用了價值數千英鎊的國庫券。[116] 他的罪行之所以能成功，是因為至 1803 年國庫券的購買由他一人全權負責，畢竟「總出納長紐蘭德先生年事已高，且身體孱弱」。[117] 儘管 1783 年至 1784 年間的審查、以及後續的審查，皆強調了「監督指導」的重要性，卻依舊發生了這樣的情況。[118] 事實上，一直到阿斯萊特的事件發生後，「雙重認證」的系統才被引進，確保沒有任何一位職員能獨立掌控任一具現金價值的產品。[119]

而另外一起案例的主嫌，是審查期間在職的職員，他的行為也讓我們觀察到資淺職員能如何操控銀行的紀錄。審查委員對法蘭西斯・方頓（Francis Fonton）並沒有太深的印象，但整體而言，他被視為一位優秀的員工。然而，在 1788 年或 1789 年間，他認識了一位船長的妻子，後者在丈夫出海的時候，會追隨一位過去曾經擔任籃子編織工匠的傳教士巡迴傳教，以打發時間。[120] 當時，方頓已經結婚，儘管沒有太多關於其妻子的描述。他是一位異議分子（Dissenter），在他事後的自白中，也公然表達了一些唯信仰論（Antinomian）的宗教觀點，而這些或許就是來自這位傳教士或其他宗教方面的探索。方頓和那位船長的妻子發生了婚外情，她向他保證，全憑他們那位傳教士的宗教儀式所賜，他們可以在晚上做自己想做的事，早晨時再到「籃子編織工匠的教堂中祈禱」，他們的罪或許就會獲得寬恕。[121] 方頓徹底利用了這樣的好處，以及另外兩位顯然是為了「最卑劣目的」而住在船長家中的婦女。[122]

很快地，方頓就向戀人表示能讓她的錢變多。她存了 200 英鎊，方頓提議替她將這筆錢拿去買股票。但她收到的交易明細是

假的。有限的證據沒能解釋方頓為何要欺騙自己的戀人，但或許能猜測他這麼做，是為了滿足自己的生活方式。小冊子中詳細列出了方頓的生活方式，以及那些同樣被他欺騙的人，包括了擠奶女工、磚匠和牛夫；後者也提到在發現自己的 300 英鎊被騙走後，失去了理智。金融城的一位警官布萊茲先生（Mr Blades），也授權方頓擔任自己的代理人，並因此損失了 600 英鎊。[123]

方頓並沒有因為這些罪行而被定罪。但在 1789 年 5 月，他因為對威廉·帕普斯（William Papps）施行詐欺，而被逮捕。曾經雇用方頓擔任自己仲介的帕普斯，請他為自己買進 50 英鎊的 4% 年金。方頓答應了，並在幾天後把帕普斯叫來銀行，讓他簽收這些債券。但是帕普斯實際簽名的文件，是從自己戶頭中轉 450 英鎊到約翰·皮爾斯（John Pierce）這位男士戶頭的交易。接著，方頓給帕普斯一張 50 英鎊的收據，帕普斯也因此對這樁交易毫無顧慮。[124] 在一樁由知名的威廉·加羅（William Garrow）所起訴的案子中，方頓的罪行被描述為「對這樣一個商業國家造成了極大的傷害」，並被判有罪。此外，更進一步指出方頓在銀行內的職位，讓他得以知悉「業務中的所有細節……而你將自己獲得的知識應用在最低劣且邪惡的目的之上」。[125]

如同阿斯萊特，方頓利用銀行程序的漏洞，以實現自己的犯罪。特別的是，方頓懂得找出已故的公眾債權人，取得股息憑證並代替他人簽名，並發行股票交易明細。銀行採用的股權持有登記系統，更加劇了問題的嚴重性。在這套系統下，銀行是唯一持有股票所有權法律檔案的一方，導致有心人士能因此輕易利用這樣的情況。而這些罪行也只有在最初的資金持有者對自己的帳

戶提出質疑時,才會被揭露。最後,當然,方頓還必須實際處在能犯下這些罪行的位置上。他在利息辦公室內的職責,讓他不僅能輕易地取得檔案,更能輕易地接觸到那些成為受害者的銀行客戶。

※ ※ ※

審查委員發現,銀行會計程序及負責管理這些帳目的行員,在絕大多數時候裡,其誠信都經得起考驗。有多種制衡的機制,而且這些機制也似乎能有效預防、或至少能辨識出錯誤或企圖操控檔案的罪行。但就跟銀行的其他業務範疇一樣,此處依舊存有安全疑慮。就此方面來看,審查委員尤其擔心未支付利息憑證的存放,後者就「放在由一道鎖來控制的木製櫥櫃中,而每位職員手中都有一把鑰匙」。[126] 這件事讓審查委員相當驚訝,因為負責保管憑證的支票辦公室,正是因為先前的貪污事件才特別設立的。為了在未來能更好地保管憑證,審查委員要求對未支付憑證採取更有效的審核,並將支票辦公室轉移到銀行另一處更為安全、且可以安裝保險箱的地方。[127]

但是,職員本身就是一種無法被移除的風險。上一章裡提到在雇用員工時,會採取的預防措施。介紹了銀行為預防員工在工作期間致使銀行蒙受損失,因而要求立保證人的規定。除此之外,身為銀行常設委員會的機構與雇員委員會,有義務監督職員,確保他們認真盡責,並在需要的時候,監督其工作與私下的情況。舉例來說,阿克斯也指出,在銀行之外的地方「擾亂公眾

秩序並酗酒」會被解雇，1736 年，愛德華·史東（Edward Stone）就因為賭博的習慣而被解雇。[128] 但是，如同阿斯萊特與方頓例子所展示的，有些時候鋌而走險的行為會在傷害已經造成之後才被揭發。

除此之外，倫敦的生活充滿了誘惑。儘管會計辦公室的某些職員必須在工作崗位上待到很晚，有些職員卻能早早離開銀行。他們可能在回家的路上，因為這座城市的各種面貌而流連忘返。他們能找到各式各樣的娛樂，商店會一直開放到晚上 10 點，夜間戲院和歌劇則在 11 點左右結束。一位於 1770 年來到倫敦的訪客發現，倫敦的街道即便到了深夜，也跟白天的時候一樣擁擠。[129] 某些位在聲名狼藉區域的賭場正等著客人入座。在查爾斯·克勒特巴克的案子爆發時，《倫敦記事報》（London Chronicle）的記者也報導道，「數名隸屬於銀行及商行的職員，經常性地光顧此類場所，為了最卑劣的滿足，犧牲自己的時間、人格及財富」。[130]

CHAPTER 6

捍衛公共信用守護者

在戈登暴動（反天主教暴動）期間，英格蘭銀行面臨了有史以來最大的人身威脅。那是一場前所未見的血腥暴動，根據推測，有 700 人因此遭到殺害或受傷。後續更有 25 人因為侵犯財產權而被吊死。[1] 一位志願兵觀察並寫下，「火光燻天，周圍一片血紅，四處傳來槍響，婦女與孩童接連倒臥在街頭各處；所有的底層人民都淪陷在酒精的作用下，舉著旗幟歡呼和遊行」。[2]

　　在一片暴行之中，1780 年 6 月 7 日的晚上、也是戈登暴動期間「最具革命性的階段」，有人試圖攻擊英格蘭銀行。[3] 第一次攻擊，出現在晚間 8 點過後不久，第二次則出現在 10 點以後，最後一次則發生在凌晨，「大批暴徒為了襲擊銀行，從奇普賽街逼近，其中幾人更手持火槍⋯⋯暴徒人數是如此眾多，甚至擊敗了騎兵衛隊，但步兵透過不斷開槍的方式，驅散了人群」。[4] 那個晚上，與騎兵衛隊及步兵並肩作戰的，有政治狂熱分子約翰・威爾克斯（John Wilkes）和銀行自家員工。[5] 根據傳說，後者所持槍械的子彈，還是用辦公桌上印台熔化後製成的。[6] 在這一晚過後，數百名暴動者死亡，整座城市宛若廢墟，但英格蘭銀行毫髮無傷，甚至還在隔天開門營業（儘管業務內容大幅縮減）。[7]

　　這場動亂成為最佳的警鐘，讓人明白像銀行這樣一個本質上屬於開放空間的場域，其脆弱性不容輕忽，能獲得的支援，也不容高估。此外，對於銀行的攻擊，也不能被單純地視為在一連串試圖推翻國家鎮壓象徵行動中的單一異常。[8] 確實，部分暴徒或許是因為相信了天主教將大筆資金存放在銀行的謠言，才受到煽動，但還有數個原因讓銀行成為最合理的目標。首先，銀行為了保護自身業務與金融系統免遭鑄幣者及偽造者的侵害，經常性地

進出法院,因而被視為威權與鎮壓的一種象徵。此外,歷史學家也發現攻擊的行動,存在嚴重的「階級」偏見——無論是基於天主教徒或其他因素。

如同魯德(George Rudé)所言,暴動者的行為中存在著「就算只有一天,也想要報復富人的曖昧期待」。[9] 基於此一動機,銀行成為最合情合理的目標。長久以來,銀行一直是人們憎恨的目標,無論是那些因為富人階級而逐漸失去立足之地的倫敦中產階級,還是被戰爭所衍生的高額賦稅壓得喘不過氣的更廣泛社會民眾。儘管認為暴徒能理解:「誰能成為銀行的主人,就能很快成為金融城的主人,而誰能成為金融城的主人,就能很快成為大不列顛的主人」,可能有點過度推論,但在暴徒眼中,毫無疑問地,銀行就是政治與經濟權力的化身。[10]

本章的目的是探討銀行如何抵禦這樣的威脅,尤其是在戈登暴動發生之後。接下來的內容,將解釋銀行的傍晚與夜間的例行公事,從銀行紀錄的上鎖到守衛遵循的程序。內容展示了在防範災難性威脅如暴動和火災方面,銀行採取了哪些措施。我們也必須明白,儘管 1780 年 6 月發生了那樣戲劇化的事件,但忘記火燭或遺失鑰匙等人為疏失,對銀行來說才是更常發生且可能導致問題的風險。本章同時也將再次回顧銀行自始至終都相當關心的客戶、國家及公共債權人之關係,以及透過可見的組織管理模式,所傳遞出來的誠信原則。銀行的規模與複雜性,也持續製造出對此刻的我們而言,已經相當熟悉的問題。設計完善的業務程序,也再次因為業務壓力和因應複雜組織日常流程的需求而受到影響。

Chapter 6 捍衛公共信用守護者 217

強化銀行防禦工事？

丹尼爾・艾布拉姆森認為，戈登暴動進一步揭露了銀行在維安方面對國家的依賴。他引述了暴動發生當下的即刻反應，以及暴動結束後，立刻駐紮在銀行外的軍隊規模——534名步兵，同時也是金融城內規模最大的武力。[11] 就某些層面而言，他說得沒錯。銀行在1780年6月7日當晚及後續所獲得的武裝防護，強烈展現了議會試圖保護國家最重要金融機構的意願與企圖。其同時更反映了在當時普遍盛行的觀點，「混亂勢必會接踵而來，數以億計的財產被消滅，所有的公共債權被大火侵吞，在這場災難裡，無論是孤兒、寡婦、國人與外國人、各種階級與條件者⋯⋯將無一倖免！」[12] 然而，艾布拉姆森認為銀行完全依賴國家力量的觀點過於簡化。如前述所討論的，該機構的聲譽仰賴著其與公眾的緊密關係，而這種關係就建立在與政府那透明、可觸及且經過審慎協調的關係之上。因此，在暴動發生之後，銀行面臨一個艱難的選擇。

董事會顯然深思熟慮過各種方法，包括建築物的強化。在這場騷動爆發之後，他們也立刻針對建築防禦方面的改善可能性，徵詢軍事工程師休・德比格（Hugh Debieg）中校的意見。德比格針對建築提出了數項建議，包括在銀行周圍築起「高而堅固」的牆，再加上「高度足以控制住整個屋頂的側塔」。[13] 他同時也建議買下或拆除鄰近的建築物，尤其是緊貼著銀行針線街入口旁的聖克里斯多福教堂。德比格認為，這些改變至少能讓銀行員工守住銀行，直到救援部隊抵達為止。[14] 徵詢軍事工程師的意見，顯

示出銀行董事對於銀行防備的重視程度,但將銀行變成軍事堡壘又確實太超過。毫無疑問地,董事們在預算上也很注意。德比格預估這些改變,大約要花上 3 萬英鎊。[15] 但董事們也同時敏銳地顧慮到銀行作為公共機構的定位。因此,銀行必須維護倫敦金融業界及大眾投資者的易於接觸性,也必須維持平易近人的外觀。基於以上考量,防禦工事最終被銀行否決。

另一方面,銀行還是收購了聖克里斯多福教堂,希望能至少提升部分的安全性。比鄰銀行建築的教堂,確實可能成為有心入侵銀行者的輕鬆突破點。因此,銀行董事詢問了他們能否買下直接貼著銀行的教堂部分,以及教堂的某些出入口和較低的窗戶能否堵上。除此之外,董事也很關心銀行空間方面的問題,因此,1781 年 3 月,銀行改變策略,向議會請求獲得整間教堂的所有權。教區居民提出抗議,但隨著銀行系統性地買下鄰近的房屋,居民數量開始減少,他們的主教羅伯特・洛斯(Robert Lowth)也支持銀行的行動。

在銀行於 1734 年搬到針線街時,該教區內共有 92 戶居民。[16] 在銀行準備將 1780 年代早期買下的房子拆除時,銀行統計過該教區剩下的居民不超過 10 戶。因此,聖克里斯多福教區在 1781 年時,與鄰近的聖瑪格麗特・洛斯伯里(St Margaret Lothbury)進行合併。[17]1782 年,銀行以 4,462 英鎊的價格買下教區土地,此外,給予該教堂牧師終身每年 38 英鎊的補償,女司事蘇珊納・斯卡索普(Susanna Sculthorp)則一次性地拿到了 20 英鎊。[18] 在此之後,聖克里斯多福教堂的拆除與原址的再利用也迅速地展開。儘管教堂已經拆除,儘管銀行急需更大的空間,但銀行仍舊不曾動過聖克

里斯多福的墓園。事實上，人類遺骸一直等到了19世紀中期、銀行展開進一步的整修以後才被移走。[19] 但是，儘管死者並未受到驚擾，在銀行掌控周邊實體環境上，聖克里斯多福教堂的拆除被視作最後一道關鍵抵抗。

銀行之所以想要額外空間的另一項原因，是為了容納已經成為銀行夜間維安一部分的步兵衛隊。在暴動發生後，該衛隊24小時常駐於銀行內，且被視為必要的措施。1780年秋天，因為倫敦市的議會選舉，衛隊被撤離。9月下旬，隨著選舉結束，銀行行長丹尼爾・布斯（Daniel Booth）寫信給海德上校（Colonel Hyde），請求恢復衛隊駐守：

閣下，

我受英格蘭銀行董事會之委託（隨著倫敦市議會成員選舉終於昨日下午3點正式結束），想提出一項訴求，懇請今夜指派30名衛隊駐守銀行；此外，有鑒於紳士們的看法，銀行董事認為如今白天已毋需軍備常駐（若您對此沒有重大疑慮），因而較期盼衛隊能在傍晚稍早時抵達，再於晨間返回。[20]

這項請求獲得了許可，且在往後的193年裡，亦即一直到1973年為止，一支人數約莫為30名的步兵衛隊，總會在每晚駐守到銀行內。[21]

但並非倫敦市的所有人都贊同衛隊駐守在銀行。事實上，這個行為引起倫敦市政府及當地百姓的厭惡。部分原因在於，這支衛隊在最繁忙的時候，從西敏寺出發一路穿越河岸街、弗里特街

（Fleet street）和奇普賽街，而以兩列縱隊陣勢行走的衛隊，將民眾全都擠到了一旁。

詹姆士・吉爾雷（James Gillray）也在 1787 年的畫作中諷刺了這樣的行軍，描繪了趾高氣揚的衛隊無情地踩踏著任何膽敢擋住其去路者，無論男女老幼（圖 6.1）。[22] 此一負面形象也在隔年，當衛兵喬瑟夫・米頓（Joseph Mitton）因為擋住去路的民眾沒能及時淨空道路，而以刺刀刺向民眾並導致一人死亡後，變得更為嚴重。米頓遭到逮捕並以謀殺罪被起訴，但因法官認定其不具備故意傷人之企圖，因而最終僅被判處一般傷害罪。[23]

‖ 圖 6.1 ‖ 詹姆士・吉爾雷，《行軍向銀行》（*A March to the Bank*），1787。
資料來源：英格蘭銀行博物館所有，0274（ii）。© Bank of England.

就算撇除民眾對於衛隊的不滿，光是動用軍力來保護民間機構的行為，就足以招致怨恨。尤其是倫敦市政府，其認為衛隊不僅違憲，更侵害了倫敦市自古以來的特殊權利。[24] 議員們明白銀行擔憂的不僅僅是戈登暴動造成的迫切需求。毫無疑問地，他們也有同感。在這場暴動之後，許多人開始擔心犯罪率高漲，而這樣的擔憂也在 1780 年代當犯罪潮開始席捲倫敦後，逐漸擴大。[25] 倫敦市的議員們也同樣感受到因美國獨立戰爭所導致的航海中斷，讓犯罪人口的管理變得日益艱難。

然而，關於能夠採取哪些舉措的討論，一直存在政治爭議，該城市的控制權該落在何處——尤其在派遣軍隊維持治安後，更是引發了爭論。基於此一原因，議員們被視為解決倫敦治安問題的絆腳石，因為他們只顧著維護自身的特權，卻罔顧民眾與公司行號的安危。[26] 作家哈里斯（Andrew Harris）極具說服力地解釋情況並非如此，且倫敦當局也確實明白問題的癥結，但仍舊試著透過民間的力量來解決問題，最終也以較為開明的態度來應對犯罪率的增長。[27]

但是，懷抱著同樣憂慮的銀行董事們，拒絕依賴民間軍力來保護自身的權益。市長與市議員向銀行提出了數項方案，試圖移除衛隊，或者從倫敦市的民兵中派遣一支部隊給銀行。議員華森在 1788 年 7 月提出來的方案，並未得到銀行董事的贊同。他們回覆道：

他們無法同意不需要衛隊這樣的說法是正確的，因為此舉在海外獲得高度的認同，被視作對股東財產的極大保護，因而他們

有理由採取同樣的態度；他們也認為那支直接來自國王的衛隊，能提供高於任何私人衛隊的保護。且絕大多數的所有權人皆滿意如此的安排。[28]

看起來，討論進入了死胡同。股東及海內外的公共債權人皆認同衛隊的效果，因此不管倫敦市如何反對，他們必須留下來。

但是，我們得思考股東們是否真的樂見衛隊走進銀行後，就消失於公眾視野的事實。最初駐紮於聖克里斯多夫教堂的衛隊，在1782年開始有了自己的軍營。1782年5月30日，建築委員會下令「將王子街上緊臨紐蘭德斯先生（Mr Newlands）家的空房子對外門及窗戶框全部移除，以磚頭將所有開口嚴實地砌起，並為了容納士兵進行相應的工程」。[29] 自此之後，衛兵們每晚都留在最終變成專門為他們打造的兵營內，而不是在銀行周圍巡邏。他們的駐守是為了預防攻擊行動，而不是成為常態性的防禦力量。

此外，有鑒於銀行偶爾會對衛隊的品質及注意力提出抗議，讓人不禁懷疑這些衛兵在緊急狀態下是否能發揮實力。阿克斯記錄下衛兵於夜間缺勤或將未獲授權者帶入軍營的情況。1793年4月發生了一起重大投訴，兩名紳士來到銀行與衛隊軍官共進晚餐，卻因故開始爭吵，砸碎了酒瓶與杯子，最終在「銀行的庭院裡」和軍官本人大打出手。[30] 看上去，參與這場鬥毆的軍官實在不太可能是完全無辜、或甚至是清醒的。因此，儘管擁有一支武裝部隊（無論清醒與否）確實能對重大威脅起到嚇阻作用，但在夜間的安全管理上，銀行員工還是必須依賴其他系統。

Chapter 6 捍衛公共信用守護者

✍ 全部鎖起來

在步兵衛隊進入軍營的同時,銀行內部的上鎖程序也開始啟動。白天的時候,銀行的文件、書籍與帳本全都有使用的必要。它們被擺放在辦公桌上,或櫃子、開放的檔案室內,供人隨時取用。這對提供即時服務給客戶來說是必要的,此外根據前述,這也是銀行流程透明度的重要指標,有助於其主要業務順利運作。不過,儘管有絕佳的原因讓這些檔案在白天時刻裡,必須維持絕對的敞開,但在銀行關門後,就必須確保它們的安全。然而,重點在於銀行的工作並不是傍晚 5 點就結束。如同在上一章所提到的,由於職員必須在隔天正式上班前更新所有檔案,因此工作會一直持續到傍晚、有時甚至更晚才能結束。這些工作內容包括每個辦公室都不相同的例行公事,有時這些工作無法即時完成,且總是由較為資淺的銀行職員、亦即所謂的「留守職員」來監督。檔案、帳本、現金和面值高達數百萬英鎊票據的安全,全由他們負責,然而他們卻不屬於管理階級。

在審查委員調查期間,他們透過許多角度來評判留守員工的效率,以及用來監督例行公事的方法。對於文件及貴重物品的實際安全,他們展現了合理的關切。他們在乎是否有恰當的制衡機制,來確保無人能單獨操控維安程序,他們也想知道這些事務都由誰負責,誰又該為最終的上鎖負起全責。在某些辦公室裡,運作機制相當完善。負責掌管 O 現金簿的菲利普斯先生(Mr Phillips)向審查委員描述了銀行票據的存放過程,他指出每本帳簿中留下來的票據,皆會由負責另外一本帳簿的員工在接受出納

員的指揮下進行盤點。接著,票據會被鎖進倉庫中。負責各帳簿的職員之中,會選出一位參與上鎖的程序,而負責各帳簿的員工裡,還需推派一位,等到會計總帳結算完成後才能離開。[31]

根據紀錄,已在銀行服務 19 年的湯瑪斯・侯爾摩斯(Thomas Holmes),自 1783 年 11 月 24 日起,開始擔任取款辦公室的夜間留守員工。他也同樣清楚程序,他的責任就是將取款簿、總帳和利息簿、日常帳及「錫箱」(或許是負責運送文件和票據到財政部的箱子)上鎖。[32] 這些文件會被鎖進保險庫,鑰匙再接著立刻送到總會計師的宅邸。侯爾摩斯同時也讓我們了解到在審查之後,這些程序出現了什麼樣的改善。他指出,「在過去兩個禮拜間,出現了一道命令,要求留守員工在專門的簿子上簽下自己的名字,確認已將上述所有物品安全地存放好」。[33]

另一方面,貼現辦公室內的程序,則因為其保管的文件更容易毀損,而複雜得許多。自 1783 年 4 月 10 日起開始擔任貼現辦公室夜間留守員工的魯溫先生向審查委員表示,該辦公室的工作鮮少在晚上 7 點、8 點之前完成,有時職員甚至還會待到更晚。等到魯溫的工作一完成,負責存放所有票據的鐵箱鑰匙就會被送到總會計師或副總會計師的公寓;倘若他們不在家,鑰匙就會交到僕人手中。[34] 因此,倘若工作較晚才結束,這將意味著沒有辦法確定鑰匙最後落進誰手裡。還有更多證詞,揭露了貼現辦公室的其他問題。針對那些「工作很晚才能結束的日子」,審查委員找來了亞伯拉罕・紐蘭德,詢問他對於上鎖程序的看法。[35] 他認為票據的存放並不安全,因此「應該提供一個能用兩道不同的鎖來保管票據與紙幣的地方,並且指派兩名職員留下來,直到所有東

西都鎖上為止,然後兩名員工各自保管一把鑰匙,且必須放在委員們認為合適且不相同的地方,直到隔天早晨」。[36] 他也進一步表示貼現辦公室的位置太過偏僻,並不適合作為存放票據與紙幣的地方,他比較偏好更為公開的地方。[37]

業務的複雜性與收工時間較晚的兩件事實,也對外部出納員造成些許困擾。如同第一章所描述的,外部出納員的事務從一大早就必須開始,但是負責留守的外部出納員,每天都必須在銀行待到晚上 6 點,「接收那些由外部出納員帶回來的未支付票據、經銀行相關人員處理後所取得的款項」。[38] 由於這些作業一直要等到更晚的時候才能完成,因此外部出納員的專款無法如平時那樣上鎖,但是「按照慣例,他會將自己的錢裝進袋子裡,進行秤重並開票,同時將自己所有的紙幣或有效資產交給點收員,點收員會接著將袋子送到留守出納員手中,再由後者將布袋鎖進倉庫一整晚」。[39] 秤重和開票屬於系統化程序,但錢袋在上鎖之前還要經過好幾手,也暗示了這些內容物的保管責任變得難以釐清。

安全技術的複雜程度,讓銀行程序的缺失更加嚴重。根據歷史學家的推論,現代的保全產業出現於 1770 年代,卻似乎找不到了解這些技術如何獲得應用的參考資料。[40] 審查委員的備忘錄似乎可以提供些許線索。根據紀錄,就某種程度來看,銀行採用的安全技術相當精密。無論是白天或晚上,都會以上鎖的抽屜、櫥櫃、書櫃、保險箱和金庫,來存放文件與現金。銀行也有金庫和「倉庫」(Warehouse),用來保管未簽名票據、現金、貴金屬和其他檔案,核心帳簿、使用中的現金及票據也會鎖在裡面過夜。絕大多數的辦公室大門皆配有鎖頭,且部分辦公室如貴金屬辦公

室和倉庫,其大門甚至是用鐵而不是用木頭打造。[41] 銀行的總帳也會上鎖,「以避免被打開或偷看」。[42]

儘管這些上鎖的裝備確實能對投機者起到威嚇作用,但這些裝置是否複雜到足以阻止那些有心且手段成熟的小偷,則很難評斷。如同發明家喬瑟夫・布拉瑪(Joseph Bramah)所指出,多數18世紀的鎖頭構造都很簡單,單純依賴「外部的連結裝置對內部螺栓施以一道槓桿作用力」。[43] 此類裝置並不難破解,提供的僅僅是安全的假象。除此之外,根據布拉瑪的說法,即便是更複雜的機制,像是要經過更多道或更複雜「防護」或阻礙機制才能開啟的鎖,對於意志堅定的破解者來說,也絕非難事。「就算鎖的內部設計精巧,布局巧妙⋯⋯且能開啟螺栓的通路極其精細而繁複,還只有唯一的鑰匙才能開啟」,對技術精湛的工匠來說,仍能輕易破解。[44]

關於銀行通常會使用的鎖頭類型,沒有留下太多紀錄,但我們可以發現審查委員對於這些鎖的品質,在某些情況下,也沒有太大的信心。銀行的木製抽屜與櫥櫃被認為太容易就能破壞。貼現辦公室的箱子則「太輕、太薄,沒有固定在地板上,就各方面來看,都不能為其內保存的龐大資產提供充分的安全性」。[45] 總出納長辦公室內用來保管鑰匙的箱子,亦被認為「非常不安全」,委員們也要求更換這些裝置。[46] 由於每位員工皆有權限可以進入銀行內部特定區域或倉庫,因而要追查哪個環節出錯或有人企圖行不法之事,就變得極端困難。同樣地,要追究到底誰該為上鎖的程序負責,也根本不可能。儘管名義上,留守員工必須為上鎖程序負責,但有太多人都可以拿到鑰匙,因此舉例來說,待命委

Chapter 6 捍衛公共信用守護者　227

員永遠無法百分之百確定是誰最後一個進入辦公室或倉庫。除此之外，警衛在夜間也有權動用鑰匙，以利他們進出打掃。

事實上，在這樣的系統之下，鑰匙成為最大的問題。信賴的負擔很沉重，責任卻很低。這與典型的喬治時代家庭形成了鮮明對比，後者通常僅有一串鑰匙，以限制進出權並監視房子內的所有動向。[47] 房子的鑰匙通常都由家中地位最高者保管，而鑰匙的使用權則視家中成員及僕人的資歷或責任而定。[48] 因此，鑰匙不僅僅是進入某個空間的媒介，更象徵著權力。[49]

反觀銀行，許多鑰匙掌握在資歷較淺或不受任何監督的職員手裡。除了可以進入特定辦公室的鑰匙之外，許多個別員工也會拿到自己辦公桌或櫃子的鑰匙。在某些辦公室裡，會有一個共用的抽屜或櫃子，且所有人都有一份鑰匙。舉例來說，貼現辦公室裡的部分票據在晚間時分，會放進一個安置在櫃子中的鐵箱裡保管，但這個櫃子的鑰匙，則大剌剌地放在所有貼現辦公室職員都能打開的公用抽屜裡。[50]

這套系統最重大的缺陷，莫過於總出納長辦公室內的保險箱鑰匙管理。該保險箱共有兩道鎖，而每一道鎖在銀行內皆有三把鑰匙。其中一個鎖的三把鑰匙由出納員來保管，而另外一道鎖的三把鑰匙則由櫃員來保管。這些鑰匙可以視需求在此兩組人馬間進行交換，唯一的限制就是在工作日結束後，留守出納員及留守櫃員手裡必須各有一把鑰匙。[51] 在那個時候，箱子已經上鎖，但其他鑰匙還留在銀行大廳的不同辦公桌上。審查委員抨擊了這樣的做法，並指出在他們進行質詢的當下，那個箱子裡存放了「價值超過 400 萬英鎊的貸款借據等其他物品」。[52]

非使用中鑰匙的存放，則是另一個值得擔心的問題。在每一天的營業時間結束後，銀行內各辦公室的鑰匙照理來說，應該由員工送到大門門房小屋裡，然後整晚存放在此處。每把鑰匙上會有一個黃銅標籤，標示這把鑰匙歸屬的辦公室。這些鑰匙就掛在大門門房小屋的走廊上，僅有總出納長及貼現辦公室的鑰匙會掛進廚房的牆壁上。任何一位門房、警衛或職員，都可以在夜間取用這些鑰匙，最後則通常會由警衛、門房或隔日早晨第一位抵達辦公室的職員取走。[53]

　　沃特金斯先生指出，多數人在取走放在他房子內的鑰匙之前，都會跟他或他的妻子進行確認，儘管這並不是硬性規定。[54] 其他的鑰匙則會讓員工帶回家過夜。舉例來說，票據辦公室的保險箱就有兩把鑰匙。其中一把會在夜間的時候鎖進金庫，但是另外一把則會讓留守職員帶回家。[55] 儘管鑰匙整夜都在該名員工手裡，但審查委員卻被告知，此人無法為保險箱裡的東西負責，因為那個箱子經常沒有上鎖，且在該名職員離開銀行後，也經常維持在使用中，直到最後才會用整晚鎖在金庫中的那把鑰匙鎖上。[56]

　　除此之外，備用鑰匙的處理也被視為一個問題。這些鑰匙存放在總出納長辦公室內的兩個小箱子裡，但審查委員發現，「只要能打開其中一個小箱子，就能徹底掌握貴金屬辦公室、倉庫和接待室內保險箱的開啟，以及其他能獲得同等機會的地方，甚至還包括了紐蘭德先生辦公室內的大保險箱」。[57] 他們也推論出任何可取用這些小箱子的人，將能因此接觸到銀行內所有有價資產，除了存放在保險庫的物品以外。解決之道，就是將備用鑰匙「密封好，進行編號，在上面寫下備註，（並且）……存放在委員室

的保險箱裡」。⁵⁸ 讀者或許會想知道，就在本文寫下的此刻，這些鑰匙還完好地密封著，躺在銀行博物館裡。

審查委員很快就體悟到，上鎖的櫃子、保險箱、抽屜及辦公室其安全性之所以無法深獲信賴，往往不是因為小偷的技巧出神入化，而是因為這些安全設備疏於管理，這點在鑰匙的保管與處置上尤其嚴重。審查委員想出來的解決之道，就是改變安全系統，包括銷毀部分使用中的鑰匙、強調管理鑰匙的責任應由資深職員負責、訂製新的小型保險箱並安置在總出納長及總會計師的屋子裡，好於夜間保管銀行的所有鑰匙，同時打造一個可上鎖的櫥櫃，用來存放那些留在大門門房小屋中的鑰匙。⁵⁹ 但是，在安全技術的管理方面，也僅能做到如此。在此之外，還有更多難以解決的缺陷，尤其是在剛入夜的時刻裡。

銀行的第一道防線，就是其周圍腹地。部分的出入口會在傍晚或夜間的時候，盡快關閉和上鎖。因此，運送金銀的通道會在下午3點左右上鎖，通往轉讓辦公室的大門則會在3點半的時候上鎖。⁶⁰ 而大門在理論上，會在冬天時候的傍晚5點或夏日時候的6點上鎖。⁶¹ 但是，由於銀行業務的運作時間遠超過銀行的營業時間，加上訪客與居民在夜間還是會持續進出銀行，因此大門只能維持半敞開的狀態；此外，兩名本該駐守在大門口的警衛，有時也會出現因循怠惰的情況。

其中，某起事件也特別引起審查委員的注意，在那起事件中，「紐蘭德先生（總出納長）和另外一人來到大門口，穿過大廳，接著進入總出納長的辦公室，並在待了很長的一段時間審閱文件後，返回大門口，結果發現情況還是一樣，沒有任何銀行內

部的人發現他的到來」。[62] 在被詢問到這起安全疏失後，大門門房總管沃特金斯先生解釋自己因為生病，只能待在家裡。[63] 審查委員似乎沒有詢問最顯而易見的問題——為什麼這樣的安全漏洞能用大門門房主任的缺席來解釋，當時當值的警衛又在哪裡？此外，也沒有記錄下他們詢問在沃特金斯缺席時，該由誰負責的問題。毫無疑問地，這樣的漏洞在訪客來來去去、職員準備離開銀行的夜晚，相當常見。因此，一直要等到大門在夜間 11 點正式上鎖後，銀行才處於真正安全的狀態。

銀行的夜間守護者

在職員離開且附近的居民也撤離後，銀行的安全就交到了夜間警衛的手裡。銀行共有 15 名夜間警衛，年薪為 20 英鎊，另外還有 4 名臨時雇員，每晚皆會前來確認是否需要自己的支援。每一季他們會獲得 1 基尼的雇用費，倘若需要值班，每晚則能拿到 1 先令的報酬。[64] 而這 1 先令，會從缺席者的薪水裡扣除。許多夜間警衛在白天還有第二份工作，不過銀行的待遇也比金融城裡的其他地方來得好。儘管如此，如同本書稍早所提，18 世紀下半葉的生活成本快速增長，已經嚴重到足以侵蝕實際工資，夜間警衛也因此時不時地陷入了經濟困頓之中。[65] 在一份於 1774 年 3 月遞交到董事會的請願書中，夜間警衛申請救濟金的發放，因為「生活必需品的嚴重缺乏，致使其與家人陷入了嚴峻的景況之中」。[66] 董事會同意了，卻沒有下令永久性地調漲薪資。相反地，他們下令將 45 基尼平均分給 15 名警衛，另外 8 基尼則由 4 名臨時雇

Chapter 6 捍衛公共信用守護者　　*231*

員均分。⁶⁷ 在其他經濟不景氣的時期下，也能見到類似的補貼手段。⁶⁸

但是，儘管銀行支付的基本工資並不總是能趕上倫敦生活的基本需求，但其依舊具備了固定薪資與現金收入的優勢。此外，董事們也會在認為適當的時刻展現慈愛之心。1775 年 11 月，「可憐而病弱的警衛」麥克法蘭先生（Mr McFarland）拿到了 2 基尼。在其過世後，麥克法蘭的遺孀也獲得了「基於慣例，依據此情況所給予的」5 基尼中的 3 基尼，另外的 2 基尼為事先給予，以幫忙應付喪葬開銷。⁶⁹ 此外，19 世紀初期為減少員工對補貼的依賴程度，進行了薪資調整，這也讓我們了解到職員能爭取額外收入的機會。一份製作於 1805 年的收入表，列出了在國定假日或周日工作，每天能得到 2 先令 6 便士的薪水。然而，這份工作的收入對每個人來說「是不確定地，還需視其上班時間的多寡來定」。⁷⁰

在審查進行期間，負責銀行安全的職員可獲取額外的補貼。這些補貼包括可以將穿舊的褲子拿去賣，並接收執勤時所使用的剩餘蠟燭。警衛的工作有供應晚餐，此外，每天晚上 8 點到 9 點之間，其中一位警衛會獲許可前往「鄰近的啤酒屋，外帶或購買 6 品脫的飲品，每人 1 品脫，不得超過此限」。⁷¹ 此外，銀行也為看門人和大門門房提供住宿，入住者可以獲得煤炭及蠟燭的補貼，還可以向銀行領取供住處使用的「錫製品、木工製品及裝飾家具」。⁷² 部分員工還會領到適合其職位的外衣。舉例來說，大門的門房會領到一件「外表為深紅色、內襯為橘色的長袍，以及一支笨重且有著銀色手柄的竹製手杖」。⁷³ 每一年的聖誕節，駐守巴塞洛謬巷的警衛也會得到一件大衣，和一條馬褲。⁷⁴ 銀行也

會定期給予慷慨的補貼：正式聘用的警衛每年 3 英鎊 3 先令，臨時雇員則是一年 2 英鎊 2 先令。[75] 董事們也會贈與他們聖誕禮物，而銀行職員似乎有時候也會給警衛、門房及看門人聖誕禮物跟小費。[76]

這些禮物與銀行贈與職員的獎金不同，因為給予警衛的禮物是所有人平等且定期的。因此，這些禮物不同於基於表現而給予的獎勵，更像是一種定期、且更重要也更容易理解的——薪水的補貼。[77] 如同瑪格特・芬恩（Margot Finn）所指出的，僕人及員工經常能收到禮物和現金補貼，這些舉動既是出於社會義務與慈善之心，同時也是強化忠誠度的一種手段。[78] 或許正是這些定期發放的禮物，讓銀行的警衛及門房能積極地投入工作，並希望能保有這份職位。然而，正如前述所提，對於一個試圖建立起改革氛圍的機構來說，補貼與小費的機制只會帶來問題。因此，到了 19 世紀初，開始取消津貼，並透過加薪的方式來彌補因此造成的損失。

為了領到這份薪水，警衛的職責就是確保建築物的每一處都很安全，沒有任何未獲許可的人物逗留在銀行內。他們也被期望能對任何威脅抱持警惕，且「倘若注意到火災的聲音或災難性事件」，必須敲響「大鐘」以警告眾人。[79] 他們會在大門第一次關閉的 1 個小時後，亦即夏日的晚上 7 點，冬日的晚上 6 點集合。這 15 名警衛並不是同時開始值班，在 6 點或 7 點至 10 點之間，大門口會有兩名警衛，銀行大廳一位，圓頂大廳一位，另一位則駐守在介於貴金屬辦公室及巴塞洛謬巷之間的「通道」上。晚間 10 點過後，大門口會派一名警衛，大廳一位，圓頂大廳一位，「通

道」一位。[80] 所有的人每 2 個小時會換一次班，卸下職務的警衛可以隨自己的意願，休息或享用食物，直到隔日早晨必須清掃和準備辦公室之前。

　　銀行警衛必須防範的威脅，絕對不容小覷。1785 年，《泰晤士報》（ *The Times* ）悲嘆著「夜間掠奪者的暴行」，描述他們「居然變得如此大膽且目中無人，以至於沒有任何一個時間、地點或場合，能安然於他們的威脅之外」。[81] 他們恐懼的不僅僅是獨立罪犯，戈登暴動在集體記憶中留下了深刻的傷痕。1783 年重新降臨的和平，以及軍隊的復員，就如同每次戰爭結束後那般加深了民眾對犯罪的恐懼。[82] 雪上加霜的是，將罪犯送往美國的行動宣告終止，也讓問題變得更為嚴重。這樣的效應在人口集中且犯罪數量已是問題的倫敦，感受尤其明顯。該市的議員於 1786 年時推測，有額外 4,000 多名「根據法律應予以驅逐出境者」，滯留在英國境內。[83]

　　倫敦的夜間情況確實有了些許改善。過去僅限於主要街道上的夜間照明，現在連庭園和小巷也被包括在內，蠟燭也被油燈所取代。儘管街燈能提供的光亮還有待商榷，但在剛入夜的時候，還有商店的燈光可彌補街燈的不足，且當代的人們認為較明亮的街道有助於減少犯罪，尤其是攻擊與搶劫。[84] 倫敦市的守備也有所強化，過去由每戶戶主輪值的守望事務，如今由領薪人員來負責。該角色的任務是確保通往住宅及商業建築的入口是否安全，檢查街燈的狀態，透過每半個小時或 1 個小時的報時，讓居民安心並對不法分子起到威嚇之效，同時逮捕犯罪者或形跡可疑者。[85]

　　這些人員可能也曾和銀行的守衛互動。1776 年，在銀行附近

值班的城市警備員愛德華・史普格斯（Edward Sprigs），向銀行董事請求慰勞金，因其這一年來都與治安官一起處理「普通婦女」（貶義，指行為不端的女性）的問題。史普格斯憑著其表現，獲得了 3 基尼的獎金，之後更獲得了銀行夜間警衛的職務。[86]

然而，儘管個別成員確實有能力出眾者，但一般而言，城市守望隊的能力不太能應付重大威脅。[87] 法國旅人皮耶爾・讓・葛羅雷（Pierre Jean Grosley）就寫道，倫敦的「夜晚就由那些從無用之輩中挑選出來的老人來看守，憑著他們手中僅有的一盞提燈和長竿」。[88]《倫敦市巡邏與監督計畫大綱》（Outlines for a Plan for Patroling and Watching the City of London）作者的用字遣詞則較為婉轉，但也表示「因為連續進行夜間看守而造成的疲憊，勢必會形成一股倦怠，從而侵蝕有能力警備者該有的警覺心」。[89] 此外，倫敦市警備員獲得的薪水也不足以激起他們的幹勁。一年約莫 13 英鎊的收入，幾乎供養不起一個家庭，更因此難以吸引到對的人群，畢竟「從不中斷的夜間守望工作，讓那些勤奮的手工業製造者或工人，根本無力負擔守備員這份職務」。[90] 年輕且身強體健者，在日間通常會有另一份工作，因而必須避免此類夜間工作。

至於銀行的警衛是否表現得更出色，答案則令人懷疑。與倫敦市的警備員相比，他們並不一定更年輕、更有活力。確實，絕大多數的人都是在年紀比較大的時候才接下這份工作。例如，在 1777 年的米迦勒節（Michaelmas），擔任大門門房與管家兩個職位的威廉・班寧（William Banning）及其妻子被解聘，因為他們「年事已高，無法繼續負荷銀行內的工作」。[91] 儘管有時銀行會主動讓年長者退休，但其並未採取系統化措施來提高夜間警衛的行為

能力,直到 19 世紀早期,部分門房、包括 77 歲的納沙尼爾‧尼爾(Nathaniel Neale)在內,才因為身體孱弱,被迫卸下職務。與此同時,董事會也下令,規定「未來的門房及警衛於銀行上任之時,其年齡不得低於 25,亦不得高於 40」。[92] 該項命令於 1809 年修正,要求應聘者出示年齡證明,且需要由「受信賴的醫生」開立「健康狀態良好,沒有任何殘疾」的證明。[93]

夜間警衛會持半長柄槍(Half-Pike),也可以使用槍械。[94] 銀行共有 31 把配有刺刀的毛瑟槍及「其他裝備」。[95] 這些武器就存放在大門門房小屋裡,每年都會由一位軍械士進行打理與保養。然而,儘管門房手中備有火藥與子彈,但武器似乎並不總是處於上膛的狀態。事實上,大門門房總管威廉‧沃特金斯也特別表明,只有在「1780 年的暴動中」,這些槍械才被取下並填裝彈藥。[96] 此外,可以動用槍械是一回事;懂得如何使用槍械又是另外一回事。儘管部分夜間警衛有在軍隊服役的經歷,但這也無法保證他們熟悉、且懂得如何使用槍械。施沃爾勒(Lois G. Schwoerer)引述了長久以來不願意讓下層人民使用槍械的原因(即便在考量到民眾的安危後),以及這些槍械的價格又是如何讓窮人退避三舍。[97] 有鑑於此,銀行的夜間警衛不大可能具備抵禦重大威脅的能力。

銀行存放槍枝的目的是出於防範,但暴動的威脅是活生生且確實存在。18 世紀的倫敦,是一個擁擠且紛亂的城市。舒梅克(Robert Shoemaker)用「典型的暴民世紀」來描述此一時期。[98] 儘管在那場史無前例的戈登血腥暴動以後,動亂變得較少,但倫敦人無論是發生爭執或想要慶祝,總會輕易地就走上街頭。而且在一天之中任何時候,他們都很有可能這樣做,但研究也指出,

群眾——且尤其是暴動的群眾——較有可能於晚上出現。[99] 哈里森就描述了數個足以導致此一現象的理由（儘管其談的是布里斯托爾，而不是倫敦），包括團體的領導者發現必須在工作時間以外召開會議、黑暗是暴行的最佳掩護，以及黑暗對暴力行為並不會造成任何阻礙等。[100] 同樣地，慶祝性質的集會經常伴隨著某種程度的照明，而這些光亮也只有在黑暗中才能達到最佳效果。

而正是基於對此一理由的體悟，也解釋了銀行建築物的某項特殊性。如前述所提，在銀行面對大街的那一側上，一樓沒有任何窗戶。毫無疑問地，此一設計有助於降低闖入銀行的可能性。但是，這也同時反映出情緒激動的群眾熱愛砸窗的事實。特別的是，喬治時代下的英國，相當喜歡在窗前放一盞燈，作為慶祝某件好消息或針對某事表達允許的辦法，因此當屋子的主人拒絕在窗前點燈時，群眾經常會打破該建築的窗戶。[101] 動亂時期的另一個威脅，就是「毀壞房屋」。這裡指的不僅是房屋實際上的損壞，更包括卸下門窗，以及扯下或焚燒織品及家具。[102] 這樣的行為對銀行來說，殺傷力尤其嚴重。因此，建造一幢在一樓僅有幾個弱點和出入口的建築物，毫無疑問是相當明智的選擇。

小心火燭！

對銀行存亡造成持續性且嚴重威脅的，就是火。儘管火災有可能發生在一天之中的任何時候，但此風險在夜間尤其高，因為此時所有蠟燭與取暖裝置都被啟用，且只有較少的人能在火星跳出來並失控之前注意到情況並即時處理。對銀行而言，火災

Chapter 6 捍衛公共信用守護者　237

確實是其所必須面對的最大實際威脅之一,因此防範火災自然成為夜間警衛最重要的任務,儘管其在處理火災上能力有限。銀行本身是一幢極為龐大的建築物,在夜間,並非每一處都能固定巡邏到。未妥善處理的煙囪、壁爐和火爐,都是一種風險。在冬日裡,職員尤其需要燭光才能工作。門房和警衛也必須舉著蠟燭,銀行紀錄中提到,他們在被視為極端易燃的區域中攜帶明火。[103]

由於銀行另外為總會計師、副總會計師、兩名大門守門人以及大門門房提供住宿,其自然也因此面臨了家庭火災延燒到辦公室的風險。事實上,審查委員也特別指出,根據他們的看法,票據辦公室的所在位置面臨極大的風險。主因就在於該辦公室位在大門門房小屋的正上方,「一個一年之中絕大多數時候都會有火的地方」。[104]

風險也可能來自銀行外部。縱火可能是來自不滿員工或客戶的針對性攻擊,或單純只是遊行所衍生出來的後果。事實上,在18世紀晚期,縱火的情況日益頻繁,尤其在勞工與社會動盪不安的氣氛下。[105] 由於銀行緊鄰的某些外部街道過於狹小,因此火災(無論是人為或意外)也很有可能從鄰近建物蔓延過來。阿克斯指出,這樣的恐懼也因為康希爾1748年的火災、1759年皇家交易所附近的甜點巷(Sweetings Alley)火災,變得更為緊張。在康希爾那場火災之中,有約莫一百間平房被燒毀。[106] 儘管1838年皇家交易巷的那場火災不在我們討論範圍內,但這場火災格外具啟發意義。火災發生於夜間,但直到清晨演變得難以控制時,才終於引起人們的注意。當時,1833年成立的倫敦消防隊火速趕到現場,但情況已經一發不可收拾。天候也不站在消防員這一方。當時是1

月,被用來撲滅火焰的水在人行道上開始凍結,最後變成冰塊,進一步阻礙了滅火行動。皇家交易所付之一炬。[107]

對銀行來說,火災的威脅有兩個層面。第一個層面,是建築物及其內部物件的毀損,從而導致資產甚至是業務方面的損失。第二且可能更為重要的一點,則是火災有可能導致檔案及資訊方面的遺失。根據紀錄,英格蘭銀行保留了唯一具法律效力的股票及政府公債所有權狀。因此,股票帳簿、轉讓簿和利息清單要不是完全沒有替代品,就是要耗費龐大的精力才有可能重建。而檔案丟失對大眾信賴度,以及對財政部關係之影響,更不得不加以考量。

審查委員在討論到支票辦公室這個已支付利息憑證在送回財政部前存放的地方,以及「存放了舊的、未兌現或過期的憑證(在利息發放的 4 至 5 年內)」的問題時,更特別留意了上述第二點。[108] 審查委員驚訝地發現,由於空間不足及檔案數量驚人,導致這些檔案只能雜亂無章地塞在辦公室裡,「但空間大小不足以容納所有檔案,因此有些塞在隔壁辦公室內的低矮木頭隔板間,有些則放在敞開、因而更有可能發生意外的大廳內」。[109] 審查委員也指出,倘若這些文件丟失,「我們擔心與財政部的結算將變得窒礙難行,因其嚴格要求必須出示每一張憑證」。[110]

第一章提到銀行董事在防範火災方面,作為相當積極。[111] 這些行為包括了買下銀行周圍的建物進行道路拓寬,確保銀行出入順暢,同時防範周圍建物的火勢波及銀行。在羅伯特・泰勒於 1770 年代展開的銀行修建計畫中,增建了一棟高四層樓且全防火的檔案庫。該建物的最主要用途是存放檔案。[112] 防範火災造成

的損失,也是夜間例行公事的一項重點。值得注意的是,由於檔案的安全是如此重要,因此每天的股票轉讓明細都會進行複製,再送到其中一位資深董事愛德華‧佩恩位於銀行外頭的會計事務所。[113] 除此之外,部分存放於銀行內的檔案,在夜間會被轉移到帶有輪子的「推車」上,「好在事故發生時立刻移動」。[114]

儘管銀行在檔案的安全上煞費苦心,但對於建築物本身則沒那麼謹慎。[115] 其中一個原因或許在於火災保險的關鍵賣點,就是保險公司會提供自己的消防隊,而銀行也早已安排好自己的消防措施。[116] 事實上,銀行成立後的第一個行動,就是為確保銀行的第一個家──梅瑟爾大廳(Mercer's Hall)能遠離火災,購買一切必須用品,其中包括了一輛消防車。[117]

銀行董事擬定了獨立的滅火策略,無疑為相當明智的決定。倫敦市也有消防隊(尤其是保險公司設立的),每一個行政區都必須擁有自己的消防設備,像是梯子、水桶、馬匹或甚至是消防車。但在實務上,多數消防工具都不合格。行政區經常忽視設備的維護工作,也鮮少有人接受操作的訓練,用於滅火的水源供應來源更經常不足。[118] 消防車也可能要花好一番工夫,才能抵達火災現場。此外,儘管保險公司的消防隊員或許很勇敢且強壯,但他們顯然也出現了酗酒、且有時過於莽撞的特質。因為酗酒、缺勤或其他行為不當而遭到解雇,更是屢見不鮮。[119] 這樣的情況也讓他們在救火時的表現不穩定。因此,不少倫敦的公司要不是成立自己的救火隊(包括倫敦同業公會的 12 間公司),就是如東印度公司或銀行這樣,設有自己的救火裝備。[120]

在審查委員於 1783 年交出報告的時刻,銀行共擁有四輛消防

車。銀行消防車的完整結構目前尚不清楚，但在 1780 年代，這些車輛是由約翰・布里斯托（John Bristow）製造並保養。其運作的機制或許和湯瑪士・紐山（Thomas Newsham）於 1726 年設計的消防車相似，後者配有一個大型氣缸以確保水流的穩定，同時透過側面設置的幫浦來確保水壓一致。[121] 此類消防車可以安裝極長的水管，好將水噴射到一定的高度之上。[122] 消防車的大小有很多種，最小的甚至小巧到可以像轎子一樣背在身上。有鑒於銀行建物本身的規模，銀行勢必只能買大型、每分鐘能將 770 公升的水，運送到約 35 公尺以外的消防車。[123]

消防車價格昂貴，更需要定期維護，以確保其處於可運作的理想狀態。[124] 重大保養與修理似乎主要是由製造商來負責，機構與雇員委員會的備忘錄上也可以看到這筆固定支出。[125] 但是銀行的警衛也會在每個月的第一個星期四，進行固定的維護與測試。[126] 這個工作通常會在夜間、庭院沒有任何客戶的時候進行。薩謬爾・比齊克羅夫特的日誌也記錄下了其中一名警衛尼可拉斯・哈吉斯（Nicholas Hodges）在進行消防車演練時不慎受傷，最終在醫院住了 8 個星期，這起意外也證明了控制消防車灑水這件事的困難，或甚至是危險性。[127]

除了確保消防車處於可運作狀態之外，消防安排的效果還需仰賴水源的供應，而這點對銀行來說，顯然是一個問題。薩謬爾・鮑森葵在筆記中寫道，在戈登暴動時期，前院的蓄水槽已經徹底乾涸了。[128] 沃特金斯先生也指出，在他頭一次來到銀行時，蓄水池的水就不太充足，但他也表示，近幾年這個問題沒有再發生，而且他「已經不記得在過去很長的一段時間裡，有曾經需

Chapter 6 捍衛公共信用守護者　　241

要使用的情況」。¹²⁹ 難以取得水源也是董事會在面對康希爾區提議，由聖彼得教堂來打造一個容量為 1 萬 8,000 加侖的水箱「以提升滅火效率」時，下令捐助 50 英鎊的其中一個原因。¹³⁰

火災的防範及滅火考量，也再一次讓我們關注到銀行在控制周圍環境上的需求。倫敦的日常以無數種方式威脅著銀行的安危，從暴力騷動及蓄意攻擊，到可能造成難以估算損失的意外之火。銀行採取的預防措施，顯示了其對建築、固定資產和設備的在乎，更展現了銀行對於維繫著整座城市經濟及國債之紀錄與帳簿的高度重視。這些步驟也顯現出 18 世紀英國機構在組織及行政效率上，確實值得讚揚的出色表現。但這同時讓我們進一步深思，這樣的效率是構築在一個就某些程度而言並不穩固的基礎之上，而沉重的信賴又是如何堆疊在領著微薄薪水的職員肩上。

***

當銀行安全的最搶眼標誌——步兵衛隊在自己的軍營裡酣然熟睡時，繁忙的雜事正在銀行內靜靜展開。警衛繼續忙於整夜的巡視，並在終於卸下裝備的時候，趕緊抓緊時間睡覺。他們是稱不上救火部隊，但他們的存在確實讓銀行遠離了夜間火災的重大威脅。而他們的巡視，更嚇阻了任何視銀行為囊中之物的不法之徒。他們的薪水並不體面，但這份薪水既穩定，又以現金支付，更在提高忠誠度的獎勵金及送禮機制下獲得彌補。銀行添購了消防車與槍械，儘管需要使用的機會近乎不曾發生過。初興起的安全技術，也發揮了一定程度的效果，此外，在審查期間內，上鎖

的程序獲得改善，鑰匙的保管也更有效率，資深職員再一次承擔起自己為銀行安全該負起的責任。多數的夜晚，都寧靜有序。

在黎明來臨時，步兵衛隊起身返回位於西敏寺的軍營，銀行的警衛亦開始展開打掃及替每間辦公室點上燈火的工作。很快地，大門就會開啟，第一批員工將重回辦公室，展開新的一天。銀行的齒輪將繼續轉動。

結語

賢德的銀行家

到了 1784 年 3 月,審查委員的工作進入尾聲。在審查的過程中,委員們在英格蘭銀行身上看到了為大眾服務的熱誠、多數時候運作良好的工作程序,以及一個就整體來看,足以支撐當時堪稱全球最大城市那規模龐大、且還在成長之中的公債產業及經濟。他們也同時發現了許多令人抱持疑慮之處,尤其是在安全、效率及責任方面。某些議題,他們不願意出手處理,因此一直到 19 世紀,接受客戶小費的情況仍舊默許存在。此外,並非所有的安全隱患都獲得解決,如法蘭西斯‧方頓和羅伯特‧阿斯萊特等員工監守自盜案所顯示。但是審查委員確實在銀行內部的程序上,進行了數項重大改革,包括了銀行紙幣的發行、公債轉讓及利息發放事務的管理。他們改變了辦公室的布局,修改檔案系統,並從銀行內的上鎖程序到鑰匙的掌握,都加以改善。

他們同時也反思了銀行職員的狀況。在最後一份報告中,他們將焦點放在員工身上,「考量到因人數眾多,理應受到關注」[1]。審查委員發現下級人員缺乏從屬關係,上級人員則欠缺關注。他們也進一步要求,未來高階職員應加強管理權,並為從屬於他

們之下的職員行為負起責任。此外,他們也要求董事會的董事們,應更加關注被提拔到高位者及「被提名者的能力與性格」。[2]

在結束審查時,審查委員對財政委員會及董事會表達了謝意,「感謝他們對於我們工作的重視⋯⋯以及對於我們報告的寬容接納」。[3] 他們也直截了當地表示,無論在審查過程中,他們曾經找出哪些問題,但對於英格蘭銀行的價值與德行,他們依舊深具信心。他們對於銀行存在之價值與美德的讚揚,值得一讀:

> 在考量到英格蘭銀行不僅對倫敦市的商業促進與發展有著至關重要的影響,且身為公共信用守護者的我們亦身繫全國命運後,我們自然能理解一個如此龐大且攸關整體社群利益之機構,在能否明智地治理事務,或被賦予即時管理該機構者能否擔起相應責任的議題上,勢必會引起所有人的關心與憂慮。對此,我們認為毫無必要再向董事會多言強調這偉大機構所獲得宗教般的尊崇,或建議他們持續關注神聖地位的維護。[4]

倘若銀行董事最初設立此一委員會的目的,是避免落入東印度公司的同樣下場,那麼根據這段陳述,我們可以看出審查委員們認為自己的任務已了。

董事會顯然對這樣的工作結果相當滿意。在1784年以後,審查委員會並未解散。它持續存在並最終轉變為銀行的常設委員會,但被分割成數個專門為銀行個別辦公室負責的委員會,正式成為管理的一環。其處理的議題依舊很相似。委員會最關注的議題是出缺勤、紀律的強化,以及效率缺乏與犯錯的糾正。[5] 毫無疑

結語 賢德的銀行家　245

問地，定期審查有存在的必要，這不僅是因為程序總會越來越鬆散，對規則的解釋也會隨時間而變得模糊，更因為法國大革命及拿破崙法國（Napoleonic France）導致銀行業務大量激增。因此，在1804年的董事會備忘錄中，指出業務的「操作」又再一次地變得「欠缺穩妥」，並試圖重新提醒各辦公室的負責人，從今日起，董事會將要求他們在各方面擔起責任，包括：

各辦公室業務的妥善進行，以及從屬雇員的行為表現：倘若任何職員無法以令人滿意的方式完成被分配之任務，或未經上級許可無故缺席、不服從或忽視上級命令、罔顧辦公室內明文規定、出現任何不當行為，若有以上任一情況，辦公室負責人或主任職員就必須針對該行為進行呈報⋯⋯以即刻將該職員停職或解雇。[6]

毫無疑問地，在1783年至1784年審查期間，銀行的資深員工並沒有改變自身長期行為的動機。

無論結果如何，對歷史學家來說，審查委員的報告成為理解18世紀英格蘭銀行的最佳切入點。報告內容揭露了銀行確實是公共債務管理方面最扎實的根基。公共債權人確實面臨一定風險。他們的身分很有可能相對輕易地被盜用，但此種情況卻鮮少發生，主因就在於銀行不遺餘力地追捕偽造者及詐欺者，且經常對犯罪者尋求最重懲處。此外，整體運作流程健全，並具備一定的透明度，有助於建立銀行與國家的信賴度。我們也可以發現這份信賴不僅僅源自於銀行的實體外觀，更源自於其所使用的象徵符

號,像是用來將銀行與國家命運連接在一起的不列顛尼亞女神。

在短期及長期公債的管理上,銀行代表國家採取行動。儘管過去並未被這樣看待,但銀行成為國家最重要的承包商。其不僅給予服務,更提供財政部當時尚不能提供的行政能力與效率。無論批評是多麼尖銳,銀行已經深植在國家的金融體制內,並在將近一個世紀的運作下,成為一種不容改變的事實。如同我們所觀察到的,這樣的安排存在著妥協之處。作為長期債券二級市場進行的場域,以及銀行無法防止其職員身兼掮客與經紀人的事實,有損於其公正性。但是,提供一個可讓公共債權人平順且有效率進行買賣,並能公開討論債務價值的市場空間,卻也同時製造出一個巨大優勢。其有利於奠定讓英國政府具備借貸能力的可信承諾。

委員會的報告也顯示出銀行的生活及其內部節奏在極大程度上,與整座城市緊密地交織在一起(儘管有些時候是不情願的,但絕大多數都是樂於配合)。在面對入侵方面,銀行是脆弱的,更受環境所威脅,而我們也了解到銀行是如何嘗試保護自己,尤其是在入夜的時刻裡。在白天,這裡是公共場域,一個讓商人、公司負責人及倫敦中產階級之輩拜訪、同時期待提高自身曝光率的場所。辦公室裡的人潮隨著整座城市一日之內的運轉與節奏來來去去。這是一個締結與鞏固重要商業關係的場所,也是一個讓倫敦經濟受到規範與促進的地方。在這裡,信任以多種面貌獲得體現,並不總是像部分歷史學家所認定的 18 世紀晚期風格那樣——以匿名的形式為特徵。

在前述章節中,銀行職員占據了極大篇幅。透過銀行內許多

保存良好的檔案，讓我們得以了解其詳盡的工作內容，及工作之外的生活狀態。這是頭一次讓人得以理解 18 世紀的銀行與銀行家是如何運作，從票據發行與信用延展，到貨幣管理與帳戶維護，後者也保留了所有權與關係的詳盡及周全紀錄。我們已經認識到為連結銀行內部一切程序所需要的組織技巧，也或許得以觀察到銀行信賴的人力資源是如何出現不足、失敗或淪落成不正直的罪犯。

　　銀行員工對其工作職涯的重視程度，我們難以推測。對許多人來說，漫長的職業生涯不過是支撐起一個家庭在倫敦活下去的辦法而已。就他們的角度來看，銀行內的專業分工讓他們的文職生活變得更為單調。儘管如此，業務壓力依舊存在，且管理手段也確保了犯錯與不適任的表現，都會遭遇金錢上的嚴重懲罰。事實上，作家、偶爾擔任東印度公司職員且年輕時與 1783 年的銀行職員屬於同代人的查爾斯·蘭博，對自己的文職生涯提供了苦樂參半的紀錄。在他的〈退休老人〉(The Superannuated Man)一文中，開篇就嘆息著自由而年輕歲月的逝去，在「令人厭惡的辦公室禁錮」下虛度人生。[7] 在整個職涯裡，他意識到自己不具備從事此一產業的天分，總在夜深人靜時想像「輸錯資料並在會計條目上犯錯等」，因此徹夜難眠。[8] 退休後，他慶祝自己終於能再一次主宰自己的時間。

　　但至少有一段時間，他想念起工作中的例行公事，以及那些與他共事多年者的陪伴，更在重新拜訪過去的辦公室時，對取代自己位置及辦公桌的後輩感到厭惡。[9] 多數銀行職員對於自己的職位總是難以割捨，即便銀行提供了優渥的退休金，但許多人仍一

直工作到晚年，這或許也顯示了對他們而言，工作是多麼重要。許多人汲汲營營於將自己的兒子安插進銀行工作，好讓下一代享有在英國最重要金融機構內工作的好處。有些人確實因為工作獲得了長久的友誼，並因為退休而失去工作機會感到遺憾。舉例來看，亞伯拉罕‧紐蘭德熱切地回憶起自己在銀行度過的時光，並在過世後，留給前同事們慷慨的餽贈。

身為歷史學家的我們，對於英格蘭銀行內的紳士們所完成的工作，評價是相當明確的。銀行大規模擴張的業務，以及扮演國家與借款者間的橋梁（此點對國家來說尤其重要），讓財政軍事國家的需求獲得了充分滿足，而銀行職員們就是這一切的根基。

致謝

撰寫本書的過程實在漫長，亦讓我欠下了許多人情。在這一切人情之中，最重要的莫過於已故教授菲力普・柯特瑞爾（Philip Cottrell），他曾是我的導師與同事，而我期盼能將本書獻給他。本書的早期雛形來自我與菲力普的意見交流，這個過程也讓我再次思考審查委員會所留下的備忘錄內容，並嘗試了解其意義。我將永遠緬懷這些對話，以及菲力普以慷慨、親切而幽默的方式給予建議及挑戰的才能。

在與大衛・基納斯頓（David Kynaston）的對談中，他說服了我，讓我決定從「一日生活」的角度來撰寫此書。儘管過程中，我曾數度懷疑自己是否該依照此一格式來撰寫，但最終的成果讓我相當滿意，亦非常享受努力使一切成真並賦予意義的挑戰過程。我也很感謝娜塔麗・洛克斯伯格（Natalie Roxburgh），針對銀行的空間與意義，和我展開極具意義的討論。

英格蘭銀行檔案館及博物館在我為此計畫而進行的每一次訪問與調查中，總是持續給予我關注和支持，儘管我猜想他們或許沒有預料到真能見到此計畫成真。我同樣感謝赫特福德大學（University of Hertfordshire）及歷史組前同事們給予我的研究時光、支持與同事情誼。

我對 18 世紀末銀行的許多思考，來自於我和多位友人及同事

的交談，這些人包括了安・卡洛斯（Ann Carlos）、朱利安・霍彼特（Julian Hoppit）、賴瑞・克萊（Larry Klein）、英格兒・李曼斯（Inger Leemans）、詹姆士・麥當諾（James Macdonald）、席雅拉・米漢（Ciara Meehan）、雷諾・莫里厄（Renaud Morieux）、賴瑞・尼爾（Larry Neal）、梅爾康・諾貝爾（Malcolm Noble）、派翠克・奧布萊恩（Patrick O'Brien）、大衛・奧姆雷德（David Ormrod）、海倫・保羅（Helen Paul）、派翠克・威爾許（Patrick Walsh）、卡爾・溫納林德（Carl Wennerlind）、山本浩司（Koji Yamamoto）、努拉・柴迪耶（Nuala Zahedieh），以及總是令人愉快的「金錢、權力與紙幣印刷」（Money、Power and Print）每一場研討會的與會者。這些談話以及匿名審稿人的建議，確實為本書內容帶來了助益。文中所有不足與缺失，皆由我個人負責。

最後、且同等重要地，我非常感謝普林斯頓大學出版社（Princeton University Press），尤其是傑許・德雷克（Josh Drake），謝謝大家即便只看過微不足道的一點證據，就願意相信我能完成整份文稿。

附錄一

英格蘭銀行董事與員工名冊（1783 年 4 月）

行長　　　　理查・尼夫
副行長　　　喬治・彼得斯（George Peters）
董事　　　　薩謬爾・比齊克羅夫特
　　　　　　湯瑪士・伯丁頓（Thomas Boddington）
　　　　　　羅傑・博欽（Roger Bochin）
　　　　　　丹尼爾・布斯
　　　　　　薩謬爾・鮑森葵＊
　　　　　　萊德・布朗（Lyde Browne）
　　　　　　愛德華・達瑞爾（Edward Darell）
　　　　　　湯瑪斯・迪＊
　　　　　　彼得・高森（Peter Gaussen）
　　　　　　丹尼爾・賈爾斯（Daniel Giles）
　　　　　　喬治・海特（George Hayter）
　　　　　　愛德華・佩恩
　　　　　　亨利・普蘭特（Henry Plant）
　　　　　　湯瑪斯・雷克斯（Thomas Raikes）
　　　　　　賈弗雷・桑頓（Godfrey Thornton）
　　　　　　班傑明・溫斯洛普＊
　　　　　　理查・克雷（Richard Clay）
　　　　　　威廉・庫克（William Cooke）
　　　　　　喬治・德雷克（George Drake）
　　　　　　威廉・尤爾（William Ewer）
　　　　　　威廉・哈爾赫德（William Halhed）
　　　　　　湯瑪斯・史考特・傑克森（Thomas Scott Jackson）
　　　　　　威廉・詩奈爾（William Snell）
　　　　　　馬克・威蘭（Mark Weyland）

＊審查委員成員

辦公室	名字	薪資（年薪£）
會計辦公室	約翰・佩恩	250
	威廉・愛德華茲	170
	喬瑟夫・貝茨沃斯	170
	薩謬爾・貝恩頓（Samuel Bayntun）	140
	大衛・威廉斯（David Williams）	120
	薩謬爾・尤爾（Samuel Ewer）	110
	小約翰・紐頓（John Newton, jun）	110
	湯瑪斯・侯爾摩斯	100
	約翰・曼寧（John Manning）	100
	雷金納德・帕克（Reginald Parker）	90
	亨利・戴維斯	80
	約翰・伯納德	80
	傑洛邁爾・斯萊普（Jeremiah Slipper）	80
	查爾斯・倫奈齊（Charles Lunnage）	80
	詹姆士・庫珀（James Cooper）	70
	埃薩克・萊斯特金（Isaac Lestourgeon）	60
	威廉・奧德里奇	170
	約翰・特克・海恩（John Tuck Hayne）	120
	湯瑪斯・羅塞特（Thomas Rosseter）	120
	湯瑪斯・尤文斯（Thomas Uwins）	120
	湯瑪斯・貝爾茲利（Thomas Beardsley）	160
	約翰・紐頓	120
	喬治・阿姆斯壯	50
	埃薩克・皮洛	120
	湯瑪斯・波拉德	150

辦公室	名字	薪資（年薪£）
會計辦公室	威廉·霍茲沃斯（William Holdsworth）	120
	威廉·湯瑪斯（William Thomas）	120
	彼得·巴格威爾（Peter Bagwell）	110
	詹姆士·叟西（James Southey）	110
	威廉·佩恩（William Penn）	110
	約翰·拉佛里克（John Laverick）	110
	法蘭西斯·布拉德利（Francis Bradley）	100
	約翰·普爾（John Poore）	100
	約翰·卡頓（John Cotton）	100
	羅伯特·貝斯特（Robert Best）	100
	湯瑪斯·丹尼爾（Thomas Daniel）	90
	法蘭西斯·富蘭明（Francis Fleming）	90
	詹姆士·彭加爾（James Pengal）	90
	沃特·法德南多（Walter Fardinando）	90
	羅伯特·比克奈爾（Robert Bicknell）	60
	約翰·貝爾	60
	查爾斯·史都華	60
	約翰·史蒂芬生（John Stevenson）	60
	哈里·赫利（Harry Hulley）	60
	亨利·梅爾帕斯（Henry Malpas）	50
	埃薩克·庫柏	50
	約翰·羅森（John Rawson）	50
	威廉·威格森（William Wigson）	50
	湯瑪斯·格里布（Thomas Gribble）	50
	查爾斯·法雷爾（Charles Farrer）	50
	理查·艾利斯（Richard Ellis）	50

辦公室	名字	薪資（年薪£）
會計辦公室	理查・普斯特（Richard Post）	50
	詹姆斯・米爾納	50
	威廉・蘭斯（William Lens）	50
	湯瑪斯・哈欽斯（Thomas Hutchings）	50
	約翰・洛奇（John Lodge）	50
	理查・古德溫（Richard Goodwin）	50
	法蘭西斯・西蒙森	50
	愛德華・班特利（Edward Bentley）	50
	湯瑪斯・安德魯斯（Thomas Andrews）	50
	湯瑪斯・米林頓	200
	約翰・奧底斯沃茲（John Oldisworth）	140
	羅伯特・布朗寧（Robert Browning）	100
	威廉・賓比斯（William Bibbins）	80
	查爾斯・道格拉斯（Charles Douglas）	80
	威廉・庫克	70
	喬瑟夫・貝特曼（Joseph Bateman）	60
	威廉・道斯（William Dawes）	50
	湯瑪斯・伯福德（Thomas Burford）	50
	理查・蓋爾（Richard Gale）	50
	威廉・金敏（William Kimin）	150
	丹尼爾・格羅斯（Daniell Gross）	130
	丹尼爾・透納	130
	威廉・里夫斯（William Reeves）	120
	薩謬爾・湯姆金斯（Samuel Tomkins）	120
	約翰・費雪（John Fisher）	110
	威廉・柯瑞（William Kerry）	110

辦公室	名字	薪資（年薪£）
會計辦公室	查爾斯・理查森（Charles Richardson）	100
	威廉・沃頓	100
	威廉・耶茨（William Yates）	80
	威廉・金登（William Kingdon）	60
	威廉・紐科姆（William Newcombe）	60
	詹姆士・均克華特（James Drinkwater）	60
	湯瑪斯・布倫南德	60
	艾德華・班福德（Edward Bamford）	60
	威廉・戴維斯（William Davies）	60
	湯瑪斯・吉本斯（Thomas Gibbons）	60
	威廉・普立斯頓（William Pliston）	60
	羅傑・佩里（Roger Parry）	50
	詹姆斯・皮林納（James Pilliner）	50
	班傑明・赫瑟坦（Benjamin Heseltine）	50
	查爾斯・莫爾（Charles Moll）	50
	約翰・霍洛威（John Holloway）	50
	理查・邦堤爾（Richard Bontell）	50
	喬治・包奇爾・沃克（George Bouchier Walker）	50
	湯瑪斯・博爾特（Thomas Boult）	50
	喬瑟夫・費爾里（Joseph Feary）	50
	約翰・艾德華・辛德（John Edward Hinde）	50
	鮑勒・米勒	170
	理查・佩恩（Richard Payne）	160
	威廉・沃德（William Ward）	150
	亞伯拉罕・維克里	130

辦公室	名字	薪資（年薪£）
會計辦公室	查爾斯‧穆爾郝斯（Charles Moorhouse）	120
	湯瑪斯‧溫莎（Thomas Windsor）	120
	湯瑪斯‧賽爾比（Thomas Selby）	120
	薩謬爾‧戈爾（Samuel Gore）	120
	喬治‧哈頓（George Hutton）	120
	湯瑪斯‧夸克弗爾德（Thomas Crockford）	120
	約翰‧赫奇特（John Hatchett）	110
	薩謬爾‧利（Samuel Leigh）	110
	詹姆斯‧考瑟特（James Coxeter）	100
	湯瑪斯‧卡本特（Thomas Carpenter）	100
	詹姆士‧愛德華茲（James Edwards）	100
	勞倫斯‧帕波頓（Lawrence Poppleton）	100
	法蘭西斯‧沃爾許（Francis Walsh）	90
	羅伯特‧漢茲（Robert Hands）	90
	湯瑪斯‧尼斯貝特	90
	約翰‧薩頓（John Sutton）	90
	法蘭西斯‧方頓	80
	愛德華‧馬丁	80
	湯瑪斯‧莫拉爾（Thomas Morrall）	80
	沙卓拉克‧肖（Shadrach Shaw）	70
	伊諾‧詹姆斯（Enoch James）	70
	威廉‧布朗（William Brown）	70
	約翰‧費什（John Fish）	60
	約瑟夫‧因斯（Joseph Ince）	60
	艾德華‧皮爾斯（Edward Pears）	60
	納撒尼爾‧漢考克‧特爾（Nathaniel Hancock Towle）	60

辦公室	名字	薪資（年薪£）
會計辦公室	威廉・奧德里奇	60
	約翰・卡特利克（John Cartlich）	60
	蘭諾・拉贊比（Leonard Lazenby）	60
	薩謬爾・舒戴爾（Samuel Shudall）	60
	小湯瑪斯・艾姆斯（Thomas Aimes, jun）	60
	詹姆斯・馬瑟斯（James Mathers）	60
	詹姆斯・戈丁（James Godin）	60
	威廉・吉布森（William Gibson）	50
	約翰・葛羅夫（John Grove）	50
	約瑟夫・芬寧（Joseph Fenning）	50
	約翰・尤・格里菲斯（John Yew Griffiths）	50
	湯瑪斯・羅賽特・卡特（Thomas Rosseter Carter）	50
	約翰・梅德威爾（John Maydwell）	50
	大威廉・法蘭西斯	50
	偉德・博爾（Wade Burr）	50
	約翰・甘登（John Gandon）	50
	羅伯特・里夫斯（Robert Reeves）	50
	威廉・哈奇森（William Hutchison）	50
	威廉・金斯頓	50
	艾德華・喬治（Edward George）	50
	奈森・戴爾	150
	喬瑟夫・塞特爾（Joseph Settle）	130
	湯瑪斯・法蘭西斯（Thomas Francis）	90
	湯瑪斯・瑞德	80
	理查・馬斯頓	50

辦公室	名字	薪資（年薪£）
會計辦公室	喬瑟夫・普爾	150
	法蘭西斯・布萊克比爾德（Francis Blackbeard）	150
	亨利・馮霍爾特	130
	湯瑪斯・彭博頓（Thomas Pemberton）	120
	約翰・皮爾斯（John Pearce）	120
	薩謬爾・沃克（Samuel Walker）	120
	約翰・科布（John Cobb）	120
	約翰・提爾巴里（John Tilbary）	120
	威廉・泰勒（William Taylor）	100
	納撒尼爾・馬丁（Nathaniel Martin）	100
	威廉・賈爾斯（William Giles）	90
	威廉・羅塞（William Rosse）	90
	班傑明・柯賓（Benjamin Corbyn）	90
	亨利・普里奧（Henry Priaulx）	80
	理查・福斯特（Richard Frost）	80
	威廉・布勒瓦特（William Blewart）	80
	溫菲爾德・透納（Wingfield Turner）	80
	約瑟夫・斯巴克（Joseph Sparke）	80
	薩謬爾・布魯莫（Samuel Bloomer）	80
	查爾斯・諾里斯（Charles Norris）	70
	湯瑪斯・貝特曼（Thomas Bateman）	60
	羅伯特・布萊爾（Robert Bryer）	60
	馬克・海格特（Mark Haggard）	60
	約翰・奧斯瓦德・特瓦德（John Oswald Trotter）	50

辦公室	名字	薪資（年薪£）
會計辦公室	威廉・海登（William Haydon）	50
	薩謬爾・里普（Samuel Ripp）	50
	艾德蒙・史密斯（Edmund Smith）	200
	湯瑪斯・蘭德菲爾德	100
	丹尼爾・賈思庭斯（Daniel Justins）	70
	納撒尼爾・克勞福德（Nathaniel Crawford）	50
	布萊恩・貝利	140
	克尼利斯・瓊瑪（Cornelius Jongma）	120
	約翰・鮑曼（John Bowman）	110
	約翰・柏列爾（John Burrell）	100
	約翰・亨利・考蒂爾（James Henry Cautier）	100
	湯瑪斯・派崔克（Thomas Patrick）	100
	威廉・斯蘭（William Slann）	90
	約翰・莫奈（John Munay）	90
	法蘭西斯・格林（Francis Green）	80
	強納森・格里夫斯（Jonathan Greaves）	80
	理查・瓊斯（Richard Jones）	70
	羅伯特・金敏（Robert Kimin）	60

辦公室	名字	薪資（年薪£）
出納辦公室	亞伯拉罕・紐蘭德	250
	湯瑪斯・湯普森（Thomas Thompson）	200
	西瓦利斯・拉欽（Sewallis Larchin）	200
	威廉、加德納（William Gardner）	200
	威廉・傑克森（William Jackson）	200
	約翰・博爾特（John Boult）	200
	歐文・吉新（Owen Githing）	200
	湯瑪斯・奧米斯（Thomas Oimes）	200
	威廉・蘭德（William Lander）	200
	約翰・格林威（John Greenway）	200
	艾德華・吉萊耶特（Edward Gillyatt）	140
	湯瑪斯・托爾（Thomas Torr）	120
	羅伯特・阿斯萊特	70
	約翰・史賓德勒（John Spindler）	90
	約翰・克里福德（John Clifford）	170
	喬布・瓊斯（Jobb Jones）	130
	喬瑟夫・里克茲（Joseph Rickards）	130
	亨利・圖爾格特（Henry Thulkeld）	110
	威廉・阿米斯德（William Armistead）	90
	亨利・福斯特（Henry Foster）	80
	理查・拜（Richard Buy）	80
	約翰・巴克利（John Barkley）	70
	蘭道夫・霍布曼（Randolph Hobman）	70
	傑洛邁爾・凱利（Jeremiah Kelly）	70
	彼得・皮諾（Peter Pineau）	70

辦公室	名字	薪資（年薪£）
出納辦公室	亞歷山德・辛普森（Alexander Simpson）	60
	詹姆斯・朗曼（James Longman）	60
	吉爾斯・柯林斯（Giles Collins）	110
	約翰・奈斯比（John Naisby）	80
	約翰・杭波（John Humble）	80
	威廉・邱奇（William Church）	180
	湯瑪斯・梅耶爾（Thomas Mayor）	110
	喬瑟夫・伯恩（Joseph Bourne）	110
	約翰・霍蘭德	100
	理查・沃特金斯（Richard Watkins）	100
	法蘭西斯・艾許頓（Francis Ashton）	90
	賈各・庫薩爾德	90
	約翰・克拉克（John Clark）	50
	尼可拉斯・潘費里安（Nicholas Pamphilion）	110
	威廉・鄧恩（William Dunn）	110
	湯瑪斯・特里克（Thomas Triquet）	70
	威廉・強納森（William Johnson）	90
	威廉・史瑪特（William Smart）	60
	大衛・普萊斯（David Price）	90
	約翰・佩恩（John Penn）	50
	詹姆斯・普提（James Pretty）	120
	喬治・尼可斯（George Nicholls）	60
	約翰・沃德倫（John Waldron）	90
	艾薩克・菲爾德（Isaac Field）	70
	彼得・維杜（Peter Vitu）	130

辦公室	名字	薪資（年薪£）
出納辦公室	威廉・洛林斯（William Rawlins）	130
	約翰・史提爾（John Still）	90
	薩謬爾・安德希爾（Samuel Underhill）	70
	約翰・弗列伍德（John Fleetwood）	60
	薩謬爾・德・拉・馬奇耶爾（Samuel De La Maziere）	50
	約翰・霍登（John Holden）	70
	湯瑪斯・里本（Thomas Rippon）	50
	威廉・查普曼（William Chapman）	50
	約翰・柯爾・菲利普斯（John Cole Philipps）	80
	愛德華・莫耶斯（Edward Moyes）	60
	艾薩克・帕德曼（Isaac Padman）	130
	麥修・弗農（Matthew Vernon）	100
	克里斯多夫・奧里耶（Christopher Olier）	90
	詹姆斯・巴爾博（James Barber）	60
	理查・布里傑（Richard Bridger）	110
	喬治・文森（George Vincent）	110
	詹姆士・杜恰（James Duchar）	120
	威廉・懷特（William White）	110
	威廉・古德費洛（William Goodfellow）	100
	威廉・莫倫斯（William Mullens）	90
	威廉・威爾斯（William Wells）	80
	亨利・韓瑟科特（Henry Heathcote）	60
	亞歷山大・琥柏（Alexander Hooper）	60
	威廉・加勒特（William Garrett）	70

辦公室	名字	薪資（年薪£）
出納辦公室	薩謬爾・霍姆（Samuel Hulme）	50
	內森・薩頓（Nathan Sutton）	50
貼現辦公室	約翰・羅傑斯（John Rogers）	180
	羅伯特・古奇（Robert Gooch）	100
	威廉・柯爾曼（William Coleman）	130
	威廉・盧卡夫特（William Luccraft）	120
	湯瑪斯・堤利（Thomas Tilley）	120
	愛德蒙・魯溫（Edmund Lewin）	110
	威廉・桑普特・庫柏（William Sumpter Cooper）	100
	查爾斯・史密斯（Charles Smith）	70
財政部辦事員	艾倫森・考伯（Allanson Cowper）	200
	魯本・艾迪（Reuben Ettie）	150
	約翰・吉明漢（John Gimmingham）	90
倉庫	薩謬爾・艾瑟里奇（Samuel Etheridge）	200
	理查・沃克（Richard Walker）	180
	約翰・夏普（John Sharp）	140
內部出納員	湯瑪斯・坎普（Thomas Campe）	150
	湯瑪斯・史密斯（Thomas Smith）	120
	湯瑪斯・傑伊斯（Thomas Jeyes）	110
	賽斯・沃德（Seth Ward）	110
	查爾斯・吉爾莫（Charles Gilmour）	100
	查爾斯・傑克斯（Charles Jecks）	100
	薩謬爾・佛多（Samuel Fidoe）	90
	提摩西・利奇（Timothy Leach）	90

辦公室	名字	薪資（年薪£）
內部出納員	法蘭西斯・坎賽爾（Francis Kensall）	90
	詹姆士・巴布特（James Barbut）	90
	湯瑪斯・希格斯（Thomas Higgs）	90
	沃特金・葛里芬・威廉斯（Watkin Griffith Williams）	90
	傑弗裡・布朗（Jeffrey Browne）	80
	里弗耶爾・奈特（Riviere Knight）	80
	威廉・瓦瑟（William Wather）	60
	喬瑟夫・格里菲斯（Joseph Griffiths）	70
	湯瑪斯・巴克斯頓	80
	約翰・泰勒（John Taylor）	60
	湯瑪斯・布利斯（Thomas Bliss）	60
	湯瑪斯・芬登（Thomas Finden）	60
外部出納員	湯瑪斯・富吉恩	110
	詹姆斯・特德曼（James Tudman）	100
	威廉・克蘭登（William Clendon）	80
	威廉・肖恩（William Shone）	80
	薩謬爾・普羅克特（Samuel Proctor）	70
	亨利・安斯利・普切斯（Henry Ansley Purchas）	70
	理查・艾凡斯（Richard Evans）	60
	薩謬爾・奈特（Samuel Knight）	50
	查爾斯・比茲利（Charles Beazley）	50
	湯瑪斯・杜伊（Thomas Douy）	50
	威廉・考堤爾（William Cautier）	50
	喬賽亞・奈特（Josiah Knight）	50

辦公室	名字	薪資（年薪£）
出納辦公室	薩謬爾・庫柏（Samuel Cooper）	40
送信人與守門人	馬塞爾斯・阿爾寇科[1]	60
大門門房	威廉・沃特金斯	40
	約翰・盧卡斯（John Lucas）	40
銀行門房	湯瑪斯・布蘭德（Thomas Brand）	25
	約翰・霍格（John Hogg）	25
	傑洛邁爾・布斯（Jeremiah Booth）	25
	詹姆斯・弗拉德（James Flood）	25
	詹姆斯・艾利耶特（James Elliott）	25
管家	珍・沃特金斯	50
警衛	班傑明・登納奇（Benjamin Dunnage）	20
	納撒尼爾・尼爾（Nathaniel Neale）	20
	喬瑟夫・莫里頓（Joseph Moreton）	20
	約翰・韋爾奇（John Welch）	20
	約翰・布魯維斯（John Blewis）	20
	湯瑪斯・伍德（Thomas Wood）	20
	喬瑟夫・厄普里奇（Joseph Upchurch）	20
	約翰・吉布斯（John Gibbs）	20
	詹姆斯・貝克斯特（James Baxter）	20
	湯瑪斯・索特沃爾（Thomas Saltwell）	20
	喬瑟夫・柯爾（Joseph Cole）	20
	威廉・坦頓（William Tanton）	20
	喬治・盧卡斯（George Lucas）	20
	約翰・威爾斯（John Wells）	20
	法蘭西斯・維瑟里克（Francis Witherick）	20

辦公室	名字	薪資（年薪£）
出納辦公室	法蘭西斯・馬丁（Francis Martin）	200
秘書室	羅伯特・魯溫（秘書）	250
新進職員[2]	亨利・懷特（Henry White）	50
	法蘭西斯・索爾凱特（Francis Salkeld）	50
	薩謬爾・佩蒂（Samuel Petit）	50
	威廉・克雷爾（William Crell）	50
	吉拉德・湯瑪斯・叟西（Gerard Thomas South）	50
	詹姆斯・懷特（James White）	50
	威廉・喬治（William George）	50
	艾薩克・卡斯特爾（Isaac Castell）	50
	湯瑪斯・奧斯曼德（Thomas Osmand）	50
	約翰・布瑞德（John Bredell）	50
	薩謬爾・理查斯（Samuel Richards）	50
	威廉・布里奇斯（William Bridges）	50

資料來源：英格蘭銀行文獻，董事會備忘錄，第五卷，G4/23，fols. 368–373；Book W，G4/24，fols. 54–58。

附錄二

審查銀行各部門現行工作模式與運作委員會首度報告

致行長、副行長及財務委員會：

　　為履行前月 3 月 13 日董事會之決議，命我們針對銀行內各辦公室工作狀況之調查結果遞交給財務委員會，我們特此提出此份報告。

　　在我們接受任命後，便立即著手履行被授予之責任，竭力獲取關於銀行內部業務運作模式的一切資訊，並首先從出納部底下的數間辦公室，展開調查。

　　我們最初設想是將這些辦公室的調查，整理成數份報告，但在調查期間，以及在我們獲得足以進行此一步驟的充分資訊之前：某一事態特別嚴重之議題出現在我們面前，讓我們決定立刻向各位提出報告。

　　該議題涉及到銀行經手的所有票據與紙幣，皆處在令人不安的危險狀態之中：問題首先出現在貼現辦公室；接著轉移到票據辦公室，後者負責將所有票據收納於抽屜內，直至到期日來臨。

根據兩位主任羅傑斯先生與古奇先生、還有貼現辦公室一名下屬所提供的資訊，我們得知所有進入銀行等待兌換的票據與國庫券，會逐一經過 5 人之手，由其計算或在不同的帳簿上登記該票據；這樣的過程既要耗費大量時間，更經常導致各辦公室的業務必須不斷進行直到極晚時分。那些無法在當日 5 點前遞交到票據辦公室的所有票據，會於夜間時分鎖在貼現辦公室內；每周三所收到的票據其面臨的情況也同樣如此，直至周四轉交給董事會之前，皆滯留於該辦公室內。

　　這些票據與國庫券的總面額經常過於龐大；但根據以往慣例，卻似乎總是將這些票據交到各辦公室內最後一名留守職員、亦即初階職員的手中，由此人負責。

　　該名員工有責任將票據收進貼現辦公室壁櫃內的保險箱裡，但在審查過程中，我們發現該保管箱過於狹小、脆弱且相當不安全；此外，位在銀行偏僻角落的處境，也讓其面臨更高的風險；該壁櫥的鑰匙就鎖在辦公室的公用抽屜中，且每位員工手裡皆有一把該抽屜的鑰匙；而辦公室的鑰匙，則由最後一名離開的員工放置到正門門房小屋。保險箱的鑰匙確實會由同一名職員，護送至總會計師或副總會計師的住處；但我們也得知鑰匙經常由僕人代收，隔天再交還給第一名抵達貼現辦公室的職員，該名職員會將票據取出，轉交至票據辦公室。

　　由此可見，高額的票據與國庫券經常交付給貼現辦公室的初階職員，讓其獨自保管；而用於安放票據與國庫券的保險箱，則過於單薄、不安全且處境堪慮；該保險箱鑰匙的後續處理，也過於散漫且欠缺思慮；負責於夜間進行上鎖的職員，與隔天早上取

得鑰匙的職員,更非同一人;此一情況也讓該名職員完全無法為保險箱內的物件情況負責。

所有已貼現票據及國庫券會從貼現辦公室轉交到票據辦公室;而我們在此過程中發現了與上述情況同樣嚴重、且值得改善之情況。

根據邱奇先生、梅耶爾先生和伯恩先生三位主任,以及票據辦公室從屬職員霍蘭德先生所提供的資訊,我們得知該辦公室如今已習慣於每日上午9點,從董事辦公室內的保險箱取出所有票據;貼現票據及存入雜項或取款帳戶的票據保險箱,兩者皆會敞開,而接下來的一整天,其內安放的所有票據及債券將完全暴露在辦公室所有人面前(供職員自由取用);包括在臨近辦公室處理事務的人員;甚至是那些與銀行無關、但經常需要出入票據辦公室的外部人員。

票據辦公室所涉及到的事務之嚴重程度,讓此種不必要的風險暴露就算是只有片刻,也極為不妥;更遑論這樣的暴露會持續整整一天;同樣不妥的做法,就在於毫無理由地將這些票據交由單一職員、而不是兩名職員來負責。我們判斷本委員會有充分理由,指出這樣的暴露實屬不必,就實務而論,該辦公室的業務讓職員手邊僅需備妥到期日就在未來兩天或至多三天內的票據,供其查驗,並安排進外部出納員的步行路線,以獲取款項。至於其他讓職員有必要取出票據正本的事由,則相當稀少且極罕發生,因此就我們的判斷來看,即便是讓票據短暫地待在如此開放的辦公室內,也確實毫無必要。

上述事項是透過對不同職員的檢驗所蒐集而得的資訊(與此

處陳述相比,該事例於我們會議紀錄中的嚴重程度更甚)。有充分理由指出需針對既有模式進行改變,以解決此一重大隱憂。

需擬定一套方案,以確保巨額財富的安穩;同時不至於對當前業務造成阻礙;我們對此事投注了大量心力;因而或許得以向您呈現一個我們期望、且相信有效的方案,我們亦諮詢了總出納長及各辦公室的主要職員,以找出針對我們認為有必要的改進措施,是否存在反對意見。

為完成此一急需執行的改革,至少就此一議題允許的範圍之下;我們提出建議——訂製一個穩固的櫃子或保險箱,安放在位置鄰近票據辦公室處,且僅有該辦公室可取用;內部應分隔成兩區塊,用以存放所有尚未進入支付階段的票據與國庫券;至於已貼現或存入雜項帳戶的票據,每個區塊應視需求,進一步分割成數個抽屜,根據票據到期的月份日期進行排序,此舉與當前的貼現票據管理相同。至於距到期日還有兩天或三天以上的票據,應時常存放於這些抽屜內,為保證其安全,應設置兩道鎖,其中一道鎖的鑰匙,由票據辦公室內三名職員的其中一名負責保管;另一道鎖則由出納員或其他更為合適之職員來保管。

每日早晨,票據辦公室的三位主任應收到貼現辦公室送來的所有票據與國庫券,並根據上面的到期日,進行排序與登錄;其中一名主任可要求負責保管鑰匙的出納員,和其一同前往保險箱以協助開啟;並在其將票據放進所屬抽屜內時,進行監督;與此同時,此人亦需將下一個工作日到期的票據取出,便於職員將其排進外部出納員隔日的步行路線中。

儘管鮮少發生,當有情況需取出票據時,票據辦公室的三名

主任需召集出納員，參與取出票據的行動。接觸保險箱的行為只有在任意一名主管在場的情況下，方可進行。該保險箱的其中一處，應特別設計為可透過獨立的門來開啟，（同樣配有兩道不同的鎖）供貼現辦公室來使用，存放已貼現卻不及送至票據辦公室的票據與國庫券。每日晚間，這些票據與國庫券將交由日後選出來的兩名貼現辦公室職員鎖上，再將鑰匙存放於所選定的兩處位置。

透過這種方法，票據與國庫券的安全將符合銀行內所有財物皆需兩把及以上之鑰匙數量，來確保其安全的規範，且我們認為此舉並不會對業務造成任何阻礙。如若此兩辦公室的處理模式需增加進一步規範，我們將於未來視情況向您提出，以進行評估。若欲設置此提案內之保險箱，可於其前方留有可容納兩名職員及其辦公空間的位置；如此便能讓總會計師在更為隱蔽處，彙整票據與登錄——這也是該辦公室當前急需的處置。

（簽名）S・鮑森葵

湯瑪斯・迪

班・溫斯洛普

1783 年 4 月 14 日於英格蘭銀行
資料來源：BEA, M5/212, fols. 67-75.

附錄三

審查銀行各部門現行工作模式與運作委員會二度報告

致行長、副行長及財務委員會：

　　前份報告主題集中於銀行收到或貼現後票據及國庫券的安全處置此一特定議題；現在，我們將提出進一步的調查成果。

　　我們認知到，銀行業務可劃分為兩大區塊；其一由總出納長來領導，另一部分則交由總會計師。而目前為止，我們所有注意力都放在前者。

　　根據紐蘭德先生所提供的資訊，我們得知總出納長的部門會進一步區分為下列辦公室；而這些辦公室的負責人皆需對總出納長（即上司）負責。

- 總出納長的部門，由總出納長或副出納長來監督。
- 大廳中共有 8 名櫃員，其權限地位皆同。
- 6 本用於登記銀行紙幣的出納簿（或許該以銀行紙幣簿、銀行郵寄單簿來稱，更為合適），每一本皆由資深職員擔

- G簿或總出納簿，由資深職員負責保管。
- 取款辦公室，有2名主任來管理。
- 3名點收員，由年資最長者擔任負責人。
- 外部出納員，在一定程度上由票據辦公室負責人來管理。
- 位於大廳及利息支付辦公室的內部櫃員，其中，年資最長者擔任前者的負責人，次長者擔任後者的負責人。
- 憑證辦公室，由1位主任負責。
- 貼現辦公室，由2位主任負責。
- 負責處理財政部事務之職員。
- 負責處理銀行紙幣印刷的職員。
- 貴金屬辦公室，由1位主任負責。

我們審查了所有的主任以及各辦公室的次要職員，然我們不欲以過分詳盡之業務內容來叨擾委員。因而於此只呈現簡單解釋，如若需特定資訊之相關內容，其後之備忘錄必能提供令人滿意的答案。而本次報告及未來報告的目的，是羅列不同之辦公室，針對當前有所缺失的舉措，提出本委員會意見，以達成改善或補強的目的。

不難想見，我們已將全部的心力投注至該部門下的最重大議題，亦即銀行紙幣從印刷、流通直至最終註銷的完整過程。由於本委員會的初衷是針對此一程序提出建言，以做出實質改變，因而我們認為有必要先簡單交代當前銀行紙幣的製作與發行過程，以及紙幣在庫房中保管的情況，以凸顯流程中各別潛藏的隱患。

銀行紙幣的簽署任務，全權交由大廳中的8名櫃員：我們首先提到此點，是因為所有櫃員皆比其他職員來得資深，但在該事務的處理上，責任卻似乎被轉移到較為資淺的職員身上。共有6本現金簿，負責登記所有紙幣的資訊（其中四本標註為A、B、C和H的現金簿，存放於大廳，標註為O的現金簿由衡平辦公室負責，另一本標註為K的現金簿，則由銀行紙幣辦公室保管），大廳中的4本現金簿僅配有2名固定職員，其職責是收取所有紙幣所需的等值有價物或憑證，填寫空白的銀行紙幣，進行副署（再次簽名）和登錄，接著其中一名職員、或如經常發生的那樣，由索取紙幣方將其遞交到其中一名櫃員手中，進行簽署（其位置或許離現金簿有段距離）。櫃員總是毫不猶豫地立刻簽字，且通常對於依此憑證可領取到的金額一無所知。負責現金簿的職員其桌上會有一個開放的盒子或抽屜，裡面的夾層會放著每天早上由出納員送來的不同面值空白銀行紙幣，而每天5點，他們必須當場在前述出納員的面前，清點收到的紙幣數量；未經使用的紙幣在清點後，會被送回負責保管空白紙幣的倉庫。

　　針對銀行紙幣發行的模式，我們認為存在著極高風險，因為相較於將信賴放在少數資深且高階主管的誠實與謹慎之上，信賴人數眾多的資淺及低階職員，自然較為危險。基於確信此一觀察結果之真實性，我們因此認為銀行紙幣的發行程序存在奇怪的錯位。毫無疑問地，這份信賴（且極為重大的責任）本該置於出納員身上，那些憑藉自身年齡、工作經驗及其他情況，能名正言順擔任此一職位者；然在現行辦法中，所有的信賴被轉託在初階職員的正直與謹慎之上，他們身上背負的並不僅僅是一筆金額，

而是近乎可以發行任意額度的權力;而這樣的情況卻近乎不受控制,以至於儘管迄今為止採取了多項預防措施,每天卻仍會出現讓克勒特巴克足以施行犯罪的機會。事實上,在次日會計辦公室檢驗現金簿之前,對於該名現金簿職員填寫且發行的紙幣價值,不存在任何實質把關。另外,在1點至3點的用餐時間內,其中一名職員會離開,因此所有現金簿及空白銀行紙幣將由單一名職員負責,除非另派其他辦公室職員來支援,不過這僅只是針對某些、而非全部現金簿會採取的措施。

此外,在假日期間,僅一名職員會到場,儘管會從其他辦公室借調一名職員,但在晚餐時間,其中一人會離開2小時。根據所有資訊,可得知大量的空白紙幣經常是單獨交由初階職員進行長時間的保管,且此職員具備填寫、副署、並取得出納員簽名的權限,此外,後者對於發行紙幣的原因或是否已收到等價事物的情況,經常一無所知。我們需強調自己並無意指責櫃員有所疏忽,因為據眼下的情況,為了加速執行任務,除了信任初級職員的誠實與謹慎外,似乎沒有其他辦法可行。

負責保管存放空白紙幣抽屜的大廳職員,其身處的情況也存在極高危險,許多與發行銀行紙幣無關的人員,能透過闖入自己無權進入的地方,來觸及這些紙幣。櫃員與職員經常對此提出抗議,卻無從制止。關於空白紙幣暴露這種情況的不恰當與危險性,自是無庸置疑;這些近乎包含完整紙幣所需條件的紙幣重要性,或許可以透過董事會近期的一項決議很好地凸顯——該決議命令支付一張可能被遺失或竊取的紙幣,儘管上面已經填寫並簽署上捏造的姓名;倘若要求民眾無論在何種情況下,都必須牢記

不同職員的名字與簽名，此舉勢必會對銀行紙幣的流通造成不良影響，因而董事會只能做此決定。

現在，我們將針對庫房內為支付利息憑證與處理財政部事務職員需求存放紙幣的做法，提出異議。目前的做法是，當需要增加庫存而從現金簿中取出紙幣時，這些紙幣會被平均發放給櫃員進行簽署，再鬆散地將 50 張捆成一捆。動作完成後，負責管理庫房的櫃員會收取這些錢捆，檢查每個包裹最上層那張紙幣的編號是否正確；但不會再次確認數量，而是認定在該包裹上簽名並進行捆綁的櫃員有確實完成其分內工作，在沒有確認紙幣數量是否與最初取出時相同的情況下，該職員會將所有包裹放進庫房，並在該處的會計本上登記。

這些庫存紙幣被放置在帶有兩道鎖的壁櫃內，其中一道鎖的鑰匙由該名櫃員保管，另一把則由內部出納員保管，而每一位櫃員及內部出納員，都有權隨意接觸這些紙幣，此一情況也導致庫存發生遺失時，銀行無法向任何一人問責。根據長久以來的規定，每天輪值到的櫃員需清點這些紙幣，但這道命令的執行反而減少、而不是強化了庫存的安全性。儘管櫃員必須找來一名內部出納員，以協助其打開壁櫃，但在多數情況下，當櫃員在檢查這些紙幣時，內部出納員並不會全程在場陪同，因此當內部出納員離場時，紙幣就由櫃員單獨負責。

除此之外，日常清點的方式也存在重大缺陷；清點的方式是透過計算未被拆封包裹的數量（認定每份錢捆中有 50 張紙幣），以及被拆封包裹剩下的紙幣數量來進行，在此方式下，倘若這些包裹在最初存放時的數量就出現錯誤，或後續發生了盜用的情

況，將無從確認欺騙行為到底是發生於哪個環節，因為只有在出錯的包裹因需要使用而被拆封後，缺額才會被注意到，且時間點或許已離包裹製作的日期有1個月。無論是何種情況，銀行都無法確認究竟是一開始在包裹外簽名的櫃員失職；還是負責運送到庫房的人出錯；抑或是此期間發生了竊盜行為。存放於庫房中已經完成手續並準備好對外發放的銀行紙幣總額，通常落在10萬英鎊至30萬英鎊間；這個金額巨大到無論如何都不能交由一人來負責，除非此人會在每天晚上親自清點。

為去除本次報告中存在的安全隱患及所有不便，我們針對銀行紙幣的業務進行模式，提出一項計畫，我們自認該計畫就算稱不上完美，至少能在銀行安全性與確保公眾便利性此兩大重要且關鍵議題上，做到比現行模式更高程度的實現。我們承認，若非現行模式造成了多起損失與麻煩，且若非我們的意見獲得了紐蘭德先生、湯普森先生及多位櫃員的支持，我們將無法自信地針對此一沿用多年的模式提出改革方案。

我們懇請財務委員進一步商討的提案，是採取利息支付辦公室及財政部的現行做法，向大眾發行預製的銀行紙幣，並取消大廳中現在設有的現金簿及空白紙幣。為此，有必要將倉庫中的紙幣庫存量提高到50萬英鎊，因為根據兩位資深櫃員的經驗，我們能確信紙幣的需求量絕不可能超過此數字。關於保管及發行紙幣辦法的具體內容，將以附錄形式呈現於報告最後。

針對當前庫房的一般儲備量與50萬英鎊間的落差，在考量到必須在某處建立信任，我們認為這樣的差異，將不足以成為該提案的有效反對，尤其在考量到可以規範得以取用庫存者的身分

權限下。至於某些情況之誘惑較強的論述，亦不能成為有力的憑據，僅能指出根本不應該存放預製紙幣，而不是推論庫存金額的落差可能會引起竊盜的風險。此外，若確實採納所提之建言，將至少能去除當前空白紙幣所面臨的巨大風險，且情況本身已嚴重到需即刻採取行動，以求改變；再者，民眾的需求在此方案下亦能獲得滿足，且無需如當前那般經歷多層耽擱，因而我們認為就提高銀行紙幣流通量而言，此舉不容忽視——我們能自信地肯定，此一提案必能獲得財務委員會的支持。

　　由於本次報告旨在針對銀行紙幣製作與發行程序中，應避免之風險或可進行之改善提出建言，因此我們實在不得不對長久以來（應該是自銀行創立之初）為印製銀行紙幣，總是將紙材及印版送至印刷廠印製的行為，感到無比震驚；這些印版每天都會由負責此事務的巴爾博先生帶去並送回。根據巴爾博先生對此任務的描述，我們判定銀行紙幣將因此面臨極大的風險，但若不是透過他所提供的資訊，我們自然會大力譴責將印版帶出銀行的做法，尤其在空白紙幣的印刷改在銀行內部進行並非毫無可能的前提下。對於紙材和印版從離開銀行直至返回期間可能遭遇的危險，亦無庸贅言，因此我們認為，在銀行內部印刷紙幣將能消除一切風險。

（簽名）S・鮑森葵
湯瑪斯・迪
班・溫斯洛普

1783 年 7 月 29 日於英格蘭銀行
資料來源：BEA, M5/212, fols. 155-167.

附錄四

審查銀行各部門現行工作模式與運作委員會三度報告

致行長、副行長及財務委員會：

在完成對總出納部門底下數間辦公室之業務流程的檢驗後，我們將進入到下一個被判定為需立刻進行討論的議題上：多數辦公室在營業時間結束後的安危，以及銀行大門的總體管制。

根據與總出納長的面談，我們了解其辦公室包含兩個房間；外側房間設有一個小型保險箱，其目的是在夜間時刻將以下鑰匙上鎖保管：

- 貴金屬辦公室。
- 金庫或保險箱。
- 會議室內每晚用於存放票據及紙幣的保險箱。

該保險箱共有兩道鎖，每一道鎖有 3 副鑰匙。其中一道鎖的 3 副鑰匙，會交由大廳內的 8 位櫃員共同保管；另外一道鎖的 3 副

鑰匙,則交由 10 位內部出納員共同保管;這些鑰匙時不時地在不同人之間傳遞,值得注意的是,兩道鎖的其中一把鑰匙,會在夜間時交到留守櫃員與內部出納員手裡,便於在業務結束後將箱子上鎖。夜間時刻,這 6 把鑰匙會隨意地留在大廳某位櫃員或內部出納員的桌上,而沒有施以更多的安全保護。

貴金屬辦公室、金庫和保險箱的鑰匙皆有備份,並以 3 名資深董事的印章封印起來,並經常性地固定存放於總出納長內部房間的另一個小型保險箱中;該保險箱設有一道鎖,其鑰匙每日晚上都會放在同一房間內的桃花心木辦公桌裡;而該辦公桌的鑰匙則掌握在總出納長及副出納長的手裡。此保險箱內同時也存放了同間辦公室內另一個大保險箱的鑰匙,後者通常擺放了本行或個人具極高價值之財物;就此刻情況為例,裡面存放了價值高達 400 萬英鎊的貸款收據及其他物品。在營業時間結束後,出納辦公室會上鎖,鑰匙則如銀行內其他辦公室那樣,懸掛到大門門房小屋的牆上,一個職員、警衛和任意入侵者皆能接觸到的地方;對於這些鑰匙的安全,大門門房並未收到特別指示。

因此根據上述所提,只要打開大廳中某些共用桌子,所有小型保險箱的鑰匙就能得手,還有其中存放著的貴金屬辦公室、金庫及會議室內保險箱鑰匙;或者只要弄壞出納辦公室內部的木頭辦公桌,也同樣能取得進入這些辦公室的備份鑰匙,還有大保險箱的鑰匙。換言之,除了存放在保險庫中的財物,近乎所有存放於銀行內的高價財物皆唾手可得。我們深信,在保管巨額有價物的辦法上,本行最初採取的方式絕不可能如此散漫而危險;除了此一情況外,還有許多狀況讓我們深感遺憾,像是根據管理規

章，本行兩位最重要的管理者或其副手於營業時間內並不需要親自待到最後，亦無需妥善保管如此重要的鑰匙：這是一件急需董事會高度重視的議題。但是，有鑒於上述危機急需改善，我們將提出一項方案，儘管該方案或許仍有疏漏，但能在修訂並得以施行的全面性監督方案擬定之前，暫時使用。因此，我們建議財務委員會考慮以下建議。

總出納長外側辦公室小型保險箱的 4 把鑰匙，以及目前存放於其內側辦公室內的貴金屬辦公室、金庫與保險箱備份鑰匙，全部移走，改為存放至委員辦公室內的保險箱中；且僅能在緊急情況下使用。

另外兩把可開啟外側辦公室內小型保險箱的鑰匙，在營業時間內應由總出納長或其副手負責保管；夜間時刻，最後一名離開辦公室者，應負責將鑰匙送到待命櫃員或內部出納員手中。

此外，應指示相關人員（櫃員與內部出納員）經常性地將鑰匙存放在保險箱內，在上鎖後，負責留守的櫃員亦應將自己的鑰匙送至總出納長家中，內部出納員則應將自己的鑰匙送至總會計師住處，並親自送到對方或其副手手上。但是，有鑒於長官並不總是能在住處親自點收鑰匙，因此紐蘭德先生建議，可以在總出納長及總會計師的住處增設小型保險箱，上方設置一個足以將鑰匙投進去的縫隙，如此一來當遇到這樣的情況時，就能將鑰匙投放進此一保險箱內。我們認為，此種安排能確保主管或其副手確實擔起保管鑰匙的責任，如此一來，即便在他們缺席的情況下，其仍有義務確保鑰匙整晚都存放在保險箱中。同樣地，他們也有義務在隔日早晨，將鑰匙交到前來交接的職員手中。

至於內側辦公室內的小型保險箱也應採取相似做法，鑰匙改由總出納長或其副手帶走（視誰最後離開辦公室），然後投進總出納長家中的保險箱內，而不是鎖在辦公桌裡。

日後，那些在營業時間結束後會掛到大門門房小屋牆壁上的各辦公室鑰匙，應該存放在以保管為目的所設置的壁櫥內，並上一道鎖，由大門門房或受命看守大門者來保管鑰匙，在沒有收到通知的情況下，不得讓人取走任意一把鑰匙或進入任意一間辦公室。

就銀行大門的管理，我們也和門房主任沃特金斯先生進行了討論，在不勞煩眾委員的情況下，我們就不贅述其針對開門與關門期間、鑰匙保管所提供的詳細流程，所有內容都能在備忘錄中發現。但我們確實認為某些部分需要一定的規範，且在施行上亦不會造成困難——像在針線街的大門口增設一名固定留守的門房，從早上開門一直到夜間警衛開始執勤間，負責時刻看守大門。我們認為這樣的改變在維持秩序、監督出入者、指引特定辦公室的方位及類似的便民服務上，能起到絕佳的效果（這些亦是投訴中經常被提及的問題）。基於此一目的，我們建議門房在營業期間出現於大門時，應總是身著長袍與攜帶手杖。由於不可依賴一人獨自完成此崗位上的所有職務，因而有必要為沃特金斯先生指派副手，由兩人分擔所有事務。

我們還有一項提議，儘管鑰匙是從總會計師住處（夜間保管處）取出，且大門會在每日晨間6點（夏季）／7點（冬季）開放，然銀行並無於晨間開放的必要，亦無如當前開放到如此之晚的需求，因此應下令無論冬夏，大門只需於早上8點半開啟，晚

間 6 點關閉，同時指示門房在大門守著，以利需在大門開啟前或關閉後通行此處的相關人員。我們認為此一規範不僅便民，亦能兼顧銀行的安全。

（簽名）S・鮑森葵
湯瑪斯・迪
班・溫斯洛普

1783 年 10 月 24 日於英格蘭銀行
資料來源：BEA, M5/212, fols. 195-202.

附錄五

審查銀行各部門現行工作模式與運作委員會四度報告

致行長、副行長及財務委員會：

　　前述報告中，我們已遞交出納部門需立即處理的議題；現在，我們將呈報關於會計部門業務運作的審查內容，供董事會討論。

　　根據我們的了解，該部門共有 15 間辦公室，多數辦公室由一名主任或負責人來監督：

- 負責銀行紙幣存入及支付的登錄員。
- 負責 7 日見票即付匯票存入與支付的登錄員。
- 負責已貼現票據及紙幣登錄和排序的職員。
- 負責將已貼現票據及紙幣登錄到貼現簿的職員。
- 取款辦公室，負責與大廳的取款辦公室進行確認。
- 銀行股票與綜合長期年金辦公室。
- 綜合縮減年金辦公室。

- 綜合3%年金（永續債券）。
- 綜合4%年金辦公室。
- 1726年3%年金及28年綜合年金辦公室。
- 衡平法院辦公室。
- 支票辦公室。
- 日常帳的抄寫員。
- 國庫券帳簿由總會計師保管，並由副總會計師進行核對。
- 總帳則由副總會計師保管。

我們針對總會計師及多數辦公室負責人在業務、行為、能力及出缺勤方面的表現進行審查；但在本次報告中，我們的建議將局限在對股票及支票辦公室的觀察，並提出我們認為可對這些辦公室帶來實質助益的建議。

股票辦公室之所以為首，是因其重要性——尤其是對公眾而言，也因此自然成為我們最早密切關注的對象，我們耗費了極大心力，確認民眾因提領利息遭遇延誤或不便而經常提出的投訴是否屬實、導致抱怨出現的原因為何，以及在多大程度上能進行改善。基於此一目的，我們將主要心力放在了綜合3%年金辦公室上，因其資本額大，擁有者眾，這些缺失勢必最為明顯。

利息支付的時間，固定為早上9點至11點，以及下午1點至3點的時段內；早上9點至1點可進行轉讓；每一張轉讓單都必須在下午1點前遞交，否則將被視為私下轉讓；且必須支付相關費用。此一規定顯然是為了預防轉讓業務干擾到利息業務，以確保所有轉讓行為在下午開始發放利息之前完成，但近期股票經紀人

與掮客的行為徹底抹殺了此一規範的初衷，而經常在時限的最後15分鐘內，遞交大量轉讓單，數量更遠超過一日之中的其他時段加總。這些轉讓的登錄與執行，經常會占據下午1至2點的時段（有時甚至更長），而在此一過程中，該辦公室的常見做法是要求所有需領取利息者等待，直至所有轉讓作業完成，因為轉讓單已在時限內遞交，所以行員必須在核發任何一張利息憑證前，完成所有轉讓。我們認為，此兩大業務在1點至2點間的彼此干擾，是導致民眾與職員出現糾紛的最主要原因，前者堅持1到3點是銀行發放利息的規定時間，因此他們有權立刻拿到，與此同時，後者卻苦於無法滿足民眾的要求（無論他們多想做到）。

　　在提出此一問題的解決之道以前，我們想先陳述另一項值得關注的議題。在審查職員期間，我們發現過去轉讓辦公室所採納的一項共通做法已停止一段時間——亦即在利息憑證上標註尚未被接受的股票，以確保申請領取股息者先行「接受」；且現在掮客也無需先接受股票，才能進行同一股票的再次轉讓；儘管所有成立政府基金的議會法案條文，皆將「接受」與「轉讓」視為一體，以至於缺乏「接受」，「轉讓」就不可能成立。根據我們所收到的解釋，取消此一措施的原因在於，發放股息前的暫停交易時間過於短暫（就此資本規模來看），致使職員無暇檢查並標記尚未接受者；此外，根據陳述，即便執行此一程序，要求所有人先行接受才能取得利息憑證的做法，會導致民眾遭遇極大的耽擱與不便，也因此讓此一措施於數年前不得不被取消。而該辦公室取消此做法的情況，也成為股票經紀人在其他轉讓辦公室主張自己不該被嚴格要求先行接受此一步驟的理由；而這樣的論點也似

乎難以反駁，畢竟如綜合 3% 年金這樣大額的股票都不需要先行接受，那麼其他股票如 4%、縮減等額度更小的股票，自然也沒必要。

是否應根據議會法案條文，嚴格要求領取利息或批准再轉讓以前，先行「接受」的做法（副總會計師也強烈向我們表示，倘若施行此一做法，股票掮客勢必會大肆抱怨），無論會引起相關人士多少不便，需全權交由董事會來決定。

我們一直致力於找出一套辦法，解決因利息支付中斷所引起的民怨（尤其是在該辦公室內），又不會耽擱整體業務程序或造成其他不良後果；但在我們所收到的所有建議模式中，僅有一個就我們來看，不會造成太大不便，也似乎沒有反對的重大理由，因此我們將這套方案交予董事會商討。

轉讓與支付利息的業務彼此獨立，因此我們建議可將兩項業務切割，於不同的辦公室內進行。我們認為，如能將綜合 3% 年金辦公室現行使用的兩間辦公室，其中一間用於進行轉讓、另一間處理利息，將能很好地解決此問題。就此方案來看，利息辦公室將只需要安排少於當前執行此服務的職員數，因為其業務整日都能不間斷地進行，且相關人員也無需支援其他事務。但是，此處將需要特別指名幾名職員，負責解決有爭議或複雜的帳目，協助尚須辦理接受手續者，以及查找申領舊利息的憑證。目前這些業務均由利息支付單位親自進行，也因此導致極大的延誤與民眾的不滿。

事實上，單論上述這些情況，此刻也確實需要額外的人手來支援；但若依照上述方案進行業務分割，將勢必需要一名額外的

職員,因為帳簿將固定保留在另一間辦公室裡。倘若董事會認為未來所有「接受」的手續皆有執行的必要,此套規範將能確保各辦公室的負責人在下屬員工的協助下,確實執行命令;而這是當前情況所不允許的。我們或許能說,倘若施行這樣的改變,轉讓業務將能進行得更順利,且出錯的可能性也比當前的辦公室狀態來得低。因為無論是民眾或職員,都不會遇到此刻的困擾,也就是兩項不同業務在同一個地方、同時進行所導致的混亂。

我們在徵詢了總會計師與副總會計師、所有轉讓辦公室負責人與許多資深職員的意見後,才大膽提出此一提議,至於此一計畫的可行性,他們一致認為確實有助於促進公眾事務的處理、讓職員工作更順利,以及提升銀行的安全性。他們表達了對此一變革的歡迎,我們也了解到立刻推行,將不會遭遇反對。

我們以附錄的形式,附上必要變革之方案。這些變革相當簡單:僅需在現有職員數量上,額外增添 7 人,就能樹立一套對大眾極有助益、更能提升銀行信譽的規範。

現在,我們將進一步檢視支票辦公室保管利息憑證的辦法。該辦公室負責保管所有已支付憑證、距當前利息支付日約 4 至 5 年內的未支付舊憑證。於此一議題,我們認為有值得深思之處。

為了取得相關業務執行方式的資訊,我們採取了一貫做法,亦即在營業時間內前往現場,親自觀察。我們的第一步,是詢問未支付憑證存放於何處,並透過哪些措施來保證其安全。但讓我們極為震驚的是,這些憑證(總價值高達 7 萬 5,000 英鎊)就放在一個木製櫥櫃裡面,上頭只鎖了一道鎖,且每一位員工手裡都有一把鑰匙。當一位辦公室主任告訴我們,此部門當初之所以成

立的主因（約莫 22 年前），是為了防範再次發生銀行行員監守自盜的情況（當時一位能接觸這些未支付憑證的行員，在受誘惑下，偽造一批憑證的簽名，再憑此進行盜領），不免讓我們更為詫異。

在未支付憑證保管方法的監督方面，我們發現所有的轉讓辦公室一年會派一次人，針對手中的清單與未支付憑證進行比對，其中，僅有綜合 3% 年金辦公室已停止這樣的行為長達數年。然而，我們認為此種檢驗極其有必要，因而強烈建議以命令的方式，確保未來都能確實執行此一檢驗。

此外，為了進行財政部帳目結算而必須送往財政部的已支付憑證數量極端龐大，加上需便於查詢而必須存放在辦公室內或附近，導致現階段僅以數個大箱子來收納；但由於辦公空間不足以容納所有箱子，因此有些放在鄰近的外側辦公室，以低矮的木頭隔板隔開，還有一些堆放在易受意外影響的開放大廳中。儘管這些憑證確實被註銷，因此銀行毋須擔心重複付款；但倘若這些憑證遺失或毀損，我們擔心與財政部的結算將變得窒礙難行，因其嚴格要求必須出示每一張憑證。

但這並不是該辦公室唯一出現的風險。由於該辦公室位於大門門房小屋的上方，而後者一年之中的絕大多數時間裡都會生火，也導致該辦公室與其他部門相比，遭遇火災的風險最高。此一隱患著實令人擔憂，須立即採取行動，盡一切努力來讓此一極為重要部門轉移到更安全之處。

基於以上目的，我們建議將現在位於舊總會議室內的憑證辦公室，遷回至原本位於通道上方、現在提供給警衛使用的房間，

該處的空間足以容納；而支票辦公室則改安置到舊總會議室。這樣的交換能讓支票辦公室轉移到銀行內部，讓其能在空間更充裕及更安全的地方處理已支付憑證；同時也具備增設保險箱以存放未支付憑證的適當空間。當前的支票辦公室或許可以進行整修，作為警衛辦公室之用。

我們也徵求了總出納長及總會計師的意見，雙方皆認為根據上述理由進行這樣的調換，相當合適。

S・鮑森葵
湯瑪斯・迪
班・溫斯洛普

1784 年 2 月 19 日於英格蘭銀行

為切割綜合 3% 年金辦公室之轉讓與利息支付事務草擬提案

一、將衡平法院辦公室（當前位於 4% 年金辦公室內），遷移到比鄰其他衡平法院辦公室之處；或在圓頂大廳內騰出一處空間專供其使用；或銀行內任何更為恰當之處。

二、將當前位於綜合 3% 年金辦公室內的 1726 年 3% 年金及 28 年綜合年金辦公室，遷移到當前 4% 年金法院辦公室處。

三、將最靠近巴塞洛謬巷的綜合 3% 年金辦公室，改為轉讓業務專用辦公室；並在該辦公室內適當處，設置足以

容納所有並未使用中的轉讓簿書櫃,並根據標記進行排列,再指派一名(或更多)門房負責管理轉讓簿,在有需要的時候將轉讓簿遞交給職員,並在使用後歸還至適當的位置。

該辦公室應設置 38 名職員:

1 名主任
1 名副手
20 名過帳員
16 名登錄員
共 38 名

四、將綜合 3% 年金辦公室的其他辦公室,改為利息支付所用。為此,應根據利息憑證上的字母順序,盡可能地將所有憑證均分成 12 冊,每一冊上的名字數目盡量相等,且不得超過 6,000 筆。每本帳冊都需安排一名職員負責,從早上 9 點到下午 3 點,且不得中斷業務或被其他事務干擾。

五、另外任命 4 名職員,負責檢驗並處理具爭議或較為複雜的帳目;從支票辦公室取回那些可能被申請以提領舊利息的未支付憑證;審核是否有被遺漏的接受申請;以及負責所有可能導致支付利息職員被叫離崗位的事務。

該辦公室應安排 17 名職員:

1 名主任
　　12 名職員負責支付利息
　　4 名額外職員
　　共 17 名

負責登記遺囑並製作授權書的 6 名職員，可根據該主任考量，安排在最為合適的辦公室內。
因此，整體職員的數量將為，

　　轉讓辦公室 38 名
　　利息辦公室 17 名
　　遺囑與授權書 6 名
　　總計 61 名
　　當前職員數 54 名
　　需增加 7 名職員

六、在櫃台後方設置兩個聯絡通道，便於職員從一處辦公室移動到另一處辦公室，好在不受外界干擾的狀態下進行帳簿的重新查驗。

資料來源：BEA, M5/213, fols. 134-148.

附錄六

審查銀行各部門現行工作模式與運作委員會五度報告

致行長、副行長及財務委員會：

　　在前次報告中，我們主要就便民及銀行安全等有必要改善之處提出建言（我們也相信針對這些議題所提出之意見，亦無逾越董事會賦予我等之權限）。

　　現在，我們將進一步針對職員表現與行為提出審查報告：一項毫無疑問至關重要、且值得時刻高度關注之議題；但我們認為此議題無需過度闡述，因此僅就我們認為有必要進行改善與修正之行為提出解釋：如委員需要特定資訊，請參見備忘錄。

　　就一個囊括 300 名職員、且比起疾言厲色，員工需要的是謙和有禮指示的機構而言，要確保職員行為恰當、安全且有效，在許多時候總是說比做容易。然而，在考量到人的性情與熱情各異，以及當權力與遵守間並不存在顯著界線、遵守意願就會因此降低後；我們必須承認，在經過詳盡的審查後，無論是職員彼此間的相處模式，或執行工作的狀態上，我們並未發現值得嚴加批

評之處。儘管如此，我們認為自身有責任強烈建議初階職員，在與上級職員相處時，應展現該有的主從關係，且迅速執行上級指令，因為我們發現沒有什麼比初階職員向所屬辦公室上級展現最大程度的專注力，更能促進銀行職員間的和諧，同時確保銀行事務順利運作。

然而，我們有職責將自認為值得嚴肅商討之事件呈報給委員會。其中一件，已經引起董事會一定的關注。我們指的是轉讓辦公室職員的行為，亦即經常充當公債基金掮客與經紀人進行買賣的行為。

我們不會試圖列舉此種行為勢必會導致的不良後果；亦無需解釋因為職員對於自身職責及承辦事務的疏忽，讓銀行與民眾經歷了多少顯而易見的麻煩，更遑論內部職員因此產生的矛盾；在誘惑驅使下，職員將心思從尋常工作內容上，轉移至那些乍看之下對其更有意思、誘人但危險的事務上。

民眾、經紀人及董事們對此劣行早已不滿多時，亦多所抱怨；銀行內卻似乎沒有採取任何積極的作為，除董事會在 1771 年 2 月 14 日所發布的一道命令外。該命令內容如下：

命令

自即日起，銀行內部職員再不得以經紀人身分，進行股票及年金等商品買賣轉讓事宜，否則將面臨本董事會的嚴格處置。

本道命令應抄寫並張貼於各別轉讓辦公室內。

我們不得不認為這道命令或許已經失效，或一發布後就遭

到遺忘:因為在檢驗了所有轉讓辦公室職員後(此處我們必須表示,截至目前為止,我們在職員對此問題的答覆中感受到最大程度的坦白,我們亦相信他們對此議題及其他事件的答案確實為真),絕大多數人表示自己對於此道命令毫不知情;亦有少數人表示曾經聽聞,卻不曾見過;且職員普遍認為,倘若其能盡責地完成分內工作,自然不該限制其在基金交易中下單(無論是親自為自己操作,或為朋友進行股票交易);至於擔任經紀人方面,銀行職員此一身分並不會受到任何限制,儘管許多人會為了某些原因而避開此類交易。

我們堅信,職員兼任經紀人與掮客的行為,不僅不便且有害,其對於非富裕人士的強烈誘惑,更有可能導致極為嚴重的後果;我們認為董事會應盡速介入,以徹底終止此一嚴重弊端。為確保此一有利的規範能有效施行,我們認為應正式通知所有職員,董事會將嚴格執行前述命令(或視情況擬定新命令),如若未來再有違背之情事,將面臨最重被解除職位之懲罰,此乃有必要且公正之做法。

我們亦認為,為防範未來有員工以不知情為藉口,也為了讓公眾同時明白此一規定,應在圓頂大廳的顯眼處及轉讓辦公室的牆壁上,列印並張貼以下這道命令。

根據董事會命令,銀行職員不得擔任公共基金之經紀人或掮客。

在結束此一議題以前,我們需斗膽再表達一點,截至目前為

止，絕大多數職員對於此一行為的不妥且有違董事會命令之處，多所明白，有少數職員也基於其他考量而徹底避開這些行為，我們充分相信，僅需要董事會多一點心力與預防，就能徹底杜絕此一隱患。

另一項我們認為有義務呈報的事件，則是關於職員收取大眾所給予小費及禮品之事。針對此一議題所搜集到的資訊，皆收錄於備忘錄中，但我們亦期望能表達自身對於「小費」與「禮品」此兩詞彙的不同見解。關於前者，我們將其歸類為在進行私人轉讓、登記遺囑、製作債券的代理書、宣誓書及授權書時，所收取到的小額金錢，而此類公開且金額固定之小費形式，不太可能違反董事會所頒布的第 11 條章程。至於後者，於我們的認知中，這些禮物實際上僅僅是基於職員完成銀行分內之事所獲得的。

根據主任及各處辦公室初階職員的答覆，讓我們充分了解到此兩類行為，皆出現了尤其需特別關注之情形；但無論我們多麼想要針對此兩者提出新規範，來提振銀行的名聲與繁榮，對於從民眾手中收取所謂小費的做法在什麼樣的程度上（明顯違反第 11 條章程之規定與精神），是一種需徹底避免的惡行，此一決定仍需交由董事會裁定。同時，我們亦需表達自己對於此種作風的接受與延續，其本質上不僅有失光彩；部分辦公室的分配不均問題，還有可能導致員工彼此產生不滿跟嫌隙；更為嚴重的後果，則是給予特定公眾偏袒與不公正的優待（我們有強烈的理由相信，就此點來看，此一本就屬於惡習的行為也確實被可恥地濫用）。

然而，我們發現此舉是如此根深柢固，已成為各辦公室合法

薪酬的一部分，並且代代相傳，因此，我們認為徹底斷絕此一作風的行為是否明智，需要更審慎的考慮，亦需要準確而縝密的評判；抑或是透過規範，禁止高階職員參與，確保初階職員做到平均分配，將主管階級變成下級者的監督，以防範對大眾進行不正當索求；就此方法來看，應准許提高前者的薪資作為補償。

但是，就轉讓辦公室現存的某些費用中，有一筆我們認為需受到規範。當前的慣例是若在同一天將票據轉為股票，每 1,000 英鎊會收取 5 先令的小費，但當轉讓的金額較大時，通常會減少費用，並與對方達成最適協議。倘若民眾有權進行這些轉讓，我們認為他們就不應按照金額比例來給予費用；相反地，我們認為每筆轉讓應收取 5 先令的費用，而不是如私人轉讓那樣需收取半克朗，以預防該行為的濫用。

（簽名）S・鮑森葵

湯瑪斯・迪

班・溫斯洛普

1784 年 2 月 25 日於英格蘭銀行
資料來源：BEA, M5/213, fols. 151-160.

附錄七

審查銀行各部門現行工作模式與運作委員會六度報告

致行長、副行長及財務委員會：

我們已完成對銀行各部門現行工作模式及運作的審查，亦於此前報告中提出我們認為需財務委員會遞請董事會加以關注的多項議題，我們認為自己擔負的任務已經完成，而我們的委任也告一段落。但是，在正式結束以前，我們還有幾項意見，並期望無論是對銀行業務的整體管理，或針對某些就我們立場來看需嚴正考量的事務，帶來些許助益。

第一點，首先考量到因人數眾多，理應受到關注的職員；我們期望能在銀行內部建立起一套比當前更為明確的主從關係，明定各辦公室初階職員到負責人間的服從鏈，並依此直通兩大部門的最高負責人，如此一來，擁有更直接且正式控制權的上級，就能在一定程度上為直接下屬的行為負責。此處，我們也必須提出當前一項引起我們極大驚訝的慣例：兩大部門的最高負責人以及銀行內各辦公室的主任，是最早離開銀行的一批，有些人在固定

時間離開，另外一些人則是在工作完成後離開，這也讓一切責任落到了初階職員（經常極為年輕）的謹慎與正直之上，完全不把監督後續交易視為自身的責任。我們認為董事會絕無可能刻意批准此種行徑，因此毫無疑問地，此一情況勢必發生於不知不覺間；但無論時間賦予此一行徑何種程度的正當性，扭轉情況才是最正當的選擇。若說任一種信託機構都需全面性的監督，那麼就重要性如此深遠的本機構來說，其必要性自然更加緊迫。

因此，我們懇請董事會慎重考慮我們已於第三份報告中所提出的問題，是否透過辦法，提高兩位首長及各別副手待在銀行的頻率，確實履行監督之責直至當日業務確實結束，且鑰匙獲得妥善保管後。

在職員聘用方面――希望我們這樣的行為不至於冒昧，想懇請董事委員們多加關注被提名者的能力與性格，在投票時，亦能關注他們的表現。由於求職者眾，自不能期望所有人能力皆同，但希望能謹慎避開顯然不適任者。對於可能從某個部門或辦公室調任到另一處的職員，也應同樣留意其資格。儘管整體而言，此類基於年資來考量的調動，符合公平且合理；但在需特殊才能的情況下，就不適合依此來評斷。

過去允許經紀人在轉讓簿上簽名，以確認其當事人身分（當職員不認識轉讓股票者時）的做法，由於近日屢次出現遭到無恥且危險濫用的例子，因而需要董事會更審慎地考慮。就我們來看，只有當經紀人能為自己簽名作證的內容，以及因為對其的信賴而導致的損失擔起責任，這樣的行為對於安全性才有存在的價值。就現行法律來看，他們沒有任何責任（針對此一問題，或許

該徵詢最佳法律專業），但我們認為補救並不困難，無論是透過增加特殊文字以載明經紀人之職責，或在議會法案中增添條款，以規範其責任皆可。

在審核過程中，我們檢驗了檔案庫的狀態，該處存放了銀行自成立之初，全部或近乎全部的帳簿，連同註銷的銀行紙幣，以及包括銀行紙幣檔案、銀行匯票訂單等相關文件的大批舊檔案。我們認為，倘若銷毀絕大多數的文件，也不會對銀行造成任何損失或不便，且騰出來的空間可用於存放有必要保存的帳簿與檔案。我們建議，或許可命令各辦公室職員針對該處所存放的帳簿與檔案進行分門別類，並下令將那些顯然無用之檔案焚毀；未來針對任何書籍與文件都應按照一定的規律擺放，標註內容與日期，定期更新目錄，以便在需要時能立即查閱。

再好的行為規範於時間的腳步下，也很有可能失去最初的精神與效力，尤其當監督的視線與即時問責制消失後。我們明白財務委員們的身上擔負著銀行內部多種的重大責任，自無可能在所有情況下監督著每一位職員的行為，因而我們建議，是否可從其他董事中推舉數位，依此特定目的組織成一委員會，並視需求召開會議，不定期拜訪並審核各部門，第一時間聽取投訴，換言之，也確保銀行內所有涉及雇員與職員的事務皆能妥善執行，並將結果遞交給財務委員。我們深信，此一委員會的成立及其成員所付出的適當關注，將促進許多目標的達成。

我們的備忘錄包含了一切過程，以及對於各辦公室內主要職員的詳細審查，這些內容於未來或有需要，因而我們建議予以保留。此刻，我們必須特別表揚我們的秘書阿斯萊特先生，其勤

奮地履行自身責任並予以我們幫助，我們認為他應當獲得一筆獎金，以彌補我們使其蒙受的額外勞苦。

我們謹此向財務委員會的全體成員致上最誠摯的謝意，感謝各位對於我們工作的重視，並感謝董事會全體成員對於我們報告的寬容接納。假使這些報告內容能加倍完善，我們將會無比滿足；至於報告的詳盡程度，我們認為調查所涵蓋問題之廣泛性與多樣性，或將足以作為合理的解釋。

在考量到英格蘭銀行不僅對倫敦市的商業促進與發展有著至關重要的影響，且身為公共信用守護者的我們亦身繫全國命運後，我們自然能理解如此一個龐大且攸關整體社會利益之機構，在能否明智地治理事務，或被賦予即時管理該機構者能否擔起相應責任的議題上，勢必會引起所有人的關心與憂慮。我們也認為無需向董事會強調此一輝煌機構所獲得的如宗教般的敬意，或建議對其神聖守護者身分進行持續不懈的關注。

（簽名）S・鮑森葵
湯瑪斯・迪
班・溫斯洛普

1784 年 3 月 18 日於英格蘭銀行
資料來源：BEA, M5/213, fols. 172-179.

註釋

序

1. Bank of England Archives (hereafter BEA), G4/23, Minutes of the Court of Directors, 14 April 1779–2 October 1783, fols. 352–353.
2. BEA, M5/213, Minutes of the Committee of Inspection, fols. 178–179. See appendix 7 for the full text of the Inspectors' final report.
3. 出處同上。
4. Sir John H. Clapham, *The Bank of England: A History*, 2 vols. (Cambridge, 1944).
5. Notably A. Andreades, *A History of the Bank of England* (London, 1909); W. D. Bowman, *The Story of the Bank of England: From Its Foundation in 1694 until the Present Day* (London, 1937); John Giuseppi, *The Bank of England: A History from Its Foundation in 1694* (London, 1966).
6. David Kynaston, *Till Time's Last Sand: A History of the Bank of England, 1694–2013* (London, 2017).
7. Arthur Burns and Joanna Innes, eds., *Rethinking the Age of Reform: Britain, 1780–1850* (Cambridge, 2003).
8. 與「經濟改革」相關的最重要著作是，J.E.D. Binney, *British Public Finance and Administration, 1774–92* (Oxford, 1958); Philip Harling, *The Waning of Old Corruption: The Politics of Economical Reform in Britain, 1779–1846* (Oxford, 1996); David Lindsay Keir, 'Economical Reform, 1779–1787', *Law Quarterly Review*, 1 (1934), pp. 368–385; Earl A. Reitan, *Politics, Finance, and the People: Economical Reform in England in the Age of the American Revolution, 1770–92* (Basingstoke, UK, 2007).
9. Adam Smith, *An Enquiry into the Nature and Causes of the Wealth of Nations* (Oxford, 1976), p. 320.
10. 完整的員工名單請見附錄一。

11. Clapham, *Bank of England*, 1:13–20.
12. Ann M. Carlos, Erin K. Fletcher, Larry Neal and Kirsten Wandschneider, 'Financing and Refinancing the War of the Spanish Succession, and then Refinancing the South Sea Company', in D. Coffman, A. Leonard and L. Neal, eds., *Questioning Credible Commitment: Perspectives on the Rise of Financial Capitalism* (Cambridge, 2013), p. 152.
13. Clapham, *Bank of England*, 1:171.
14. Clapham, *Bank of England*, 1:102–103.
15. B. R. Mitchell with Phyllis Deane, *Abstract of British Historical Statistics* (Cambridge, 1962), pp. 401–402.
16. P.G.M. Dickson, *The Financial Revolution in England: A Study in the Development of Public Credit, 1688–1756* (London, 1967), p. 285; Ranald Michie, *The Global Securities Market: A History* (Oxford, 2006), p. 53.
17. Dickson, *Financial Revolution*, p. 360.
18. H. V. Bowen, 'The Bank of England during the Long Eighteenth Century, 1694–1820', in R. Roberts and D. Kynaston, eds., *The Bank of England: Money, Power and Influence 1694–1994* (Oxford, 1995), p. 11.
19. Christine Desan, *Making Money: Coin, Currency and the Coming of Capitalism* (Oxford, 2014), pp. 312–318.
20. J. H. Clapham, 'The Private Business of the Bank of England, 1744–1800', *Economic History Review*, 11 (1941), p. 78.
21. 出處同上，p. 87.
22. 出處同上。
23. 出處同上，p. 79.
24. 出處同上，p. 81.
25. Bowen, 'Bank of England', p. 2.
26. 出處同上，p. 14.
27. 出處同上，p. 7.
28. P. J. Marshall, *The Making and Unmaking of Empires: Britain, India and America, c. 1750–1783* (Oxford, 2005), p. 353.
29. Reitan, *Politics, Finance, and the People*, p. 1.
30. British Library (hereafter BL), Add. MS. 38212, Liverpool Papers, Volume

XXIII, fol. 57.
31. Harling, *Old Corruption*, p. 33.
32. Bowen, 'Bank of England', p. 9.
33. J. Lawrence Broz and Richard S. Grossman, 'Paying for Privilege: The Political Economy of Bank of England Charters, 1694–1844', *Explorations in Economic History*, 41 (2004), p. 70.
34. Clapham, *Bank of England*, 1:177.
35. 哈特利在 1780 年失去了赫爾（Hull）選區國會議員的席位。1782 年他重返國會，但在 1784 年再次落選，隨後便退出政壇。Christopher F. Lindsey, 'David Hartley (1731–1813), Politician', *ODNB*, accessed 7 January 2018, https://doi.org/10 .1093/ref:odnb/12495; David Hartley, *Considerations on the proposed renewal of the Bank Charter* (London, 1781), p. 17.
36. Hartley, *Considerations,* p. 19.
37. Clapham, *Bank of England*, 1:179.
38. J. Cannon, 'Savile, Sir George, Eighth Baronet (1726–1784), Politician', *ODNB*, accessed 5 May 2018, https://doi.org/10.1093/ref:odnb/24736.
39. Clapham, *Bank of England*, 1:181.
40. Speech of 13 June 1781, in William Cobbett, ed., *The Parliamentary History of England, from the Earliest Times to the Year 1803,* 36 vols. (London, 1806–1820), 22:517.
41. Bowen, '*Bank of England*', pp. 8–9.
42. Quoted in Lucy S. Sutherland, *The East India Company in EighteenthCentury Politics* (Oxford, 1962), p. 261.
43. M. Fry, 'Dundas, Henry, First Viscount Melville (1742–1811), Politician', *ODNB*, accessed 6 January 2018, https://doi.org/10.1093/ref:odnb/8250.
44. H. V. Bowen, *The Business of Empire: The East India Company and Imperial Britain, 1756–1833* (Cambridge, 2008), p. 73.
45. 出處同上。
46. BEA, M5/212, fol. 1.
47. Reitan, *Politics, Finance, and the People*, p. 64.
48. 出處同上，p. 66.
49. 喬治・德拉蒙德在家族內的銀行事業裡，屬於較為資淺的合夥人，

但德拉蒙德家族本身為一個強盛且影響力深厚的家族企業。Anon., *Drummond Bankers: A History* (Edinburgh, 1993?); Philip Winterbottom, 'Henry Drummond (c. 1730–1795)', *ODNB*, accessed 6 January 2018, https://doi.org/10.1093/ref:odnb/48025.

50. BEA, G4/23, fols. 352–353.
51. J. Torrance, 'Social Class and Bureaucratic Innovation: The Commissioners for Examining the Public Accounts, 1780–1787', *Past and Present*, 78 (1978), p. 66; BEA, M5/212; BEA, M5/213, passim.
52. Torrance, 'Social Class and Bureaucratic Innovation', p. 64.
53. 一直到1806年7月5日鮑森葵逝世為止前，他一直擔任著銀行董事。在1789年及1790年間，他獲選為副行長，並在1791和1792年間擔任行長。BEA, M5/436, Directors Annual Lists, fol. 25.
54. 迪在1798年以前，斷斷續續地擔任董事一職。溫斯洛普在其逝世之前（1809年10月7日），絕大多數時間都擔任銀行董事。他在1802至1803年之間，被選為副行長，並在1804至1805年間擔任行長。BEA, M5/436, fols. 26–27.
55. BEA, M5/376, Minutes of the Committee for House and Servants, passim.
56. BEA, M5/212, fols. 175–176; M5/213, fol. 180.
57. BEA, M5/213, fols. 177–178.
58. See, for example, BEA, M5/213, fol. 21.
59. See, for example, BEA, M5/212, fols. 102, 209.
60. 歷史學者巴特里普（P.W.J. Bartrip）認為針對工廠審查而建立專業的監督機構，也能產生相似的效應。P.W.J. Bartrip, 'British Government Inspection, 1832–1875: Some Observations', *The Historical Journal*, 25 (1982), p. 613.
61. John Brewer, *The Sinews of Power: War, Money, and the English State, 1688–1783* (London, 1989), p. xvi.
62. Bowen, *Business of Empire*, p. 139; H. M. Boot, 'Real Incomes of the British Middle Class, 1760–1850: The Experience of Clerks at the East India Company', *Economic History Review*, 52 (1999), p. 639. 倘若將倉庫的勞動力與碼頭搬運工人數量納入考量，東印度公司的總員工數量即超過1,700名。B. Supple, *The Royal Exchange Assurance: A History of British*

    Insurance, 1720–1970 (Cambridge, 1970), p. 70; Stephen Conway, *War, State and Society in MidEighteenthCentury Britain and Ireland* (Oxford, 2006), p. 39.
63. Joel Mokyr, *The Enlightened Economy: An Economic History of Britain,* 1700–1850 (New Haven, CT, 2009), p. 111.
64. Robert Allen, *The British Industrial Revolution in Global Perspective* (Cambridge, 2009), pp. 238–271.
65. 對這場辯論的有用總結及延伸請參見，Morgan Kelly, Joel Mokyr and Cormac Ó Gráda,'Precocious Albion: A New Interpretation of the British Industrial Revolution', *Annual Review of Economics,* 6 (2014), pp. 363–389.
66. 出處同上。
67. Douglass C. North and Barry Weingast,'Constitutions and Commitment: The Evolution of Institutions Governing Public Choice in Seventeenth-Century England', *Journal of Economic History,* 49 (1989), pp. 803–832.
68. 出處同上，p. 816.
69. 出處同上，p. 829.
70. G. Clark,'The Political Foundations of Modern Economic Growth: England, 1540–1800', *Journal of Interdisciplinary History,* 26 (1996), pp. 563–588; Gary W. Cox, *Marketing Sovereign Promises: Monopoly Brokerage and the Growth of the English State* (Cambridge, 2016); Anne L. Murphy,'Demanding Credible Commitment: Public Reactions to the Failures of the Early Financial Revolution', *Economic History Review,* 66 (2013), pp. 178–197; N. Sussman and Y. Yafeh,'Institutional Reforms, Financial Development and Sovereign Debt: Britain, 1690–1790', *Journal of Economic History,* 66 (2006), pp. 906–935; Mark Dincecco, *Political Transformations and Public Finances: Europe, 1650–1913* (Cambridge, 2011). See also Daron Acemoglu and James A. Robinson, *Why Nations Fail: The Origins of Power, Prosperity and Poverty* (London, 2013).
71. Julian Hoppit,'Compulsion, Compensation and Property Rights in Britain, 1688–1833', *Past and Present,* no. 210 (2011), pp. 93–128.
72. See, for example, William J. Ashworth, *Customs and Excise: Trade, Production, and Consumption in England, 1640–1845* (Oxford, 2003).
73. Quoted in Richard Harding and Sergio Solbes Ferri,'Introduction', in

Richard Harding and Sergio Solbes Ferri, coords., *The Contractor State and Its Implications, 1659–1815* (Las Palmas de Gran Canaria, Spain, 2012), p. 8.

74. 建議從「承包商國家團體」（Contractor State Group）及其前身所編纂的相關卷冊開始參考：H. V. Bowen and A. González Enciso, eds., *Mobilising Resources for War: Britain and Spain at Work during the Early Modern Period* (Pamplona, Spain, 2006); Rafael Torres Sánchez, ed., *War, State and Development: Fiscal–Military States in the Eighteenth Century* (Pamplona, Spain, 2007); Stephen Conway and Rafael Torres Sánchez, eds., *The Spending of the States: Military Expenditure during the Long Eighteenth Century: Patterns, Organisation and Consequences, 1650–1815* (Saarbrücken, Germany, 2011); Harding and Solbes Ferri, 'Introduction'. See also A. González Enciso, *War, Power and the Economy: Mercantilism and State Formation in 18thCentury Europe* (Abingdon, UK, 2017).

75. Paul Langford, *Public Life and the Propertied Englishman, 1689–1798* (Oxford, 1991); J. E. Cookson, *The British Armed Nation, 1793–1815* (Oxford, 1997).

76. Conway, *War, State and Society*, p. 34.

77. Roger Knight and Martin Wilcox, *Sustaining the Fleet, 1793–1815: War, the British Navy and the Contractor State* (Woodbridge, UK, 2010), p. 10.

78. González Enciso, *War, Power and the Economy*, pp. 187, 186.

79. Patrick K. O'Brien, 'Mercantilist Institutions for the Pursuit of Power with Profit: The Management of Britain's National Debt, 1756–1815', in Fausto Piola Caselli, ed., *Government Debts and Financial Markets in Europe* (London, 2008), p. 185.

80. 出處同上。

81. For an overview, see Rafael Torres Sánchez, 'The Triumph of the Fiscal-Military State in the Eighteenth Century: War and Mercantilism', in Torres Sánchez, *War, State and Development*, p. 20. See also G. E. Aylmer, 'From Office-Holding to Civil Service: The Genesis of Modern Bureaucracy', *Transactions of the Royal Historical Society*, 30 (1980), pp. 91–108; Philip Harling and Peter Mandler, 'From "Fiscal-Military" State to Laissez- Faire State, 1760–1850', *Journal of British Studies*, 32 (1993), pp. 44–70.

82. Cobbett, *Parliamentary History*, 22:518.

83. BEA, M5/213, fol. 173.

Chapter 1
1. BEA, M5/212, fol. 190.
2. M. Dorothy George, *London Life in the Eighteenth Century* (Chicago, 2000), p. 100.
3. Anon., *Considerations on the Expediency of raising at this Time of general Dearth, the Wages of Servants that are not Domestic, particularly Clerks in Public Offices* (London, 1767), p. 6.
4. Dan Cruikshank and Neil Burton, *Life in the Georgian City* (London, 1990), p. 29.
5. 出處同上，p. 23.
6. Emily Cockayne, *Hubbub: Filth, Noise and Stench in England* (New Haven, CT, 2007), p. 155.
7. 引自同上，p. 158.
8. 引自同上。
9. BEA M5/748, Committee for Building Minutes, fol. 97.
10. Cockayne, *Hubbub*, p. 163.
11. BEA, M5/748, fol. 97; BEA, 13A84/2/19, "An Account of the Architectural Progress of the Bank of England" (c. 1857), p. 24.
12. BEA, 13A84/2/19, "Architectural Progress," p. 3.
13. 了解英格蘭銀行的綜合建築歷史，請見 Daniel M. Abramson, *Building the Bank of England: Money, Architecture, Society, 1694–1942* (New Haven, CT, 2005). 關於城市建築發展及意義的進一步研究包括，Iain S. Black, 'Spaces of Capital: Bank Office Building in the City of London, 1830–1870', *Journal of Historical Geography*, 26 (2000), pp. 351–375; John Booker, *Temples of Mammon: The Architecture of Banking* (Edinburgh, 1990).
14. Ralph Hyde, ed., *The A to Z of Georgian London* (London, 1981), 13 Ba.
15. Abramson, *Building the Bank*, p. 28.
16. 出處同上，p. 29.
17. Dennis Rubini, 'Politics and the Battle for the Banks, 1688–1697', *English Historical Review*, 85 (1970), pp. 693–714; B. W. Hill, 'The Change of

Government and the "Loss of the City", 1710–1711', *Economic History Review,* 24 (1971), pp. 395–413; On the South Sea Company, see Dickson, *Financial Revolution,* pp. 90–156; L. Neal, *The Rise of Financial Capitalism: International Capital Markets in the Age of Reason* (Cambridge, 1990), pp. 62–117; Helen J. Paul, *The South Sea Bubble: An Economic History of Its Origins and Consequences* (Abingdon, UK, 2011).

18. Abramson, *Building the Bank,* p. 31.
19. Clapham, *Bank of England,* 1:91.
20. Abramson, *Building the Bank,* pp. 35, 39.
21. 出處同上，1:47.
22. 出處同上，1:45.
23. 出處同上，1:59.
24. Mitchell with Deane, *Abstract,* pp. 401–402.
25. Clapham, *Bank of England,* 1:103.
26. Abramson, *Building the Bank,* p. 60.
27. W. M. Acres, *The Bank of England from Within,* 2 vols. (London, 1931), 1:191.
28. Cockayne, *Hubbub,* p. 169.
29. 出處同上。
30. 出處同上。
31. George, *London Life,* p. 107.
32. Abramson, *Building the Bank,* p. 61.
33. 出處同上。
34. 出處同上，p. 78.
35. 出處同上，pp. 61–66.
36. 出處同上，pp. 66–67.
37. 出處同上，pp. 70–71.
38. 出處同上，p. 57.
39. See, for example, Anon., *The Ambulator; or the Stranger's Companion in a tour round London* (London, 1774), ix; T. Malton, *A Picturesque Tour through the Cities of London and Westminster* (London, 1792–1801).
40. Malton, *Picturesque Tour,* p. 76.
41. Quoted in Booker, *Temples of Mammon,* p. 5.

42. John Fielding, *A Brief Description of the Cities of London and Westminster* (London, 1776), p. 2.
43. Clare Walcot, 'Figuring Finance: London's New Financial World and the Iconography of Speculation, circa 1689–1763' (unpublished PhD thesis, University of Warwick, 2003), p. 86.
44. 出處同上, p. 98.
45. 出處同上, p. 93.
46. Roger North, *Of Building* [c. 1695–1696], quoted in Walcot, 'Figuring Finance', p. 93.
47. John Gwynn, *London and Westminster Improved* (1766), quoted in Miles Ogborn, *Spaces of Modernity: London's Geographies, 1680–1780* (New York, 1998), pp. 98–99.
48. Robert Morris, *An Essay in Defense of Ancient Architecture* (1728), quoted in Walcot, 'Figuring Finance', p. 102.
49. Fielding, *Brief Description,* p. 2.
50. BEA, ADM 30/59, Britannia and the Bank, 1694–1961.
51. Cited in T. Mulcaire, 'Public Credit: Or the Feminization of Virtue in the Market-place', *PMLA,* 114 (1999), p. 1031.
52. Cited in Mulcaire, 'Public Credit', p. 1033.
53. S. Sherman, *Finance and Fictionality in the Early Eighteenth Century, Accounting for Defoe* (Cambridge, 1996), p. 157.
54. *The South–Sea Scheme Detected* (1720), quoted in Sherman, *Finance and Fictionality,* p. 53.
55. Quoted in Walcot, 'Figuring Finance', p. 82.
56. 出處同上。
57. Emma Major, *Madam Britannia: Women, Church, and Nation, 1712–1812* (Oxford, 2012), p. 1.
58. Abramson, *Building the Bank,* p. 54.
59. Black, 'Spaces of Capital', p. 357.
60. Abramson, *Building the Bank,* p. 85.
61. BEA, M5/607, Old Book of Orders for Porters and Watchmen, fols. 2–3.
62. Abramson, *Building the Bank.*

63. BEA, M5/212, fols. 186–187.
64. Acres, *Bank of England from Within*, 1:249.
65. 出處同上，2:386.
66. Quoted in Paula Humfrey, 'Introduction', in Paula Humfrey, ed., *The Experience of Domestic Service for Women in Early Modern London* (Farnham, UK, 2011), p. 16.
67. Humfrey, 'Introduction', p. 17.
68. Cruikshank and Burton, *Georgian City*, p. 74.
69. *The Old Lady of Threadneedle Street*, 7, p. 6.
70. Cruikshank and Burton, *Georgian City*, p. 5.
71. Cockayne, *Hubbub*, p. 188.
72. Quoted in Acres, *Bank of England from Within*, 1:145.
73. Cruikshank and Burton, *Georgian City*, p. 94.
74. Cockayne, *Hubbub*, p. 143.
75. 出處同上。
76. Cruikshank and Burton, *Georgian City*, p. 96.
77. 出處同上。
78. 出處同上，p. 13. See also George, *London Life*, p. 17.
79. Cruikshank and Burton, *Georgian City*, p. 13.
80. 出處同上，p. 15.
81. Ogborn, *Spaces of Modernity*, p. 115.
82. BEA, M5/212, fol. 189.
83. 請見附錄一。
84. BEA, M5/212, fol. 201.
85. 出處同上。
86. BEA, M5/607, fol. 2.
87. 出處同上，fol. 3. See also BEA, M5/213, fol. 166.
88. BEA, M5/607, fol. 5.
89. 出處同上，fol. 6.
90. BEA, M5/212, fol. 2.
91. 關於銀行信使所扮演的重要角色，留下來的資訊相當稀少，但也有些許例外。Bank of Montreal, 'The Bank Messenger Had a Great

Deal of Responsibility', accessed 2 May 2020, https://history.bmo.com/bank-messenger-great-deal-responsibility/; BNP Paribas, 'A Bygone Job—The Bank Messenger', accessed 2 May 2020, https://history.bnpparibas/dossier/a-bygone-job-the-collection-man/.
92. BEA, M5/212, fol. 6.
93. 出處同上。
94. 出處同上，fols. 12–13.
95. 出處同上。
96. 出處同上，fol. 13.
97. 出處同上，fol. 6.
98. 出處同上。
99. 出處同上。
100. BEA, M5/451, Governor's Diary—Samuel Beachcroft, 1775–1777, fol. 10.
101. Jack Mockford, '"They Are Exactly as Bank Notes Are": Perceptions and Technologies of Bank Note Forgery during the Bank Restriction Period, 1797–1821' (unpublished PhD thesis, University of Hertfordshire, 2014); Hannah Barker and Sarah Green, 'Taking Money from Strangers: Traders' Responses to Banknotes and the Risks of Forgery in Late Georgian London', *Journal of British Studies*, 60 (2021), pp. 585–608.
102. BEA, M5/212, fol. 27.
103. 出處同上，fol. 45.
104. For details, see BEA, M5/700, Clerks and their securities.
105. BEA, M5/212, fol. 167.
106. A. D. Mackenzie, *The Bank of England Note: A History of Its Printing* (Cambridge, 1953), p. 38.
107. BEA, M5/212, fol. 128.
108. Mackenzie, *Bank of England Note*, p. 38.
109. BEA, M5/212, fol. 139.
110. 出處同上，fol. 140.
111. 出處同上，fols. 140–141.
112. BEA, M5/213, fol. 165.
113. 出處同上。

114. BEA, M5/212, fol. 52.
115. 出處同上,fol. 57.
116. 出處同上,fol. 58.
117. 出處同上,fol. 33.
118. 出處同上,fol. 37.
119. 出處同上,fol. 43.
120. BEA, M5/213, fol. 18.
121. 出處同上,fol. 38.
122. 出處同上,fol. 18.
123. 請參閱附錄六,轉載了審查委員針對銀行職員行為舉止的報告。

Chapter 2

1. Perry Gauci, *Emporium of the World: The Merchants of London, 1660–1800* (London, 2007), p. 60.
2. Cruickshank and Burton, *Georgian City*, pp. 25–27.
3. Gauci, *Emporium of the World*, p. 61.
4. A Gentleman of the Bank, *The Bank of England's Vade Mecum; or sure guide; extremely proper and useful for all persons who have any money matters to transact in the hall of the Bank* (London, 1782), p. 3; Gauci, *Emporium of the World*, p. 72.
5. Fielding, *Brief Description*, p. 2.
6. 出處同上,p. 3.
7. T. Brown, *Amusements Serious and Comical* (London, 1700), quoted in Gauci, *Emporium of the World*, p. 58.
8. Iain S. Black, 'The London Agency System in English Banking, 1780–1825', *London Journal*, 21 (1996), pp. 112–130; Forrest Capie, 'Money and Economic Development in Eighteenth-Century England', in Leandro Prados de la Escosura, ed., *Exceptionalism and Industrialisation: Britain and Its European Rivals, 1688–1815* (Cambridge, 2004), p. 216.
9. D. M. Joslin, 'London Private Bankers, 1720–1785', *Economic History Review*, 7 (1954), pp. 170, 175.
10. Desan, *Making Money*, p. 397. See also L. S. Pressnell, *Country Banking in the Industrial Revolution* (Oxford, 1956), pp. 75–76.

11. Desan, *Making Money,* p. 386. See also arguments in Carl Wennerlind, *Casualties of Credit: The English Financial Revolution, 1620–1720* (Cambridge, MA, 2011).
12. 自 1725 年開始，衡平法院訴訟人名下的財產必須存放在銀行。Joseph Parkes, *A History of the Court of Chancery* (London, 1828), p. 318.
13. Clapham, *Bank of England,* 1:174–175.
14. Desan, *Making Money,* p. 386.
15. 請參閱附錄二與附錄三，了解審查委員對此範疇的改革意見。
16. John Dyer Collier, *The Life of Abraham Newland Esq. Late Principal Cashier at the Bank of England* (London, 1808), pp. 4–7.
17. 請見附錄一。
18. Collier, *Life of Abraham Newland,* p. iv.
19. Acres, *Bank of England from Within,* 1:257.
20. BEA, M5/212, fols. 2–3.
21. 出處同上，fol. 85.
22. BEA, M5/471, Memorandum book of Samuel Bosanquet, 1783–1791, 26 March 1783, unpaginated.
23. Brewer, *Sinews of Power,* pp. 79–87.
24. BEA, M5/212, fols. 4–5.
25. 出處同上，fols. 30–37, 38–41.
26. BEA, M5/212, fol. 3.
27. 出處同上，fol. 4.
28. 出處同上，fol. 3.
29. 出處同上。
30. BEA, G4/5, fols. 229–232.
31. 出處同上。
32. BEA, M5/212, fol. 31.
33. 出處同上，fol. 84.
34. 出處同上，fols. 84–85.
35. 出處同上，fol. 123.
36. 出處同上。
37. 出處同上，fols. 124–125.

38. 出處同上，fol. 124.
39. BEA, M5/213, fols. 43–44.
40. BEA, M5/212, fol. 126.
41. 出處同上，fols. 91, 99.
42. W.T.C. King, *A History of the Discount Market,* with an Introduction by T. E. Gregory (Abingdon, UK, 2016), p. xv.
43. Eric Kerridge, *Trade and Banking in Early Modern England* (Manchester, UK, 1988).
44. Clapham, *Bank of England*, 1:122–123; Ranald C. Michie, *British Banking: Continuity and Change from 1694 to the Present* (Oxford, 2016), pp. 35–38.
45. Michie, *British Banking*, p. 35.
46. Clapham, *Bank of England*, 1:114.
47. 有關最後貸款者發展的詳細討論，請參閱 Forrest H. Capie and Geoffrey E. Wood, *The Lender of Last Resort* (London, 2007).
48. Mike Lovell,'The Role of the Bank of England as Lender of Last Resort in the Crises of the Eighteenth Century', *Explorations in Entrepreneurial History*, 10 (1957), pp. 8–21. See also Isabel Schnabel and Hyon Song Shin,'Liquidity and Contagion: The Crisis of 1763', *Journal of the European Economic Association,* 2 (2004), pp. 929–968; John A. James,'Panics, Payments, Disruptions and the Bank of England before 1826', *Financial History Review,* 19 (2012), pp. 289–309.
49. Paul Kosmetatos,'Last Resort Lending before Henry Thornton? The Bank of England's Role in Containing the 1763 and 1772–3 British Credit Crises', *European Review of Economic History,* 23 (2019), p. 302.
50. Clapham,'Private Business', p. 82.
51. Kynaston, *Time's Last Sand*, p. 44.
52. King, *Discount Market*, pp. 5–8.
53. Joslin,'London Private Bankers', p. 183.
54. Clapham, *Bank of England,* 1:109.
55. 出處同上，1:203.
56. 出處同上，1:122.
57. 出處同上，1:124.

58. BEA, M5/212, fol. 77.
59. 出處同上,fol. 78.
60. 出處同上,fol. 49.
61. 出處同上,fol. 53.
62. 出處同上,fol. 54.
63. 出處同上,fol. 50.
64. 出處同上。
65. 出處同上。
66. 出處同上,fols. 51–52.
67. 出處同上,fol. 47.
68. 出處同上。
69. Craig Muldrew, 'Interpreting the Market: The Ethics of Credit and Community Relations in Early Modern England', *Social History,* 18 (1993), pp. 163–183.
70. 出處同上。
71. Alexandra Shepard, *Accounting for Oneself: Worth, Status and Social Order in Early Modern England* (Oxford, 2015); Tawny Paul, 'Credit and Social Relations amongst Artisans and Tradesmen in Edinburgh and Philadelphia, c. 1710–1770' (unpublished PhD thesis, University of Edinburgh, 2011), pp. 74–75.
72. Craig Muldrew, *The Economy of Obligation: The Culture of Credit and Social Relations in Early Modern England* (Basingstoke, UK, 1998); Margot Finn, *The Character of Credit: Personal Debt in English Culture, 1740–1914* (Cambridge, 2008).
73. BEA, ADM30/12, General staff lists.
74. Gentleman of the Bank, *Vade Mecum,* p. 3.
75. 出處同上,pp. 9–10.
76. 出處同上,p. 9.
77. 出處同上。
78. See, for example, Helen Berry, 'Polite Consumption: Shopping in Eighteenth-Century England', *Transactions of the Royal Historical Society,* 12 (2002), pp. 375–394; Peter Borsay, 'Pleasure Gardens and Urban Culture in the Long-Eighteenth Century', in Jonathan Conlin, ed., *The Pleasure Garden,*

from Vauxhall to Coney Island (Philadelphia, 2006), pp. 49–77; Hannah Grieg, '"All Together and All Distinct": Public Sociability and Social Exclusivity in London's Pleasure Gardens, ca. 1740–1800', *Journal of British Studies,* 51 (2012), pp. 50–75; Kate Smith, 'Sensing Design and Workmanship: The Haptic Skills of Shoppers in Eighteenth-Century London', *Journal of Design History,* 25 (2012), pp. 1–10; William Tullett, 'The Macaroni's "Ambrosial Essences": Perfume, Identity and Public Space in Eighteenth-Century England', *Journal for Eighteenth-Century Studies,* 38 (2015), pp. 163–180; Claire Walsh, 'Shop Design and the Display of Goods in Eighteenth-Century London', *Journal of Design History,* 8 (1995), pp. 157–176.

79. John Gallagher, *Learning Languages in Early Modern England* (Oxford, 2019), p. 3.
80. James Makittrick Adair, *Essays on Fashionable Diseases* (1790), quoted in William Tullet, *Smell in Eighteenth-Century England: A Social Sense* (Oxford, 2019), p. 187.
81. Tobias Smollett, *The Expedition of Humphrey Clinker* (1771), quoted in Tullet, *Smell,* p. 188.
82. BEA, M5/212, fol. 117.
83. *Old Bailey Proceedings Online* (www.oldbaileyonline.org, version 8.0, 9 January 2022), September 1764, trial of Richard Bond, otherwise Clark John Smith (t17640912–33).
84. 出處同上。
85. 出處同上。
86. Mockford, 'Exactly as Banknotes Are', chapter 2.
87. BEA, M5/451, fol. 58.
88. 出處同上。
89. Paul Langford, 'The Use of Eighteenth-Century Politeness', *Transactions of the Royal Historical Society,* 12 (2002), pp. 318–321. See also Benjamin Heller, 'The "Mene Peuple" and the Polite Spectator: The Individual in the Crowd at Eighteenth-Century London Fairs', *Past and Present,* 208 (2010), pp. 131–157.
90. BEA, M5/471.

91. 出處同上。
92. 出處同上。
93. BEA, M5/212, fol. 201.
94. Berry,'Polite Consumption', p. 377.
95. Lawrence E. Klein,'Politeness for Plebes: Consumption and Social Identity in Early Eighteenth-Century England', in Ann Bermingham and John Brewer, eds., *The Consumption of Culture, 1600–1800: Image, Object, Text* (London, 1995), p. 367.
96. BEA, M5/451, fol. 5.
97. 關於社交空間中如何區分社會階層的討論,請參見 for example, Grieg,'"All Together and All Distinct"'; Heller,'"Mene Peuple"and the Polite Spectator'.
98. Berry,'Polite Consumption', p. 394.
99. Jenny Davidson, *Hypocrisy and the Politics of Politeness: Manners and Morals from Locke to Austen* (Cambridge, 2004), p. 2.
100. BEA, M5/212, fols. 59–60.
101. 出處同上,fols. 85, 132.
102. 出處同上,fol. 147.
103. 出處同上,fol. 108.
104. 出處同上,fol. 216.
105. 出處同上,fols. 216–217.
106. BEA, M5/213, fols. 158–159.
107. Mark Knights,'Anticorruption in Seventeenth- and Eighteenth-Century Britain', in Ronald Kroeze, André Vitória and G. Geltner, eds., *Anticorruption in History: From Antiquity to the Modern Era* (Oxford, 2018), p. 189.
108. EO 為輪盤賭博的早期形式。遊戲參與者可以挑戰莊家,也可以挑戰其他參與者。Donna T. Andrew,'"How Frail Are Lovers Vows, and Dicers Oaths": Gaming, Governing and Moral Panic in Britain, 1781–1782', in David Lemmings and Claire Walker, eds., *Moral Panics, the Media and the Law in Early Modern England* (London, 2009), p. 177.
109. Acres, *Bank of England from Within,* 1:234.

110. Andrew, "'How Frail Are Lovers Vows'", p. 186.
111. Acres, *Bank of England from Within,* 1:234.
112. Gentleman of the Bank, *Vade Mecum,* pp. 11–14, 19.
113. 出處同上，pp. 14–18.
114. Desan, *Making Money,* pp. 311, 316; 7 Ann c30.
115. Desan, *Making Money,* p. 316.
116. 出處同上。
117. Wennerlind, *Casualties of Credit,* p. 147. See also Randall McGowen, 'The Bank of England and the Policing of Forgery, 1797–1821', *Past and Present,* 186 (2005), pp. 81–116.
118. Desan, *Making Money,* pp. 312–318.
119. 英格蘭銀行的票據在 1833 年成為法定貨幣。
120. BEA, M5/212, fol. 164.
121. 出處同上，fol. 157.
122. 出處同上，fols. 159–160. 審查委員的第二份報告完整內容，請見附錄三。
123. BEA, M5/212, fol. 167.
124. 該棟建築於 1794 年完工。Acres, *Bank of England from Within,* 1:253.
125. 關於這些變遷的另類討論，請參見 D. Batt, 'The 1783 Proposal for a Readymade Note at the Bank of England', *Financial History Review,* 29 (2022), pp. 72–97.
126. BEA, M5/212, fols. 90–91.
127. 出處同上，fol. 91.
128. 出處同上，fol. 99.
129. 出處同上。
130. 出處同上，fol. 110.
131. 出處同上，fol. 117.
132. 出處同上，fol. 159.
133. 出處同上。
134. 出處同上。
135. 出處同上，fol. 40.
136. 出處同上，fol. 161.

137. 出處同上，fol. 163.
138. 出處同上，fol. 164.
139. 出處同上，fol. 170.
140. 出處同上，fol. 165.
141. 出處同上。
142. 出處同上，fol. 170.
143. 出處同上。
144. 出處同上，fol. 165.
145. 出處同上，fol. 164.
146. 出處同上，fol. 166.

Chapter 3

1. Quoted in Abramson, *Building the Bank,* p. 70.
2. BEA, M5/213, fol. 57; S. R. Cope, 'The Stock-Brokers Find a Home: How the Stock Exchange Came to Be Established in Sweetings Alley in 1773', *Guildhall Studies in London History,* 2 (1977), p. 217. 證券交易所於 1773 年開業。
3. Thomas Mortimer, *Every man his own broker: Or a guide to ExchangeAlley* (London, 1762), p. 133.
4. BEA, M5/213, fol. 120.
5. 出處同上。
6. P. Borsay, 'A Room with a View: Visualising the Seaside, c. 1750–1914', *Transactions of the Royal Historical Society,* 23 (2013), p. 181.
7. Abramson, *Building the Bank,* p. 70.
8. 出處同上。
9. 出處同上，p. 74.
10. Natalie Roxburgh, *Representing Public Credit: Credible Commitment, Fiction and the Rise of the Fictional Subject* (London, 2016), p. 41..
11. 出處同上。
12. North and Weingast, 'Constitutions and Commitment'.
13. Takuo Dome, *The Political Economy of Public Finance in Britain, 1767–1873* (Abingdon, UK, 2004).

14. Reitan, *Politics, Finance, and the People*, p. 134.
15. Dickson, *Financial Revolution*, pp. 228–241.
16. 出處同上,pp. 157–198.
17. Hoppit, 'Compulsion, Compensation and Property Rights', p. 125.
18. BEA, M5/213, fol. 178.
19. Henry Roseveare, *The Treasury, 1660–1870: The Foundations of Control* (London, 1973), pp. 112–113. 歐布萊恩也質疑開放系統是否有效。O'Brien, 'Mercantilist Institutions,' pp. 24–25.
20. Clapham, *Bank of England*, 1:174.
21. Roseveare, *Treasury*, p. 113.
22. 出處同上。
23. 關於早期現代金融市場發展的更多討論,請參見 William N. Goetzmann and K. Geert Rouwenhorst, eds., *The Origins of Value: The Financial Innovations That Created Modern Capital Markets* (Oxford, 2005); A. M. Carlos and Larry Neal, 'Amsterdam and London as Financial Centres in the Eighteenth Century', *Financial History Review*, 18 (2001), pp. 21–46; P. Mirowski, 'The Rise (and Retreat) of a Market: English Joint Stock Shares in the Eighteenth Century', *Journal of Economic History*, 41 (1981), pp. 559–577.
24. Stuart Banner, *Anglo-American Securities Regulation: Cultural and Political Roots, 1690–1860* (Cambridge, 1998); Anne L. Murphy, 'Financial Markets: The Limits of Economic Regulation in Early Modern England', in Carl Wennerlind and Philip J. Stern, eds., *Mercantilism Reimagined: Political Economy in Early Modern Britain and Its Empire* (Oxford, 2013), pp. 263–281.
25. Dickson, *Financial Revolution*, p. 457; Ann M. Carlos, Karen Maguire and Larry Neal, 'Financial Acumen, Women Speculators and the Royal African Company during the South Sea Bubble', *Accounting, Business and Financial History*, 16 (2006), pp. 219–243.
26. Anne L. Murphy, *The Origins of English Financial Markets: Investment and Speculation before the South Sea Bubble* (Cambridge, 2009).
27. Sussman and Yafeh, 'Institutional Reforms'.
28. Dickson, *Financial Revolution*, pp. 39–156; Murphy, *Origins of English Financial Markets*, pp. 39–65.

29. Murphy, *Origins of English Financial Markets,* pp. 39–65; Koji Yamamoto, *Taming Capitalism before Its Triumph: Public Service, Distrust, and 'Projecting' in Early Modern England* (Oxford, 2018). 格雷厄姆也對國家財政管理方面公共服務與私人利益的交織提供了詳盡且細緻的描述。 Aaron Graham, Corruption, *Party and Government in Britain, 1702–1713* (Oxford, 2015).

30. Hill, '"Loss of the City"'; James Macdonald, 'The Importance of Not Defaulting: The Significance of the Election of 1710', in D'Maris Coffman, Adrian Leonard and Larry Neal, eds., *Questioning Credible Commitment: Perspectives on the Rise of Financial Capitalism* (Cambridge, 2013), pp. 125–146; Richard Dale, *The First Crash: Lessons from the South Sea Bubble* (Princeton, NJ, 2004); Paul, *South Sea Bubble*.

31. Dickson, *Financial Revolution,* pp. 228–241. See also C. Chamley, 'Interest Reductions in the Politico-Financial Nexus of Eighteenth-Century England', *Journal of Economic History,* 71 (2011), pp. 555–589.

32. Mortimer, *Every man his own broker,* p. 5.

33. S. R. Cope, 'The Stock Exchange Revisited: A New Look at the Market in Securities in London in the Eighteenth Century', *Economica,* 45 (1978), p. 19.

34. 關於金融中心之間的資訊流動，請參見 G. Dempster, J. Wells and D. Wills, 'A Common-Features Analysis of Amsterdam and London Financial Markets during the Eighteenth Century', *Economic Inquiry,* 38 (2000), pp. 19–33; L. Neal, 'The Integration and Efficiency of the London and Amsterdam Stock Markets in the Eighteenth Century', *Journal of Economic History,* 47 (1987), pp. 97–115; A. R. Bell, C. Brooks and N. Taylor, 'Time-Varying Price Discovery in the Eighteenth Century: Empirical Evidence from the London and Amsterdam Stock Markets', *Cliometrica,* 10 (2016), pp. 5–30.

35. 經濟歷史學家米奇對金融資訊的傳遞速度與可及性持較懷疑的態度。Ranald C. Michie, 'Friend or Foe? Information Technology and the London Stock Exchange since 1700', *Journal of Historical Geography,* 23 (1997), pp. 304–326.

36. Murphy, *Origins of English Financial Markets*, chapter 5; A. Preda, 'In the Enchanted Grove: Financial Conversations and the Marketplace in England and France in the 18th Century', *Journal of Historical Sociology,* 14 (2001), pp.

276–307.

37. Mortimer, *Every man his own broker,* p. 133.
38. Abramson, *Building the Bank,* p. 70. 所謂的公開喊叫市場，是一個透過口語方式及手勢來表達意向與價格的市場。公開喊叫市場歷史悠久，但如今已被各種數位交易所取代。Jerry W. Markham and Daniel J. Harty, 'For Whom the Bell Tolls: The Demise of Exchange Trading Floors and the Growth of ECNs', *Journal of Corporation Law,* 33 (2007–2008), pp. 865–939.
39. Clapham, *Bank of England,* 1:103.
40. Cope, 'Stock Exchange Revisited', pp. 5, 17. 寇普強調了18世紀結算安排在本質上的非正式性與多樣性。
41. 7 and 8 Geo. II, c. 8, 'An Act to prevent the infamous practice of stock-jobbing'. Cope, 'Stock Exchange Revisited', p. 8; Dickson, *Financial Revolution,* p. 508. 部分歷史學家質疑此法案的有效性。See E. V. Morgan and W. A. Thomas, *The Stock Exchange: Its History and Functions* (London, 1969). 由於此類交易在本質上並沒有經過登記，因此沒有辦法驗證這些說法的真偽，但在當代的文獻中，確實極少提到選擇權交易。此外，受審查的職員確實向審查委員提過幾次定期交易，但沒有提過選擇權交易。BEA, M5/213, passim.
42. Michie, *Global Securities Market,* pp. 45–46.
43. Dickson, *Financial Revolution,* pp. 15–38. 有關金融市場的批評和諷刺的替代方法，請見 Colin Nicholson, *Writing and the Rise of Finance: Capital Satires of the Early Eighteenth Century* (Cambridge, 1994); Patrick Brantlinger, *Fictions of State: Culture and Credit in Britain, 1694–1994* (Ithaca, NY, 1996).
44. 關於這些論點的摘要，請參見 Dickson, Financial Revolution, chapter 2.
45. Anon., *The Art of StockJobbing: A poem in imitation of Horace's Art of Poetry, by a Gideonite* (London, 1746), p. 14.
46. Dickson, *Financial Revolution,* p. 34; Paul, *South Sea Bubble,* pp. 94–95.
47. Mortimer, *Every man his own broker,* pp. 33–35, 41–49.
48. Thomas Mortimer, *The Elements of Commerce, Politics and Finance in Three Treatises* (London, 1780), quoted in H. V. Bowen, ' "The Pests of Human Society": Stockbrokers, Jobbers and Speculators in Mid-eighteenth-century

Britain', *History,* 78 (1993), p. 42.
49. Cope, 'Stock Exchange Revisited', p. 4.
50. Bowen, '"Pests of Human Society"', p. 43.
51. Murphy, *Origins of English Financial Markets,* p. xx; O'Brien, 'Mercantilist Institutions', pp. 17–18.
52. Mortimer, *Elements of Commerce,* quoted in Bowen, '"Pests of Human Society"', p. 42.
53. Muldrew, 'Interpreting the Market', p. 163.
54. Cope, 'Stock Exchange Revisited', pp. 2–3.
55. Mortimer, *Every man his own broker,* p. 116.
56. Jackson Tait, 'Speculation and the English Common Law Courts, 1697–1845', *Libertarian Papers,* 10 (2018), pp. 9–10.
57. Dickson, *Financial Revolution,* p. 511.
58. Murphy, *Origins of English Financial Markets,* p. 164.
59. Adam Smith, *Letters on Jurisprudence* (1766), quoted in Tait, 'Speculation and the English Common Law', p. 1.
60. Tait, 'Speculation and the English Common Law', p. 14.
61. 該樣本約占該年銀行內，針對最活躍股票交易所記錄下來之總現金交易量的5%。由於沒有義務去登記定期買賣，因此無法確定此一市場的範圍。之所以選定1784年，是因為這是和平的一年。1783年的絕大多數時間都被美國獨立戰爭所籠罩。
62. Dickson, *Financial Revolution,* p. 251; S. E. Whyman, *Sociability and Power in Late-Stuart England: The Cultural Worlds of the Verneys, 1660–1720* (Oxford, 2002), p. 76.
63. Dickson, *Financial Revolution,* p. 253; J. F. Wright, 'The Contribution of Overseas Savings to the Funded National Debt of Great Britain, 1750–1815', *Economic History Review,* 50 (1997), pp. 661–662.
64. 關於這些議題的進一步討論，請參見 W. A. Armstrong, 'The Use of Information about Occupation', in E. A. Wrigley, ed., *Nineteenth Century Society: Essays in the Use of Quantitative Methods for the Study of Social Data* (Cambridge, 1972), pp. 191–253; P. J. Corfield, 'Class by Name and Number in Eighteenth-Century Britain', *History,* 72 (1987), pp. 38–61; H.

Horwitz, 'The Mess of the Middle Class' Revisited: The Case of the 'Big Bourgeoisie' of Augustan London', *Continuity and Change*, 2 (1987), pp. 263–296.
65. Corfield, 'Class by Name', p. 43.
66. 關於女性職業及其對家庭經濟貢獻的討論，請參見 Amy Louise Erickson, 'Married Women's Occupations in Eighteenth-Century London', *Continuity and Change*, 23 (2008), pp. 267–307; Jane Whittle, 'Enterprising Widows and Active Wives: Women's Unpaid Work in the Household Economy of Early Modern England', *The History of the Family*, 19 (2014), pp. 283–300; Nicola Phillips, *Women in Business*, 1700– 1850 (Woodbridge, UK, 2006); Hannah Barker, *The Business of Women: Female Enterprise and Urban Development in Northern England, 1760–1830* (Oxford, 2006).
67. 關於所使用的職業結構概覽，請參見 Leigh Shaw-Taylor and E. A. Wrigley, 'Occupational Structure and Population Change', in Roderick Floud, Jane Humphries and Paul Johnson, eds., *The Cambridge Economic History of Modern Britain, vol. 1, 1700–1870* (Cambridge, 2014), pp. 53–88.
68. David Hancock, *Citizens of the World: London Merchants and the Integration of the British Atlantic Community, 1735–1785* (Cambridge, 1995), p. 280.
69. 出處同上。
70. BEA, Transfer books, passim.
71. 出處同上。
72. 出處同上。
73. 出處同上。
74. Cope, 'Stock Exchange Revisited', p. 3.
75. BEA, AC28/4275; BEA, AC28/4273; BEA, AC28/4276.
76. Dickson, *Financial Revolution*, p. 260.
77. 出處同上，pp. 301–302, 282.
78. 出處同上，p. 295.
79. Carole Shammas, 'Tracking the Growth of Government Securities Investing in Early Modern England and Wales', *Financial History Review*, 27 (2020), pp. 95–114.
80. Dickson, *Financial Revolution*, pp. 292–293.

81. BEA, Transfer books, passim.
82. 出處同上。
83. Wright, 'Overseas Savings', p. 666.
84. BEA, Transfer books, passim.
85. BEA, Transfer books, AC28/4268, 9 September 1784.
86. Between Thomas Fielder and Arthur Pratt. BEA Transfer books, AC28/4269,8 December 1784.
87. BEA, Transfer books, AC28/4284, 7 December 1784.
88. BEA, Transfer books, AC28/2453, 8 June 1784.
89. 出處同上。
90. Carlos, Maguire and Neal, 'Financial Acumen', pp. 219–243.
91. Amy Froide, *Silent Partners: Women as Public Investors during Britain's Financial Revolution, 1690–1750* (Oxford, 2017), p. 206.
92. BEA, Transfer books, AC28/4269, 9 September 1784.
93. BEA, Transfer books, AC28/4251, 6 March 1784.
94. BEA, Transfer books, AC28/4269, 8 June 1784.
95. Anon., *Reasons Humbly Offered to the Members of the Honourable House of Commons* (London, 1756?), quoted in Banner, *Anglo-American Securities Regulation*, p. 97.
96. Anon., *Some Considerations on Public Credit and the Nature of its Circulation* (London, 1733), quoted in Banner, *Anglo-American Securities Regulation,* p. 103.
97. Preda, 'Enchanted Grove', p. 294.
98. BEA, M5/213, passim. 莫蒂墨也解釋了過程。Mortimer, *Every man his own broker*, pp. 137–145.
99. BEA, M5/212, fol. 205.
100. BEA, M5/213, fol. 63.
101. 出處同上，fol. 60.
102. 出處同上。
103. 出處同上，fol. 63.
104. 出處同上，fols. 42–43.
105. 出處同上，fols. 42.
106. 出處同上，fol. 99.

107. BEA, AC4/5, An outline of the history and working of the inscribed stock system, fol. 2. See also BEA, AC4/1, A short history of the development of the system of transfer of British government stocks by instrument in writing.
108. Mortimer, *Every man his own broker*, p. 136.
109. 出處同上，p. 131.
110. BEA, Transfer books, passim.
111. BEA, AC7/1, Rules necessary to be well understood for the true transacting of business, fol. 29.
112. 出處同上，fol. 33.
113. 出處同上。
114. 出處同上，fol. 37.
115. Mortimer, *Every man his own broker*, p. 132.
116. 出處同上，fol. 23.
117. 關於英格蘭銀行程序、尤其是會計方面的透明性，以及在公共信用方面所展現出來的正直性，娜塔麗・洛斯伯格給予我諸多啟發。
Roxburgh, *Representing Public Credit*.
118. Mortimer, *Every man his own broker,* p. 149.
119. 出處同上，p. 150.
120. BEA, M5/213, fol. 61.
121. 出處同上，fol. 51.
122. 出處同上，fol. 62. 可惜的是，該備忘錄並未註明何謂「私人轉讓」。
123. 出處同上，fols. 49–53.
124. 出處同上，fols. 82–85.
125. 出處同上，fol. 136. 審查委員的第四份報告詳盡內容，請見附錄五。
126. 出處同上，fol. 68.
127. 出處同上，fol. 136.
128. 出處同上，fol. 141.
129. 出處同上，fol. 142.
130. 出處同上，fol. 64.
131. 出處同上，fols. 173, 154.
132. 出處同上，fol. 36.

133. 出處同上，fol. 27.
134. 出處同上，fol. 86.
135. 出處同上，fol. 57.
136. 出處同上，fol. 111.
137. 出處同上，fols. 67, 84, 85.
138. 出處同上，fol. 96.
139. BEA, M5/451, fol. 76.
140. BEA, M5/213, fols. 111, 109.
141. 出處同上，fol. 72.
142. 出處同上，fol. 56.
143. 出處同上，fols. 96–97.
144. BEA, M5/471, passim.
145. 出處同上。
146. 出處同上。
147. 出處同上。
148. Acres, *Bank of England from Within*, 1:244–245.
149. BEA, M5/213, fol. 155. 請見附錄六。
150. 出處同上，fol. 156.
151. Anon., *Reasons Humbly Offered,* quoted in Banner, *Anglo-American Securities Regulation,* p. 97.

Chapter 4

1. BEA, M5/213, fols. 107–108.
2. 出處同上，fol. 103.
3. 出處同上，fols. 119–120.
4. 出處同上，fol. 24.
5. *Old Bailey Proceedings Online* (www.oldbaileyonline.org, version 8.0, 4 September 2021), January 1787, trial of Francis Parr (t17870115-1).
6. BEA, M5/213, fol. 93.
7. BEA, M5/212, fols. 22–23.
8. Gauci, *Emporium of the World,* p. 61.
9. Anne L. Murphy, 'Clockwatching: Work and Working Time at the Late-

Eighteenth-Century Bank of England', *Past and Present,* 236 (2017), pp. 99–132.
10. BEA, M5/212, fol. 108.
11. BEA, M5/451, fol. 60.
12. BEA, M5/212, fol. 59.
13. 出處同上，fol. 36.
14. 出處同上，fol. 98.
15. 出處同上，fol. 87.
16. Cruikshank and Burton, *Georgian City,* p. 29.
17. 出處同上。
18. 出處同上，pp. 32–33.
19. 出處同上，p. 32.
20. 出處同上，p. 234.
21. Margot Finn, 'Men's Things: Masculine Possession in the Consumer Revolution', *Social History,* 25 (2000), pp. 133–155.
22. Sophie von La Roche, *Sophie in London—1786, Being the Diary of Sophie v. la Roche,* trans. Clare Williams (London, 1933), quoted in Alison F. O'Byrne, 'Walking, Rambling and Promenading in Eighteenth-Century London: A Literary and Cultural History' (unpublished PhD thesis, University of York, 2003), pp. 213–214.
23. BEA, M5/212, fol. 127.
24. BEA, M5/213, fol. 13.
25. 出處同上，fol. 148.
26. BEA, M5/212, fol. 132.
27. Giuseppi, *Bank of England,* pp. 47–48; see also Paul H. Emden, 'The Brothers Goldsmid and the Financing of the Napoleonic Wars', *Transactions (Jewish Historical Society of England),* 14 (1935–1939), pp. 225–246.
28. BEA, M5/212, fol. 130.
29. 出處同上。
30. L. Stuart Sutherland, 'The Accounts of an Eighteenth-Century Merchant: The Por- tuguese Ventures of William Braund', *Economic History Review,* 3 (1932), p. 371.

31. BEA, M5/212, fol. 6.
32. 出處同上,fol. 205.
33. 出處同上,fol. 146.
34. See, for example, the Drawing Office, BEA, M5/212, fol. 85.
35. BEA, M5/212, fol. 18.
36. 出處同上,fol. 99.
37. 出處同上,fol. 36.
38. Collier, *Life of Abraham Newland*, p. 101.
39. BEA, M5/213, fol. 174. 請見附錄七。
40. BEA, M5/212, fol. 174.
41. 出處同上,M5/213, fol. 117.
42. BEA, M5/213, fol. 83.
43. Anon., *Considerations on the Expediency of Raising Wages,* p. 5.
44. 出處同上,pp. 5–10.
45. BEA, M5/691, Register of clerks in business, passim.
46. 請見第五章。
47. See, for example, BEA, M5/213, fols. 6–7.
48. London Metropolitan Archive (hereafter LMA), MS 11936/427/740354.
49. LMA, MS 11936/341/526365.
50. LMA, MS 11936/399/634968.
51. Elizabeth Hennessy, 'The Governors, Directors and Management of the Bank of England', in Roberts and Kynaston, *Bank of England*, p. 185.
52. 出處同上。
53. Acres, *Bank of England from Within,* 1:91.
54. Kynaston, *Time's Last Sand*, p. 47.
55. 出處同上,p. 45.
56. Quoted in Kynaston, *Time's Last Sand,* p. 208.
57. Acres, *Bank of England from Within*, 1:90.
58. Hennessy, 'Governors', p. 189.
59. Clapham, *Bank of England*, 1:199.
60. BEA, M5/450, Governor's Diary—James Sperling, passim.
61. BEA, M5/451, passim.

62. BEA, M5/748. 建築委員會會議紀錄也可以從以下網站取得數位化版本： https://www.bankofengland.co.uk/archive/committee-for-building-minutes.
63. BEA, M5/376. 在 1779 年前，財政委員會的會議紀錄未能保存下來，自 1779 年起可查閱 BEA, Minutes of the Committee of the Treasury, G8.
64. 1783 年的財務委員會成員為愛德華・佩恩、薩謬爾・比齊克羅夫特、彼得・高森、丹尼爾・布斯、威廉・尤爾和愛德華・達瑞爾。BEA, G4/23, fol. 363.
65. William Pickett, *An apology to the Public for a continued Intrusion on their Notice with an Appeal to the free and independent Proprietors of Bank Stock, demonstrating that it is highly proper for them to examine into the State of their Affairs* (London, 1788), p. 36.
66. BEA, G8/2–3, Minutes of the Committee of the Treasury, unpaginated.
67. Kynaston, *Time's Last Sand*, p. 56.
68. 出處同上，p. 57.
69. A. E. Feaveryear, *The Pound Sterling: A History of English Money* (Oxford, 1931), pp. 176–177; Kynaston, *Time's Last Sand*, p. 57.
70. Clapham, *Bank of England*, 1:202.
71. 出處同上，1:173.
72. BEA, G8/2–3, unpaginated.
73. Hennessy, 'Governors', p. 189.
74. Clapham, *Bank of England*, 1:201.
75. BEA, M5/212, fols. 1,123, 136; BEA, M5/213, fols. 173, 179.
76. BEA, M5/212; BEA, M5/213, passim.
77. A. McKinlay and R. G. Wilson, '"Small Acts of Cunning": Bureaucracy, Inspection and the Career, c. 1890–1914', *Critical Perspectives on Accounting*, 17 (2006), p. 658.
78. BEA, M5/212, fol. 29.
79. See, for example, BEA, M5/212, fol. 36.
80. BEA, M5/213, fol. 5.
81. Anne L. Murphy, 'Learning the Business of Banking: The Recruitment and Training of the Bank of England's First Tellers': *Business History*, 52 (2010),

pp. 150–168.
82. 有關董事提名的詳細資訊，請參見 BEA, M5/686, Directors' nominations, 1756–1809.
83. BEA, 6A31/1, Petition of Mr Gould.
84. 'Diary of Samuel Harrison', quoted in *Old Lady*, 5:12–13.
85. 這也是其他類似企業的典型雇用做法。See, for example, Bowen, *Business of Empire,* p. 141; Supple, *Royal Exchange Assurance*, p. 71.
86. Bowen, *Business of Empire*, p. 122.
87. 有關有用的討論，請參見 Ilana Krausman Ben-Amos, *The Culture of Giving: Informal Support and GiftExchange in Early Modern England* (Cambridge, 2008), pp. 45–81. See also Brewer, *Sinews of Power*, p. 74.
88. Gregory Anderson, *Victorian Clerks* (Manchester, UK, 1976), p. 12.
89. Acres, *Bank of England from Within*, 1:227.
90. Anne L. Murphy, ' "Writes a Fair Hand and Appears to Be Well Qualified": Recruiting Bank of England Clerks at the Start of the Nineteenth Century', *Financial History Review*, 22 (2015), p. 21.
91. Emily Kadens, 'The Last Bankrupt Hanged: Balancing Incentives in the Devel- opment of Bankruptcy Law', *Duke Law Journal*, 59 (2010), p. 1261. See also Julian Hoppit, *Risk and Failure in English Business, 1700–1800* (Cambridge, 1987); Jérôme Sgard, 'Bankruptcy, Fresh Start and Debt Renegotiation in England and France (17th to 18th Century)', in Thomas Max Safley, ed., *The History of Bankruptcy: Economic, Social and Cultural Implications in Early Modern Europe* (Abingdon, UK, 2013), pp. 229–241.
92. BEA 6A31/1, Petition of Peter Saffree junior.
93. BEA, 6A31/1, Petition of Nathaniel Gary.
94. BEA 6A31/1, Petition of Robert Beachcroft.
95. BEA, 6A31/1, Petition of Stafford Briscoe.
96. Gauci, *Emporium of the World*, p. 112.
97. Murphy, 'Writes a Fair Hand', p. 32.
98. Bowen, *Business of Empire*, p. 141.
99. R. S. Sayers, *Lloyds Bank in the History of English Banking* (London, 1957), p. 68.

100. S. G. Checkland, *Scottish Banking: A History, 1695–1973* (London, 1975), p. 393.
101. Paul Langford, *A Polite and Commercial People: England 1727–1783* (Oxford, 1998), pp. 79–88; David Mitch,‘Education and Skill of the British Labour Force’, in R. Floud and P. Johnson, eds., *The Cambridge Economic History of Modern Britain, vol. 1, Industrialisation, 1700–1860* (Cambridge, 2004), pp. 346–347.
102. Patrick Wallis,‘Labour Markets and Training’, in R. Floud, J. Humphries and P. Johnson, eds., *The Cambridge Economic History of Modern Britain, vol. 1, 1700–1870* (Cambridge, 2014), p. 201.
103. BEA, M5/406, Committee for Examining Candidates.
104. I. Jeacle,‘The Bank Clerk in Victorian Society: The Case of Hoare and Company’, *Journal of Management History*, 16 (2010), p. 315.
105. Murphy,‘Writes a Fair Hand’, p. 35.
106. 出處同上，p. 36.
107. 東印度公司的情況也是如此。See Bowen, *Business of Empire*, p. 143.
108. 請見附錄一。根據 321 個樣本中的 287 個計算而來。
109. Bowen, *Business of Empire*, p. 141.
110. H. M. Boot,‘Salaries and Career Earnings in the Bank of Scotland, 1730–1880’, *Economic History Review*, 44 (1991), p. 645.
111. Bowen, *Business of Empire*, pp. 141–142.
112. S. Sweeting,‘Capitalism, the State and Things: The Port of London, circa 1730–1800’(unpublished PhD thesis, University of Warwick, 2014), p. 120; Keith Thomas,‘Age and Authority in Early Modern England’, *Proceedings of the British Academy*, 62 (1976), pp. 205–248.
113. 銀行的薪酬制度與東印度公司相當雷同。1800 年，東印度公司的起始年薪為 40 英鎊，有 25 年工作經驗的員工，其年薪則為 160 英鎊。金額並不包括津貼與小費。Boot,‘Real Incomes’, p. 643. 更多關於中層階級收入的討論，請見 Boot,‘Salaries and Career Earnings’。
114. BEA, M5/471.
115. BEA, M5/213, fol. 78.
116. Sidney Pollard, *The Genesis of Modern Management: A Study of the Industrial*

Revolution in Great Britain* (Cambridge, MA, 1965), p. 147.
117. Hennessy, 'Governors', pp. 202–213.
118. BEA, M5/213, fol. 175.
119. BEA, M5/471, unpaginated.
120. 出處同上。
121. BEA, M5/213, fol. 165.
122. BEA, M5/212, fol. 85.
123. 出處同上，fol. 41.
124. 出處同上，fols. 57, 84.
125. Acres, *Bank of England from Within*, 1:226.
126. 出處同上，p. 132.
127. 出處同上。
128. 出處同上。
129. See BEA, G4/23, fols. 218, 238, 260, 288, 310, 333, 357, 385.
130. BEA, M5/451, fol. 18.
131. BEA, G4/23, fol. 96.
132. 出處同上，p. 133.
133. BEA, F6/68, Freshfields Papers relating to Bank staff: William Kingston, Clerk, Consols Office.
134. BEA, E41, Establishment Department: Salary Ledgers, passim; BEA, E20, Establishment Department: House Lists, passim.
135. BEA, M5/451, fol. 26.
136. BEA, G4/22, fols. 117, 182.
137. 出處同上，p. 231.
138. 請見第二章的「客戶體驗」。
139. BEA, G4/23, fol. 359.
140. Ibid
141. BEA, E41/1, passim.
142. 出處同上，fol. 62.
143. 出處同上，passim.
144. BEA, E46, List of Staff Receiving Pensions.
145. BEA, E41/1, passim.

146. Acres, *Bank of England from Within*, 1:231.
147. BEA, M5/213, fol. 173.
148. 出處同上，fols. 174–175.

Chapter 5

1. Pressnell, *Country Banking*, p. 38.
2. *British Dictionary* (1797), quoted in Roy Edgar Samuel,'Anglo-Jewish Notaries and Scriveners', *Transactions (Jewish Historical Society of England)*, 17 (1951–1952), p. 113.
3. BEA, M5/213, fol. 69.
4. 出處同上，fols. 33, 44.
5. Pressnell, *Country Banking*, p. 287.
6. BEA, M5/212, fol. 15.
7. 出處同上，fol. 17.
8. Overviews may be found in H. C. Gutteridge,'The Origin and Historical Development of the Profession of Notaries Public in England', in *Cambridge Legal Essays Written in Honour of and Presented to Doctor Bond, Professor Buckland and Professor Kenny* (Cambridge, 1926), pp. 123–137; J. S. Purvis,'The Notary Public in England', *Archivum*, 12 (1962), pp. 121–126.
9. See, for example, Bruce G. Carruthers and Wendy Epseland,'Accounting for Rationality: Double-Entry Bookkeeping and the Rhetoric of Economic Rationality', *American Journal of Sociology*, 97 (1991), pp. 31–69; William Deringer, *Calculated Values: Finance, Politics and the Quantitative Age* (Cambridge, MA, 2018); Frederic C. Lane,'Double Entry Bookkeeping and Resident Merchants', *Journal of European Economic History*, 6 (1977), pp. 177–191; Mary Poovey, *A History of the Modern Fact: Problems of Knowledge in the Sciences of Wealth and Society* (Chicago, 1998); Roxburgh, *Representing Public Credit*; B. S. Yamey,'Accounting and the Rise of Capitalism: Further Notes on a Theme by Sombart', *Journal of Accounting Research*, 2 (1964), pp. 117–136.
10. Jacob Soll, *The Reckoning: Financial Accountability and the Rise and Fall of Nations* (New York, 2014), p. xii.
11. Poovey, *Modern Fact*, p. 30.

12. Roxburgh, *Representing Public Credit*, p. 91.
13. Elizabeth Hennessy, 'The Governors, Directors and Management of the Bank of England', in Roberts and Kynaston, *Bank of England*, p. 214. 關於將簿記視為一項關鍵技術的討論（尤其是歐洲國家方面），請參見 Pepijn Brandon, 'Accounting for Power: Bookkeeping and the Rationalization of Dutch Naval Administration', in Jeff Fynn-Paul, ed., *War, Entrepreneurs and the State in Europe and the Mediterranean, 1300–1800* (Leiden, 2014), p. 151.
14. 有關存留下來的帳簿簡要摘要，請參見 Clapham, *Bank of England*, 1:303.
15. BEA, M5/212, fols. 5–6.
16. 出處同上，fol. 140.
17. 請見第四章的「晉升之路」。
18. Abramson, *Building the Bank*, p. 66.
19. BEA, M5/213, fol. 167.
20. 出處同上，fol. 176.
21. Roxburgh, *Representing Public Credit*, p. 91.
22. Quoted in Roxburgh, *Representing Public Credit*, p. 68.
23. William Cobbett, speech of 13 June 1781, in Cobbett, *Parliamentary History*, 22:518.
24. Brandon, 'Accounting for Power', p. 152.
25. Deringer, *Calculated Values*, p. 273.
26. 出處同上，p. 274.
27. Anthony G. Hopwood, 'The Archaeology of Accounting Systems', in N. Macintosh and T. Hopper, eds., *Accounting, the Social and the Political: Classics, Contemporary and Beyond* (Amsterdam, 2005), pp. 73–84.
28. 請見第三章的「市場管理」。
29. BEA, M5/212, fols. 204–206.
30. BEA, M5/213, fol. 4.
31. 出處同上，fol. 3.
32. BEA, M5/212, fol. 208.
33. 出處同上
34. 出處同上，fol. 133.

35. 出處同上，fol. 30.
36. 出處同上，fol. 7.
37. 出處同上，fol. 10.
38. 出處同上，fol. 210.
39. BEA, M5/213, fol. 9.
40. BEA, M5/212, fol. 215.
41. 出處同上
42. 出處同上。
43. BEA, M5/213, fols. 10, 18.
44. Clapham, *Bank of England*, 1:210.
45. Dickson, *Financial Revolution,* p. 360. See also Cox, *Marketing Sovereign Promises,* pp. 61–62.
46. Mitchell and Deane, *Abstract*, p. 405.
47. BEA, M5/213, fol. 115.
48. 出處同上，fols. 115–116.
49. BEA, M5/212, fol. 137.
50. Clapham, *Bank of England*, 1:151; Bowen, 'Bank of England', p. 11. 此類帳戶並不總是容易辨識，因為許多帳戶是掛在資金所有者的名下，而不是以資金名義來設立。
51. BEA, M5/213, fol. 115.
52. BEA, M5/212, fol. 135.
53. 出處同上，fol. 136.
54. BEA, M5/213, fol. 52.
55. 出處同上，fol. 62.
56. 出處同上，fol. 79.
57. S. H. Preston, 'Unclaimed Stocks, Dividends, and Bank Deposits', Chambers's Jour nal of Popular Literature, Science and Arts, 8 (1891), pp. 21–24.
58. Quoted in Acres, *Bank of England from Within,* 1:265.
59. 出處同上。
60. 出處同上。
61. Bank of England, *The names and descriptions of the proprietors of unclaimed*

dividends on Bank stock, which became due before the 10th October 1780, and remained unpaid the 30th September 1790 (London, 1791).

62. BEA, M5/213, fol. 17.
63. 出處同上。
64. Roxburgh, *Representing Public Credit*, p. 93.
65. BEA, M5/212, fol. 82.
66. BEA, M5/213, fol. 16.
67. 出處同上，fol. 16.
68. 在1833年銀行特許狀獲得更新時，銀行同時被要求每週向議會回報「貴金屬、債券、發行量及存款」，並在《倫敦憲報》（*London Gazette*）上發布月報。Kynaston, *Time's Last Sand*, p. 127.
69. Eve Rosenhaft,'Hands and Minds: Clerical Work in the First "Information Society"', *International Instituut voor Sociale Geschiedenis*, 48 (2003), p. 41.
70. Quoted in Anderson, *Victorian Clerks*, p. 17.
71. 在1783年受銀行雇用的321名行員中，有286名的職業生涯可以追蹤。在這些人之中，154人於在職期間過世，但這些人在過世之前，於銀行內的資歷平均為30年。而在108名退休者之中，平均資歷則為35年。有鑒於這群人的受雇年齡平均為27歲，意味著這些人通常能活到50歲後半或60歲出頭。
72. BEA, M5/451, fol. 30.
73. BEA, M5/213, fol. 22.
74. 出處同上，fol. 21.
75. 出處同上，fol. 164.
76. See, for example, the testimony of Mr Miller to the Committee of Inspection. BEA, M5/213, fol. 61.
77. R. Vallance and J. Hampden, eds., *Charles Lamb: Essays* (London, 1963), p. 157.
78. Bowen, *Business of Empire*, p. 147.
79. Rosenhaft,'Hands and Minds', p. 39.
80. 出處同上。
81. BEA, M5/213, fol. 11.
82. 出處同上，fols. 32, 36.

83. 出處同上,fol. 39.
84. 出處同上,fol. 6.
85. BEA, M5/212, fol. 212.
86. 出處同上,fol. 213.
87. BEA, M5/213, fol. 6.
88. 出處同上。
89. 出處同上,fol. 7.
90. 出處同上,fol. 48.
91. 出處同上。
92. Tim Hitchcock, Robert Shoemaker, Clive Emsley, Sharon Howard and Jamie McLaughlin, et al., *The Old Bailey Proceedings Online, 1674–1913*, www.oldbaileyonline.org, version 7.0, 24 March 2012.
93. 關於此時期行員犯案情況的概覽,請參見 Acres, *Bank of England from Within*, 1:232.
94. Mockford, 'Exactly as Banknotes Are'; Virginia Hewitt, 'Beware of Imitations: The Campaign for a New Bank of England Note, 1797–1821', *The Numismatic Chronicle*, 158 (1998), pp. 197–222.
95. Randall McGowen, 'From Pillory to Gallows: The Punishment of Forgery in the Age of the Financial Revolution', *Past and Present*, 165 (1999), p. 129.
96. 出處同上,p. 109.
97. 出處同上。
98. BEA, M5/212, fol. 83.
99. 出處同上。
100. 出處同上,fols. 79–80.
101. 請見第二章。
102. BEA, M5/213, fol. 30.
103. Deirdre Palk, ed., *Prisoners' Letters to the Bank of England, 1781–1827* (London, 2007), p. viii.
104. Randall McGowen, 'Managing the Gallows: The Bank of England and the Death Penalty, 1797–1821', *Law and History Review*, 25 (2007), p. 243.
105. McGowen, 'Policing of Forgery', p. 83.
106. BEA, M5/451, fols. 15–21.

107. *Old Bailey Proceedings Online* (www.oldbaileyonline.org, version 8.0, 28 November 2021), May 1779, trial of John Matthison, otherwise Maxwell (t17790519-24).
108. 出處同上。
109. *Old Bailey Proceedings Online* (www.oldbaileyonline.org, version 8.0, 11 December 2021), April 1772, trial of John Vestenburg (t17720429-78).
110. *Old Bailey Proceedings Online* (www.oldbaileyonline.org, version 8.0, 11 December 2021), February 1778, trial of Thomas Sherwood (t17780218-14).
111. *Old Bailey Proceedings Online* (www.oldbaileyonline.org, version 8.0, 11 December 2021), December 1782, trial of John Smith (t17821204-79).
112. Deirdre Palk, 'Sophia Pringle', *London Lives, 1690–1800,* accessed 26 November 2021 (www.londonlives.org, version 1.1, 17 June 2012).
113. *Old Bailey Proceedings Online* (www.oldbaileyonline.org, version 8.0, 11 December 2021), September 1782, trial of Henry Berthaud (t17820911-107).
114. *Old Bailey Proceedings Online* (www.oldbaileyonline.org, version 8.0, 11 December 2021), January 1784, trial of John Ash (t17840114-53).
115. Acres, *Bank of England from Within*, 2:364.
116. 出處同上，2:364–367.
117. *Old Bailey Proceedings Online* (www.oldbaileyonline.org, version 8.0, 12 December 2021), July 1803, trial of Robert Aslett (t18030706-34).
118. BEA, M5/213, fol. 174.
119. Giuseppi, *Bank of England,* p. 84.
120. Anon., *Genuine and Impartial Memoirs of Francis Fonton, late of the Bank of England* (London, 1790), p. 11.
121. 出處同上，p. 12.
122. 出處同上，p. 13.
123. 出處同上，p. 15.
124. *Old Bailey Proceedings Online* (www.oldbaileyonline.org, version 8.0, 15 December 2021), September 1790, trial of Francis Fonton (t17900915-37).
125. Anon., *Genuine and Impartial Memoirs of Francis Fonton,* p. 35.

126. BEA, M5/213, fol. 142.
127. 出處同上，fols. 144–145.
128. Acres, *Bank of England from Within*, 1:226.
129. Georg Christoph Lichtenberg, *Visits to England,* quoted in Acres, *Bank of England from Within*, 1:226.
130. Andrew, "'How Frail Are Lovers Vows'", p. 186.

Chapter 6

1. Ian Haywood and John Seed, 'Introduction', in Ian Haywood and John Seed, eds., *The Gordon Riots: Politics, Culture and Insurrection in Late Eighteenth-Century Britain* (Cambridge, 2012), p. 7.
2. Nicholas Rogers, Crowds, *Culture and Politics in Georgian Britain* (Oxford, 1998), p. 152.
3. Haywood and Seed, 'Introduction', p. 6.
4. *London Chronicle,* quoted in Abramson, *Building the Bank*, pp. 83–84.
5. Ian Gilmour, *Riot, Risings and Revolution: Governance and Violence in Eighteenth-Century England* (London, 1995), p. 355; Acres, *Bank of England from Within*, 1:208–209.
6. Acres, *Bank of England from Within*, 1:210. 如同阿克斯所言，銀行似乎不太可能採取這樣的做法，因其擁有火力充沛的軍火庫。
7. Haywood and Seed, 'Introduction', p. 7.
8. See, for example, Clapham, *Bank of England,* 1:184–185; Acres, *Bank of England from Within*, 1:208–210.
9. G.F.E. Rudé, 'The Gordon Riots: A Study of the Rioters and Their Victims', *Transactions of the Royal Historical Society*, 6 (1956), p. 109; Gilmour, *Riot, Risings and Revolution,* p. 361.
10. Watson, biographer of Lord George Gordon, quoted in Abramson, *Building the Bank,* p. 84.
11. Abramson, *Building the Bank,* p. 86.
12. *Gentleman's Magazine,* July 1780, quoted in Haywood and Seed, 'Introduction', p. 8.
13. Quoted in Abramson, *Building the Bank*, p. 86.

14. 出處同上。
15. 出處同上。
16. 請見第一章的〈針線街〉。
17. John Deacon, 'The Story of St. Christopher-Le-Stocks', *The Old Lady of Thread needle Street 58* (1982), pp. 76–78.
18. BEA, G4/23, fols. 323, 341.
19. 當時，遺體被遷移到配卡姆瑞（Peckham Rye）附近的南罕公墓（Hunhead Cemetery）。Deacon, 'St. Christopher-Le-Stocks', p. 78.
20. BEA, G4/23, fol. 115.
21. Kynaston, *Time's Last Sand*, p. 54. See also BEA, 17A100/1, The Bank Picquet: Its function and history 1963.
22. Vic Gatrell, *City of Laughter: Sex and Satire in EighteenthCentury London* (London, 2006), pp. 279–280.
23. Acres, *Bank of England from Within*, 1:223.
24. 出處同上，p. 224.
25. Andrew T. Harris, Policing the *City: Crime and Legal Authority in London, 1780–1840* (Columbus, OH, 2004), p. 38.
26. 出處同上，p. 39.
27. Harris, *Policing the City*, pp. 39–40.
28. BEA, M6/19, Memorandum regarding the introduction and continuance of the King's Guard.
29. 出處同上。
30. Acres, *Bank of England from Within,* 1:222.
31. BEA, M5/212, fols. 101–102.
32. BEA, M5/213, fols. 13–14. 財政部的工作內容請參見第一章。
33. 出處同上，fol. 14.
34. BEA, M5/212, fols. 65–66.
35. BEA, M5/212, fol. 63.
36. 出處同上。
37. 出處同上。
38. BEA, M5/212, fol. 7.
39. BEA, M5/212, fol. 8.

40. For example, David Churchill, 'Security and Visions of the Criminal: Technology, Professional Criminality and Social Change in Victorian and Edwardian Britain', *British Journal of Criminology*, 56 (2016), pp. 857–876. 歷史學家彼得・林博也提出了類似的論點，他將新理論和實踐的出現歸因於戈登暴動後的時期。Peter Linebaugh, *The London Hanged* (London, 2006), p. 365.
41. BEA, M5/213, fol. 180.
42. BEA, M5/213, fol. 13.
43. Joseph Bramah, *The Petition and Case of Joseph Bramah . . . Inventor of the PATENT LOCKS for the Security of Life and Property* (London, 1798), p. 7.
44. 出處同上，p. 8.
45. BEA, M5/212, fol. 62.
46. BEA, M5/213, fol. 169.
47. Amanda Vickery, *Behind Closed Doors: At Home in Georgian England* (New Haven, CT, 2009), pp. 43–44.
48. Linebaugh, *London Hanged*, p. 366.
49. 出處同上。
50. BEA, M5/212, fol. 52.
51. 出處同上，fol. 196.
52. 出處同上。
53. 出處同上，fols. 187, 197.
54. 出處同上，fol. 188.
55. 出處同上，fol. 13.
56. 出處同上，fol. 24.
57. 出處同上，fol. 180.
58. BEA, M5/213, fols. 180–181.
59. BEA, M5/212, fols. 198–200. 關於審查委員對安全議題的詳細看法，請見附錄四。
60. 出處同上，fol. 191.
61. 出處同上，fol. 189.
62. 出處同上，fol. 191.
63. 出處同上，fol. 192.

64. 出處同上，fol. 186.
65. L. D. Schwartz, *London in the Age of Industrialisation: Entrepreneurs, Labour Force and Living Conditions, 1700–1850* (Cambridge, 1992), pp. 171–172.
66. BEA, G4/22, fol. 8.
67. 出處同上。
68. Acres, *Bank of England from Within*, 1:236.
69. BEA, M5/451, fols. 39, 43, 41.
70. BEA, M6/117, List of porters and watchmen with details of their wages and allowances, 1805.
71. Quoted in Acres, *Bank of England from Within*, 1:235.
72. Acres, *Bank of England from Within*, 2:377, 2:382–383.
73. 出處同上，1:144.
74. BEA, M5/607, fol. 12.
75. See, for example, BEA, G4/23, fol. 359.
76. Acres, *Bank of England from Within,* 2:378.
77. Schwartz, *London in the Age of Industrialisation*, p. 158.
78. Finn, *Character of Credit*, p. 84.
79. Acres, *Bank of England from Within*, 1:235.
80. BEA, M5/212, fol. 185.
81. *The Times*, quoted in Harris, *Policing the City*, p. 41.
82. Douglas Hay, 'War, Dearth and Theft in the Eighteenth Century: The Record of the English Courts', *Past and Present,* 95 (1982), pp. 117–160.
83. Quoted in Harris, *Policing the City,* p. 42.
84. J. M. Beattie, *Policing and Punishment in London, 1660–1750: Urban Crime and the Limits of Terror* (Oxford, 2001), pp. 222–225; Cruikshank and Burton, *Georgian City*, pp. 9–10.
85. Harris, *Policing the City,* p. 13.
86. BEA, M5/451, fol. 55.
87. Beattie, *Policing and Punishment*, pp. 170–172; 222–225; Cruikshank and Burton, *Georgian City*, pp. 9–10.
88. Grosley, *Tour to London, quoted in* R. Shoemaker, *The London Mob: Violence and Disorder in EighteenthCentury England* (London, 2004), p. 22.

89. Quoted in Elaine A. Reynolds, *Before the Bobbies: The Night Watch and Police Reform in Metropolitan London, 1720–1830* (London, 1998), p. 72.
90. Beattie, *Policing and Punishment*, p. 198.
91. BEA, G4/22, fol. 268. 班寧獲得了每年 35 英鎊的退休金。
92. Acres, *Bank of England from Within*, 1:380; BEA, M5/607, fol. 1.
93. BEA, M5/607, fol. 1.
94. Acres, *Bank of England from Within*, 1:235.
95. BEA, M5/212, fol. 192.
96. 出處同上。
97. Lois G. Schwoerer, *Gun Culture in Early Modern England* (Charlottesville, VA, 2016), pp. 46–64.
98. Shoemaker, *London Mob*, p. 111.
99. Mark Harrison, 'The Ordering of the Urban Environment: Time, Work and the Occurrence of Crowds 1790–1835', *Past and Present*, 110 (1986), pp. 134–168.
100. 出處同上，p. 161.
101. Shoemaker, *London Mob*, pp. 119–121.
102. 出處同上，p. 125.
103. Acres, *Bank of England from Within*, 1:298.
104. BEA, M5/213, fol. 144.
105. R. Pearson, *Insuring the Industrial Revolution: Fire Insurance in Great Britain, 1700–1850* (Aldershot, UK, 2004), p. 3.
106. Acres, *Bank of England from Within*, 1:191, n. 1.
107. Ann Saunders, *The Royal Exchange* (London, 1991), p. 33.
108. BEA, M5/213, fol. 142.
109. 出處同上，fol. 143.
110. 出處同上，fol. 144.
111. 請見第一章的〈針線街〉。
112. Abramson, *Building the Bank*, p. 66.
113. BEA, M5/213, fols. 37–38.
114. BEA, M5/212, fol. 148.
115. 銀行董事確實為銀行所有及出租的財產投保。因此，根據太陽火

災保險公司的紀錄，銀行的投保內容包括了「為租給股票仲介威廉·詹姆士位於康希爾城堡巷的房子」投保，金額不超過 2,000 英鎊。在其他例子中，英格蘭銀行行長及銀行為「康希爾銀行街上由蘇珊納·博秋女帽製作商租用的房子」進行投保。LMA, MS 11936/253/376126; LMA, MS 11936/276/417355/359.

116. B. Wright, *Insurance Fire Brigades, 1680–1929: The Birth of the British Fire Service* (Stroud, UK, 2008), p. 39.
117. Acres, *Bank of England from Within*, 1:48.
118. Pearson, *Insuring the Industrial Revolution*, p. 83; Wright, *Insurance Fire Brigades,* p. 44.
119. Pearson, *Insuring the Industrial Revolution*, p. 81; Wright, *Insurance Fire Brigades,* p. 59.
120. Pearson, *Insuring the Industrial Revolution*, p. 83; M. Makepeace, *The East India Company's London Workers: Management of the Warehouse Labourers, 1800–1858* (Wood-bridge, UK, 2010), p. 27. See also Sweeting, 'Capitalism, the State and Things'.
121. BEA, M5/376, 2 July 1783. 18 世紀晚期及 19 世紀早期，太陽火災保險公司也使用了布里斯托的消防車。Wright, *Insurance Fire Brigades*, p. 109.
122. J.B.P. Karslake, 'Early London Fire-Appliances', *The Antiquaries Journal,* 9 (1929), pp. 229–238.
123. Wright, *Insurance Fire Brigades*, p. 125.
124. 賴特估計 19 世紀早期一輛消防車的造價，約莫落在 120 英鎊至 150 英鎊間。Wright, *Insurance Fire Brigades*, p. 109.
125. 舉例來說，1783 年 7 月，銀行消防車的製造商約翰·布里斯托（John Bristow），拿到了 19 英鎊 10 先令。BEA, M5/376, 2 July 1783.
126. BEA, M5/212, fol. 192.
127. BEA, M5/451, fol. 33.
128. BEA, M5/471, unpaginated.
129. BEA, M5/212, fol. 193.
130. BEA, G4/23, fol. 198.

結語
1. BEA, M5/213, fol. 173.
2. 出處同上，fols. 174–175.
3. 出處同上，fol. 174.
4. 出處同上，fols. 178–179.
5. BEA, 9A312/1, Accountant's Discount Office Rules and Orders; BEA, C29/43, Orders of the Court and Committee of Inspection for the Discount Office Hall, passim.
6. BEA, G4/30, fols. 235–236.
7. Charles Lamb, 'The Superannuated Man', in *The Last Essays of Elia*, with an introduction and notes by Alfred Ainger (London, 1883), p. 259.
8. 出處同上，p. 261.
9. 出處同上，p. 264.

附錄一
1. 阿爾寇科同時也擔任銀行委員會的職員。
2. 在1783年的備忘錄中，並未註明新進職員被分配到的辦公室，但根據1784年的職員名單，可以發現亨利・懷特、詹姆斯・懷特、薩謬爾・佩蒂、艾薩克・卡斯特爾和湯瑪斯・奧斯曼德任職於會計辦公室，其餘新進職員則任職於出納辦公室。

國家圖書館出版品預行編目 (CIP) 資料

英格蘭銀行 24 小時：從私人機構到支撐經濟命脈的國家偉大引擎 / 安妮. 墨菲 (Anne L. Murphy) 著；李祐寧譯. -- 初版. -- 臺北市：今周刊出版社股份有限公司, 2025.05
352 面；14.8x21 公分. -- (Future；23)
譯自：Virtuous bankers : a day in the life of the eighteenth-century Bank of England
ISBN 978-626-7589-27-4(平裝)

1.CST: 英格蘭銀行 (Bank of England) 2.CST: 銀行史 3.CST: 貨幣政策 4.CST: 十八世紀

562.941   114004145

FUTURE 系列 023

英格蘭銀行 24 小時：
從私人機構到支撐經濟命脈的國家偉大引擎
Virtuous Bankers: A Day in the Life of the Eighteenth-Century Bank of England

作　　者	安妮・墨菲 Anne L. Murphy
譯　　者	李祐寧
總 編 輯	蔣榮玉
責任編輯	吳昕儒
封面設計	兒日設計
內文排版	陳姿仔
校　　對	呂佳真、李志威
企畫副理	朱安棋
行銷企畫	江品潔
業務專員	孫唯瑄
印　　務	詹夏深
發 行 人	梁永煌
出 版 者	今周刊出版社股份有限公司
地　　址	台北市中山區南京東路一段 96 號 8 樓
電　　話	886-2-2581-6196
傳　　真	886-2-2531-6438
讀者專線	886-2-2581-6196 轉 1
劃撥帳號	19865054
戶　　名	今周刊出版社股份有限公司
網　　址	http://www.businesstoday.com.tw
總 經 銷	大和書報股份有限公司
製版印刷	緯峰印刷股份有限公司
初版一刷	2025 年 5 月
定　　價	480 元
ISBN	978-626-7589-27-4

Virtuous Bankers: A Day in the Life of the Eighteenth-Century Bank of England
Copyright © 2023 by Princeton University Press
Traditional Chinese translation rights arranged with Princeton University Press through Bardon-Chinese Media Agency.
All rights reserved. No part of this book may be reproduced or transmitted in any form or by any means, electronic or mechanical, including photocopying, recording or by any information storage and retrieval system, without permission in writing from the Publisher.

版權所有，翻印必究
Printed in Taiwan

Future

Future